产业经济理论与实践研究

刘寒松◎著

图书在版编目（CIP）数据

产业经济理论与实践研究/刘寒松著.--长春：时代文艺出版社，2024.3
ISBN 978-7-5387-7311-8

Ⅰ.①产… Ⅱ.①刘… Ⅲ.①产业经济学－研究－中国 Ⅳ.①F121.3

中国国家版本馆CIP数据核字(2023)第222677号

产业经济理论与实践研究
CHANYE JINGJI LILUN YU SHIJIAN YANJIU

刘寒松　著

出 品 人：	吴　刚
责任编辑：	陆　风
装帧设计：	文　树
排版制作：	隋淑凤

出版发行：	时代文艺出版社
地　　址：	长春市福祉大路5788号　龙腾国际大厦A座15层　（130118）
电　　话：	0431-81629751（总编办）　0431-81629758（发行部）
官方微博：	weibo.com/tlapress
开　　本：	710mm×1000mm　1/16
字　　数：	230千字
印　　张：	16
印　　刷：	廊坊市广阳区九洲印刷厂
版　　次：	2024年3月第1版
印　　次：	2024年3月第1次印刷
定　　价：	76.00元

图书如有印装错误　请寄回印厂调换

前　　言

实体经济是一国经济的立身之本，是财富创造的根本源泉，是国家强盛的重要支柱。我国必须发展实体经济，不断推进工业现代化、提高制造业水平。建设现代化经济体系，必须把发展经济的着力点放在实体经济上，把提高供给体系质量作为主攻方向，增强我国经济质量优势。实体兴，国家强。如果说改革开放的实践背景是我国产业经济学学科孕育和成长的重要土壤，那么发展实体经济的国家战略选择就是促进我国产业经济理论研究和实践研究的强大推力。

本书首先介绍了产业经济学的基础理论研究，其次讲述了产业组织、产业集群、产业结构、产业结构优化与升级、产业政策以及产业发展，最后研究了现代产业竞争与国家竞争力分析。可供相关领域的经济研究人员学习、参考。

本书在编写的过程中借鉴了一些专家学者的研究成果和资料，在此特向他们表示感谢。由于编写时间仓促，编写水平有限，不足之处在所难免，恳请专家和广大读者提出宝贵意见，予以批评指正，以便改进。

目 录

第一章 产业经济学的基础理论研究

第一节 产业与产业经济学 …………………………………… 001
第二节 研究产业经济学的意义 …………………………… 011
第三节 产业经济学的研究对象与方法 …………………… 024

第二章 产业组织

第一节 产业组织概述 ………………………………………… 029
第二节 产业组织的市场进入与退出 ……………………… 038
第三节 市场行为 ……………………………………………… 045
第四节 产业组织分析 ………………………………………… 050

第三章 产业集群

第一节 产业集群概述 ………………………………………… 064
第二节 产业集群的类型 ……………………………………… 074
第三节 产业集群的动态演进 ………………………………… 077
第四节 产业集群的竞争优势 ………………………………… 078

第四章　产业结构

第一节　产业结构概述 ……………………………………… 084
第二节　产业结构理论及演进规律 ………………………… 087
第三节　产业结构的影响因素 ……………………………… 098

第五章　产业结构优化与升级

第一节　产业结构优化概述 ………………………………… 105
第二节　主导产业选择 ……………………………………… 118
第三节　产业价值链优化 …………………………………… 128

第六章　产业政策

第一节　产业政策概述 ……………………………………… 137
第二节　产业结构政策 ……………………………………… 141
第三节　产业组织政策 ……………………………………… 152
第四节　产业布局政策 ……………………………………… 161
第五节　产业技术政策 ……………………………………… 164

第七章　产业发展

第一节　产业发展概述 ……………………………………… 168
第二节　产业发展的理论基础 ……………………………… 177
第三节　产业发展的生命周期 ……………………………… 193
第四节　产业发展规律 ……………………………………… 197
第五节　产业发展战略 ……………………………………… 204
第六节　产业的可持续发展 ………………………………… 211

第八章　现代产业竞争与国家竞争力分析

  第一节　产业竞争的理论分析 …………………………………… 213

  第二节　产业竞争力评价与产业安全分析 …………………………… 231

  第三节　产业竞争与国家竞争力 …………………………………… 237

参考文献 ……………………………………………………………… 244

第一章 产业经济学的基础理论研究

产业经济学是一门新兴学科，它产生及发展的历史并不长，但是由于其具有广泛的应用性，使其受到经济学研究领域的欢迎，也迎合了各国发展的需求，因而产业经济学成为国家制定经济发展战略和产业政策的经济理论基础。产业经济学，顾名思义，其所研究的对象是"产业"，而其主要任务是研究产业之间关系结构、产业内部企业组织结构的发展规律及其相互作用规律，是一门应用学科。

第一节 产业与产业经济学

一、产业经济学形成和发展的背景

（一）经济理论背景

20世纪前期，世界经济形势发生了很大的变化，新的经济矛盾和经济危机不断出现，凯恩斯经济理论的内在矛盾逐渐暴露出来，这使西方经济发展面临着进退维谷的境地：亚当·斯密的完全化市场竞争已经被证明不能保持市场长久与稳定发展；凯恩斯主义使资本主义制度深层矛盾所造成的经济危机不断上演。为了走出这种困境，西方经济学家将突破的重点放在"个量分析"和"总量分析"这两个经济端点之上,试图从二者的联系中找到应对困境的方法,在众多经济学家的努力之下人们逐渐发现产业分析是寻找出路的突破口,利用这一机制人们可以有针对性地去寻找市场机制的缺陷。在这种背景下,产业分析理论逐渐进入人们的视野当中,专门以产业部门之间的关系以及运行规律为研究目的的学者和研究机构开始大批的出现。

从上面的分析与介绍中可以看出,产业分析的产业是经济发展的必然产物,也是生产和市场需求不断细化的基本要求,因此其在经济规律的指导与作用下必然会得到迅速的发展,并且呈现出与市场经济一致的发展方向与活跃性。随着人们对经济规律认识的不断加深,必然会推动产业分析理论的出现,随着分析理论的逐渐完善和丰富,产业经济分析学也随着产生。

(二)实践背景

第二次世界大战后,虽然产业政策这一说法在有些国家并没有被正式采用,但是在产业管理实践中却应用了产业政策的相关理论。韩国1950年3月公布了《稳定经济的十五项原则》(以下简称《原则》),该《原则》明确规定"日用消费品为韩国经济重点发展产业";1947年法国通过并开始实行产业指导计划,并根据经济和社会发展需求采用了一系列政治与经济手段为法国产业经济的发展提供可靠的保障。

国家和政府采取的有关产业政策的实践活动不仅是对产业经济理论的验证,更是对产业经济理论的促进与发展,这也大大推动了人们研究产业经济理论的步伐和效率。从实际效果来看,产业经济理论的引入有利于市场的稳定。这一实际效果促使人们更加坚定了对市场经济产业理论的信心,促进了产业经济理论的发展以及科学理论体系的形成。

当然,任何一种经济理论,都是在对前人经济理论批判继承和对同类研究成果科学归纳、综合的基础上形成和发展的,产业经济学也不例外。

二、产业的定义

受中国传统经济的影响,"产业"一词,在汉语中最初是指财产或生产作业,随着传统经济结构的演变,"产业"的内涵也随之变得更加广泛,现在也指构成国民经济的行业和部门。在英语中,"产业"一词是 Industry,通常将它翻译成工业,其实不然,这个词的本身含义不仅有工业的意思,同时也指国民经济中的各行各业,从大的部门到小的行业,从生产到流通,以及与之相关的服务、文化、教育等各行各业,都可称之为"Industry"。整个国民经济就是由这些许许多多的行业组成的一个大系统。

原始社会自从有了劳动力,就有了劳动分工,马克思主义哲学指出,任何事物都是变化发展的,对于社会生产力而言,也不例外。它是不断向前发展的,社会生产力的发展逐渐出现了具体劳动的社会分工,这就产生了产业。社会分工越详细,产业的类别也就越多,可见,产业是随着分工专业化程度的提高而不断变化和发展的。从产业诞生之际,就有各种各样对"产业"的研究和解释,不同历史时期和不同理论研究领域对"产业"一词所做出的解释不尽相同,在历史学和政治经济学领域,它主要指"工业",如"产业革命、产业工人"等;在法学领域,"产业"的含义主要是指"不动产",如个人的"私有产业",这些"私有财产"包括个人拥有的土地、房产、企业等财产。马克思主义政治经济学为社会主义经济学奠定了理论基础,在传统的社会主义经济理论中,"产业"的主要内容是指与服务业相对应的物质资料生产部门。在现代西方经济学中,产业被定义为"向一个市场提供产品的所有厂商组成的集合"。对完全竞争厂商而言,产业由所有生产同种无差别产品的厂商组成,对于垄断竞争厂商而言,产业由所有生产集团中的厂商组成,对于垄垄断厂商而言,一个厂商即构成一个行业,而对于寡头厂商而言,产业则可以由纯粹寡头组成,也可以由差别寡头组成。

产业是指"国民经济中以社会分工为基础,在产品和劳务的生产和经营上具有某些相同特征的企业或单位及其活动的集合"。产业发展涉及的内容比较广泛,因为产业可以小到一个个体,也可以大到一个系统,所以产业的发展可以是具体化的单个产业的演进,也可以是概括化的整个产业总体的发展;既包括产业类型、产业结构、产业关联、产业布局的演进,又包括产业组织的变化、产业规模的扩大、技术进步、效益的提高。一个家族的发展会经历产生、成长、兴盛、衰亡,如同一个家族的发展过程一样,产业发展的过程,就是单个具体产业的产生、成长、繁荣、衰亡或作为一个整体的一类产业从产生到逐渐壮大并且不断现代化的过程。产业作为一类事物的总体,它的各个方面总会经历从不合理到合理,从不成熟到成熟,从不协调到协调,从低级到高级的阶段性过程,也就是说,产业发展过程是永不停息的、不断变化发展的过程,同时也是产业结构、产业布局、产业组织逐渐合理化的过程,以及产业阶段和分类等不断细化的过程。

三、产业经济学的学科性质

(一)产业经济学属于中观经济范畴

产业经济学就其研究对象的范围而言,介于微观经济学和宏观经济学之间,属于中观经济学的范畴。微观经济学研究对象是消费者,即家庭和企业,通过个人收入、产品价格、消费者偏好以及生产成本、生产要素价格、生产技术水平、供给和需求等,研究消费者和企业的行为,重点分析的是单个市场主体的行为及完全竞争市场下的资源配置效率。宏观经济学则是通过国民生产总值、国民收入、总供给和总需求、经济增长总量、货币发行总量等指标,研究国民经济总供给和总需求之间的均衡关系以及由于不均衡带来的诸如通货膨胀、失业等问题,并分析财政和货币政策对国民收入及其均衡关系的影响,产业经济学从产业出发,在产业内部研究产业之间的相互联系,其核心是研究产业组织问题;在产业外部研究产业与产业之间的相互联系，其核心是研究产业结构问题。关于产业经济学的研究对象范围的界定，国内外学者之间的认识都还存在着分歧，形成了两个主要学派：一是窄派，认为产业经济学研究对象仅仅局限于产业内部企业之间的关系，把产业经济学等同于产业组织学，以国外多数学者及国内部分学者为代表；另一是宽派，认为产业经济学的内涵不仅仅局限在产业内部的企业之间，还扩大到产业外部的产业之间，将产业经济学的外延扩大到产业组织、产业结构、产业布局、产业政策等内容。

目前，宽派在国内尚属主流学派。

(二) 产业经济学是一门新兴的应用经济学科

现在，产业经济学的各方面已经得到了巨大的发展。随着对其研究的不断深入，它的应用范围也在不断扩展，产业经济对经济发展的作用越来越大，对产业经济学的研究与应用越来越得到世界各国的重视。世界各国政府越来越注重利用产业经济的手段来推动本国经济的发展，比如我国政府近年就制定了一系列关于产业发展的政策，强有力地推动着我国经济又好又快地发展，所以对产业经济学的研究和学习将有助于完整理解现实生活中的经济现象及其发展规律，有助于正确利用经济规律来进行经济实践。

之所以要研究产业经济，主要目的是为了能够更好地促进经济的发展。产业经济学通过研究各个产业之间以及产业内部之间的相互关系，实现了资源在产业及产业间的优化配置。产业经济学是经济学的一个分支，因而其主要是以理论经济学为基础，但其更加具有针对性，主要针对的是产业经济活动。具体就是对这门活动的基本特征和规律进行了深刻的探讨，并在此基础上，将理论和实践结合起来，制定相应的产业政策，对一个国家国民经济的各个产业都有一定的指导作用。从而推动经济的整体发展，实现资源的有效配置。它不是空洞的理论和说教，而是具有很强的适用性。从这个层面上讲，产业经济学是一门应用经济学。目前，我国教育部和国务院学位委员会对产业经济学的门类有一定的划分标准。按这个划分标准，经济学可以分为理论型和应用型两大类，这两大类都属于一级学科，产业经济学属于应用经济学中的二级学科。

四、产业的分类

产业的类别多种多样，根据不同的标准可以将其分为不同的种类。

（一）标准产业分类法

标准产业分类法是国家标准分类法，是指一个国家或者是一个地区，为了对本地的国民经济进行宏观调控，科学地制定一些产业经济政策，并根据本地的实际情况而划分产业的一种国家或地区的标准。这种分类法通常具有以下特征。

第一，它的编制主体不是个人，也不是整个产业链中的某个具体的产业部门，而是由作为整体利益代表的国家或地区的政府来编制并颁布执行的，因为其编制主体的权威性，使得整个分类和其他约定俗成的分类法有很大不同，它具有其他分类法所没有的整体性、广泛性和权威性。

第二，和一个国家的法律一样，由于其编制主体的权威性，它在具体应用上具有很强的代表性，并在实行过程中具有强制性。

第三，对于其他分类法而言，这种分类更加细化而且更具有目的性，因为这个标准的制定是为了科学地制定经济政策，更加有效地对国民经济进行宏观调控。

第四，由于它的编制是和一个国家或一个地区紧密相连的，因而它不具备普遍性，只能适用于该国或该地区的产业分类，因而，其他的国家或地区不能生搬硬套，只能参考和借鉴。

第五，一个国家出台一项政策必定经过多方面的探讨和研究，对于产业的标准分类法同样也是经过了多方面资料数据实际情况的研究整合，因而，它具有较高的科学性，对于该国或该地区的产业发展和变化情况有一定的显示，这种客观的动态又适应了产业发展和变化的需要。

从产业出现的一开始，世界上就对产业有着形形色色的分类，标准产业分类法不是中国的首创,关于这种分类法,联合国和西方各国都有自己不同的标准。1971年,联合国颁布并出版了《全部经济活动的国际标准产业分类索引》(以下简称《索引》),对产业做了一个详细的分类,为各国制定自己的产业分类做了一个标准。《索引》中对当时出现的全部经济活动分为大、中、小、细这4类,每一类都有固定的统计编码。这4类又细分为10个大项,在每个大项下面又具体细分为若干中项,以此类推,每个中项下面又分成若干小项,每个小项又分成若干细项。全部经济活动的国际标准产业分类门类见下表。

表　全部经济活动的国际标准产业分类

门类	类	说明
A	01—03	农业、渔业及林业
B	05—09	采矿和采石
C	10—33	制造业
D	35	电、煤气、蒸汽和空调的供应
E	36—39	供水;污水处理、废物管理和补救活动
F	41—43	建筑业
G	45—47	批发和零售业:汽车和摩托车的修理
H	49—53	运输和储存
I	55—56	食宿服务活动
J	58—63	信息和通信
K	64—66	金融和保险活动
L	68	房地产活动
M	69—75	专业、科学和技术活动
N	77—82	行政和辅助活动
O	84	公共管理和国防:强制性社会保障
P	85	教育
Q	86—88	人体健康和社会工作活动

门类	类	说明
R	90—93	艺术、娱乐和文娱活动
S	94—96	其他服务活动
T	97—98	家庭作为雇主的活动；家庭自用、未加区分的物品生产和服务活动
U	99	国际组织和机构的活动

（二）两大部类分类法

两大部类分类法是以产品的最终用途不同作为分类标准的分类方法。这种分法最初是由马克思创造的，这种分类的依据是不同产品的经济用途不同，他认为按照经济用途不同，可以将产品分为两大部类，分别是：生产资料和消费资料，根据产品用途从而将社会大生产也划分为两个部分，分别是生产资料的生产和消费资料的生产。这是马克思主义政治经济学的重要组成部分，也为再生产理论的创造奠定了重要基础。在马克思主义之前的经济学理论研究中很少有这方面的细致研究，关于经济产业两大部类的论述和学说是马克思对之前经济学的重大突破和创新。其目的是为了分析各种物质生产部门的相互联系，揭示社会再生产的实现条件。

马克思主义以前的经济学家，包括他们当中最杰出的人物，由于他们所处时代的局限性以及自身的阶级局限和社会局限，再加上他们在理论上没有对社会总产品以及社会总生产做过系统的认识和科学的划分，因此他们不能揭示社会再生产运动的规律，也没有具体科学地说明社会再生产的过程。马克思主义政治经济学的伟大功绩是突破了马克思以前的经济学家的局限性，对社会再生产经过系统周密的分析，将产业的分类提上了一个新的高度，天才地提出了两大部类的理论，以此为前提才揭示了社会再生产运动的总规律，论证了要使生产不断更新，就必须在生产资料和消费资料上有所更新。只有在生产资料和消费资料上都进行了补充，才能进一步扩大生产。如果在生产资料或者在消费资料上的任何一方都有所欠缺，那么社会大生产就无法继续进行。这将使生产遭到破坏。

同样的道理，要揭示工业再生产运动的总规律，科学地说明工业再生产的过程，首先必须把工业产品划分为生产资料和消费资料，进而把工业生产划分为生产生产资料的工业即第一部类工业，以及生产消费品的工业即第二部类工业。其实，把工业划分为第一、第二部类两类，是把社会生产划分为两大部类原理的重要组成部分和在工业中的具体化。因为，第一部类工业是社会生产资料的生产这个部类的重要组成部分，第二部类工业是社会消费资料的生产这个部类的重要组成部分。也正因为如此，把工业生产划分为第一、第二两类工业是完全必要的，是有充分理论依据和实践依据的。在工业革命之后的世界许多工业发达国家，关于产业的两大部类分类法一直存在，我国第一个五年计划时期，也曾有这种分类，随着我国经济的发展以及除此之外具体国情的改变，这种分类逐渐被取消。但在1985年国务院全国工业普查领导小组制定的全国工业普查表中，又恢复了两大部类分类法。

（三）农轻重分类法

这个分类是根据产品的主要生产部门来划分的，主要分为：农业、轻工业和重工业，简称农轻重业。这种分法其实是根据马克思主义经济学关于产业的两大部类分类法发展而来的。相对于两大部类分类法更加详细具体，详细研究了农业、轻工业和重工业这三个具体的实际产业部门之间的互相联系，以及它们之间的数量比例关系。在整个物质生产过程中，农、轻、重这三个部门占据绝大多数。在这里，农、轻、重三者的位次关系不是凭空而来的，将农业放在首位，轻工业放在第二位，重工业放在第三位有着客观的依据。因为，农业是国民经济的基础，工业是国民经济的主导。要想发展轻工业必须以农业为基础，在农业、轻工业的基础上，才能很好有效地发展重工业。所以，农轻重的分类不仅有一定的理论意义，而且有很大的实践意义。

实践反复证明，企图用轻、重工业分类取代甲乙两类工业分类是不科学的，用两大部类和甲乙两类工业分类来取代农轻重分类也是不科学的。

因为这是对社会生产这一事物的不同划分方法,所包含的范畴不同,谁也代替不了谁。两大部类生产和甲乙两类工业生产,是从社会产品进而从社会生产中,分别抽出来用于生产和用于消费这两种不同的属性,然后把它们分别推广于一切社会产品的生产。而农轻重的分类,是说农业和轻工业是两个主要生产消费品的产业部门,重工业是主要生产生产资料的产业,但是,农业和轻工业还生产一部分生产资料,重工业还生产一部分消费品。像这种重中有轻、轻中有重的现象,在现实的生产活动中,越来越普遍,越来越难于找出一个百分之百的生产消费品或百分之百的生产生产资料的实际物质生产部门。

由于我国产业经济起步较晚,因而,在我国,重工业部门主要生产生产资料;轻工业部门是主要生产生活资料,也就是消费品。实质上,这种分法是个相对的概念,它是按照产品的主要使用价值来划分的。这是因为,在现实生活中,一种产品往往兼具生产资料和消费资料两种属性,它的使用价值也是多种多样的。就一个工业部门所生产的产品来说,既有生产资料,又有消费品;就所生产的同一种产品来说,往往既有用于生产消费的,又有用于生活消费的。虽然有着上述问题的困扰,但是对于一个产业部门所生产的产品的使用价值而言,产品的功能总有主次之分,它主要方面的性质就是定义这个产品的最重要的依据。因此,把主要生产生产资料的工业称为重工业,而把主要生产消费品的工业称为轻工业,这也是有其理论根据的。

(四)物质生产与非物质生产分类法

根据产出的产品的物理性质来划分,可以将产出的产品分为物质和非物质。这个生产的过程就是物质生产和非物质生产,二者之间有着密切联系,是不可单独存在的。在市场经济条件下尤为密切,物质生产和非物质生产的关系更加凸显。究其原因,是由于国民经济不是单独某个部门的运作,各个部门相互联系,互为市场。

马克思主义经济学对社会大生产有详细的论述。这部著作认为无论是社会的运转还是社会的发展,归根结底是两种活动在马克思主义关于经济学的论述中，社会的运转和发展离不开物质生产活动和非物质生产活动。同时，有什么样的物质生产活动就有什么样的非物质生产活动。何为物质生产呢？在马克思主义经济学的论述中，物质生产是人们在改造自然界斗争中，不断创造物质财富的活动，在逐渐累积的物质财富的基础上，社会才能存在继而不断发展。有了这个基础，其他的社会活动才能顺利地展开。非物质生产是在物质生产过程中，消耗的体力以及加强社会组织管理，以配合并促进物质生产活动的过程。因此，非物质生产是影响物质生产活动的重要因素。

物质生产与非物质生产之间有着千丝万缕的联系，两者之间可以互相作用、又可以互相转化，物质生产的走向趋势会影响到非物质生产的上升或下降。所以，物质生产与非物质生产的分类也是一种十分重要的产业分类。

第二节 研究产业经济学的意义

我国正处在现代化的进程中，快速的经济发展使经济总量不断增长，但也带来了经济结构的持续变化，出现了许多亟待解决的新问题。在逐步完善市场经济制度的过程中，规模和效益、竞争和垄断、布局集聚和分散、结构优化与升级、政府与市场的关系问题，既是一个理论问题，又是一个现实问题。理解和解决在经济发展和体制转轨过程中出现的新变化和新问题，需要运用现代经济学的基本理论去科学、理性地分析现象后的一般规律，并为政府的公共政策提供理论基础和实证依据。

一、我国产业经济学的理论体系

（一）产业政策理论

产业政策的制定是为了更好地服务于产业经济的发展，政府制定的科学的产业政策往往能为产业经济的发展带来意想不到的收获。因此，从"实用"意义上讲，研究产业经济学为政府制定科学的经济政策提供了理论依据，并指引产业政策走向正确的归途。因此，产业政策不仅针对产业政策本身的制定、实施、修正和实施的效果有所研究和规定，同时对特定时期特定产业的现状也有一定的研究，只有对产业现状了如指掌，才能更加合理地制定政策，指导实际的产业经济活动。除此之外，产业政策研究的内容还包括如何科学合理地制定产业组织政策和产业结构政策，产业政策理论的研究可以使产业内形成规模经济与竞争活力相兼容的有效竞争格局，从而可以有效协调产业之间的关系，实现产业结构的合理优化。

（二）产业结构理论

产业结构理论最初可以溯源到 17 世纪，在亚当·斯密的《国民财富的性质和原因研究》（即《国富论》）、大卫·李嘉图的《政治经济学及赋税原理》中对产业结构理论进行了探索，后人的研究都是在他们的著述基础上进行的。产业结构理论研究了产业结构的变化发展、产业结构的运行与调控机制，以及如何优化产业结构、如何引导产业的选择，并且对产业之间的技术经济联系及其联系方式以及产业的区域分布与空间结构有一定的研究。产业结构合理与否对于经济能否快速健康的发展有着很大的影响，优化和演进产业结构可以促进经济总量的增长。经济总量的增长也为产业结构的演进和优化提供了物质经济基础，二者相互作用。了解规律，把握规律可以更好地指导实践。同样，只有更好地正确把握产业结构变动规律，才能对产业经济的发展状况做一个大概的预测，制定有利于产业经济发展的经济政策，更好地发挥产业结构对经济发展的促进作用。在经济增长中对产业结构的分析和研究越来越受到各国的重视。

产业结构理论主要研究了产业与产业之间的关系，相对于产业组织理论而言，范围更加广泛，其主要内容有以下几个方面：

1.产业结构优化理论

它主要针对产业结构的优化问题做出了研究，对产业结构的演进规律，通过产业结构的调整、升级实现产业结构合理化、高度化。

2. 产业关联理论

它主要是针对产业间技术经济联系，这个联系以各种投入品和产出品为连接纽带，具体包括产业之间的产品（服务）联系、生产技术联系价格联系、投资联系等内容。

3. 产业布局理论

它主要研究地区产业结构的合理化问题，即根据不同地区的资源优势和产业特征，在一定地区（甚至全国）范围内实行合理的产业布局，使各地区的资源得到充分、有效的利用。

（三）产业组织理论

现代产业组织理论的形成和发展在很大程度上依赖于20世纪30年代以后各个理论派别的形成和其理论在经济实践中的应用。毋庸置疑，产业组织理论就是以产业组织为研究对象和研究基础的，而主要内容就是研究产业内企业与市场的关系结构，具体包括市场结构、市场行为、市场绩效，最终的目的是正确有效处理垄断经济问题，坦白说，就是如何处理有效竞争和规模经济的关系。产业组织是建立在产业组织理论的基础上，以上述内容为基本线索，目的是为了更好地解决作为产业的内部各个局部的企业与企业之间相互竞争引起的冲突。西方产业组织理论的出现最早可以追溯到亚当·斯密，在他的《国富论》一书中，对不完全竞争和完全垄断有比较简略的阐述，这就是最初的产业组织理论。而在这之后，张伯伦、梅森、贝恩、谢勒等在不同的时期对市场组织都做了层层深入的研究，使产业组织理论成了一个比较系统的体系，这就是传统的产业组织理论体系。这个体系也被称作SCP范式，即市场结构、市场行为和市场绩效理论范式。在这个理论中，市场结构决定了企业的市场行为，从而又间接决定了市场绩效。反过来说，市场绩效不是随意产生的，它的出现多少受到市场结构和市场行为的双重制约，并对产业资源配置是否合理是否优化做出了最终的评估。任何事物都是相互作用的，整个世界是一个相互联系的统一整体，对于产业组织而言更是如此，市场结构决定了市场行为和市场绩效，同时市场行为和市场绩效又发挥着反作用，对市场结构起着有利的作用。这对未来的市场结构产生了很大的影响。SCP 范式奠定了产业组织理论体系的基础，对以后产生的各个产业组织理论都有指导意义。

以后各产业组织理论学派的产生和发展都在此基础之上。20 世纪 50 年代后，美国学者梅森和贝恩承袭了张伯伦的垄断竞争理论，提出了市场结构、市场行为和市场绩效的所谓"3M"范畴，并把这三个范围和国家的产业组织政策联系起来，规范了产业组织理论的科学体系。

（四）产业发展理论

产业经济学的最终目的是促进产业的发展繁荣，因而，产业发展是产业经济学研究的主要任务。相对应的产业发展的存在必然会带来产业发展理论的产生。产业发展理论主要是针对产业的发展规律、新旧产业形成和发展周期、影响产业发展的因素、产业内部和产业之间的转移、资源配置以及为促进产业健康发展制定的政策等问题做出的研究和探讨。产业的发展规律总结了产业的产生、成长和进化的过程中有迹可循的规律，这个过程不仅包含了单个产业的进化过程，而且包含了产业总体的进化过程。无论是单个的一个产业还是整个产业的集合，在不同的发展过程中，发展历程都有各种各样的不同，但因为人的主观能动性的发挥，在这许多的不同之中总能摸索总结出一些有规律的东西，并通过对产业发展规律进行研究，更好地为产业的发展做准备。进而促进产业的发展，增强产业发展的竞争能力，壮大产业。

产业发展与经济发展都是一个从低级向高级不断演进的发展过程。两者具有直接关系，经济发展包含产业发展，产业作为整个经济中的一部分，产业的发展会带动经济的发展。产业发展同时对经济的发展有着决定作用，也就是说，经济能否发展关键要看产业能否发展。对于我国而言，产业发展的状况直接决定着整个国民经济发展的状况。因此，这也就很好地说明了，之所以要研究产业发展，是因为它对促进国民经济的发展具有无比重要的意义。

(五) 反垄断与管制理论

在产业政策理论中对产业政策理论的概念有一定的论述。由此可以看出，产业政策理论和反垄断与管制理论有一定的相似之处。但从国内外的现实情况看，国外对反垄断和管制理论的研究越来越多，因此，在国外的许多教材中，这个内容被专门列了出来，作为一个独立的部分进行论述。反垄断主要是研究如何通过法律手段，限制垄断企业肆意运用其垄断力量，而这个法律措施的具体执行要靠政府。政府管制主要针对的对象是关系到国计民生的大型产业，包括电信、电力、运输、自来水和管道燃气供应等垄断性产业，政府对这类产业的价格、市场准入、产品与服务质量、投资等方面进行管制。不论是反垄断还是政府管制的实行，都是为了保护消费者的利益，维护社会公平，促进整个社会的健康发展。

二、产业经济学研究的主要内容

(一) 产业结构

产业结构是产业经济学中的重要内容，对于产业结构的研究，主要是针对产业与产业之间的关系和这种关系的产生、发展以及外在的表现形式所做出的研究。由于产业经济学研究的实质是资源的优化配置，因此，产业结构学就是从经济发展的角度来研究产业间的资源占有关系。它的研究视角着眼于经济发展和产业发展，并在此基础上进一步分析产业之间的比例关系及其变化，总结起来就是研究产业结构深化规律。产业结构，顾名思义，它主要研究产业与产业之间，以及产业内部之间的联系。因而研究产业结构就有比较广泛的视角，而不是细化到产品的交换、消费、占有问题，或者是涉及产业的分类。产业结构除了研究产业发展的一般规律外，对产业发展、产业结构从初级到高级和产业结构调整等应用方面也有所研究。由于产业的发展以及产业间的相互联系是一个动态的演进过程，因此，要遵循马克思主义科学的发展观,运用动态的方法研究变化发展的产业结构,这个方法叫作动态研究法。动态研究可以从纵向出发,分析研究不同时期不同阶段产业的各种发展规律;还可以从横向出发,研究不同产业在经济发展中此消彼长的规律。

(二)产业组织

产业组织理论主要研究市场运行。按照权威的《新帕尔格雷夫经济学大辞典》的定义,产业组织学被认为是研究与市场联系着的不以标准教科书上的竞争模型进行分析的经济学领域。而另一本工具书《产业组织学手册》更明确地将产业组织学定义为微观经济学中主要关注市场行为及其与市场结构和市场演进过程的密切关系,以及相关公共政策等广泛领域的分支。阿宁德亚·森在《产业组织学论文集》的导言中认为:"产业组织学的定义可以较宽,包括企业理论、规制、反垄断政策、合同理论以及组织理论的某些内容。"可见,产业组织学是微观经济学的纵深发展,它从市场角度研究企业行为,也可以说成是从企业的角度入手,研究市场结构,研究的具体内容包括企业之间相互竞争的行为以及这个竞争活动与市场结构与绩效的密切关系,对于产业中的具有相互依赖或市场互动特点的企业市场行为有更加详细深入的研究,更具有针对性。例如价格竞争、产品定位、广告策划和新产品的研发等。相对于宏观经济学和中观经济学,微观经济学偏向研究一些比较极端的经济行为,如完全垄断与完全竞争。由于产业经济学属于中观经济的范畴,因而,产业经济学中的产业组织学则偏向于研究一些处于中间状态的经济活动,比如寡头竞争、垄断竞争等不完全竞争市场,它对某一特定的市场绩效、社会福利以及竞争秩序的结论通常是通过对具体的市场运行的研究得出的。产业组织的研究为政府制定并实施相应的公共经济政策,为有效发挥政府宏观调控的力量、维持基本的市场秩序和经济效率提供实证依据和理论指导。

(三)产业竞争力

一般情况下,有市场就会有竞争。美国学者普拉哈拉德和英国学者哈默最早提出了核心竞争力的理念,从竞争力概念的提出到现在,研究者和各种各样的研究理论层出不穷,虽然研究者甚多,但人们的研究并不深刻,好多都只局限于表面皮毛,再加上各种现实情况的发展变化,竞争力的研究一直是经济学研究者所面临的最艰巨的任务之一。如何提升竞争力在经济学的位置,使其能进入到主流经济学的研究视野也是他们未来努力的方向。为了解决这个问题,目前出现了两个有代表性的方向:一个是由美国学者迈克尔·波特开辟的,他提出并主张建立经济学研究的竞争力范式;另一个方向是由中国学者开辟的,就是建立竞争力研究的经济学范式,中国学者正朝着这个方向一步步迈进。

对于第一个范式,哈佛商学院著名的经济学学者迈克尔·波特的影响最大,他著作了《国家竞争优势》一书,相对以往而言,书中对竞争力的研究有所突破和创新,但由于受社会历史条件的限制,书中竞争力的相关理论并不成熟,也没有构成一个严密的体系。同时,这个理论的提出缺乏严格的理论支撑,以及实践的证明。因而,如果想要被经济学接纳,这个竞争力分析必须经过系统严密的论证,必须进行模型化。这只能从另一个方向进行努力,就是建立竞争力分析的经济学范式。这个范式的基本特点是把竞争力研究融入主流经济学,建立竞争力的经济学分析范式,另一个特点则是运用一般均衡分析方法研究产业竞争力。我国产业竞争力的计量和分析就是在以局部均衡分析方法的基础上发展而来的,这种研究范式的特点是计算相对简单、对于数据的要求较低。缺点是这种方法相对比较狭隘,是一种局部均衡的方法,因而不具备全面性。所以,在计量和分析产业竞争力方面运用一般均衡方法是未来的发展方向之一。

同时,在竞争力研究中,其中一个重要方向是强调企业的结构竞争力,企业网络、产业集群都属于企业在社会结构中的位置,对它们的研究实质上就是在复杂的社会中对企业竞争力的解释。

(四)垄断产业改革、重组

由于我国现在处于并将长期处于社会主义初级阶段,因而,垄断产业的存在也就不足为奇。我国建设社会主义市场经济的重要一步就是对垄断产业改革和重组。这个课题对于我国经济建设和改革是一个巨大的挑战。由于我国社会主义初级阶段的具体国情，因而，我国的垄断产业改革由于特殊的社会历史条件的限制仍然处于起步和探索阶段，要达到成熟的地步还有很大的差距。这就要求放宽市场准入限制，同时解决产权改革、产业重组、产品和服务定价、增加用户选择权、建立现代监管体制等方面存在的一些问题。

三、产业经济学研究的意义

（一）产业经济学研究的现实意义

每个理论的研究最终都要归于对实际的指导。产业经济学也不例外。深入学习和研究产业经济学，对于建立社会主义市场经济体制，推进我国社会主义现代化建设步伐，具有重要的现实意义。具体表现在两个方面：

第一，中国经济在追求快速发展的同时，逐渐开始注重其更深一层的意义，那就是"怎样发展""实现什么样的发展"。"新型工业化道路"和"科学发展观"逐渐提上日程，这是每个企业寻求可持续发展的必由之路。因而，对于一名经济学人士，或者一名企业家来说，产业经济学的教学和研究工作就更加具有挑战性。第二，学习和研究产业经济学有利于我国经济结构的优化调整。社会经济的发展过程，不仅表现为"量"的增多，还表现为结构的优化，特别是产业结构由低级向高级的演进过程。当前我国结构性矛盾特别突出，学习和研究产业经济学，有助于实现产业组织的合理化，产业政策的科学化，产业结构优化和产业布局合理。

（二）产业经济学研究的理论意义

从理论意义方面看，研究产业经济学，对于丰富和充实马克思主义的经济学学科体系有着重要意义。产业经济学弥补了以前微观经济学和宏观经济学的不足，为以前还是空白的中观经济学增添了一道靓丽的色彩。它

第一章　产业经济学的基础理论研究

的最大贡献就是建立了一门新的理论经济学科，完善了整个经济学的理论体系。马克思主义政治经济学不是一成不变的，它紧跟时代的变化，对原有的经济理论进行横向的比较和纵向的深入拓展，对社会主义市场经济理论的发展做了强有力的指导。同样，马克思主义产业经济学也适应不断变化发展的客观实际，将社会主义市场经济的基本理论和产业经济相结合，将理论转化为实践。并在实践中总结经验教训，对不断出现的新问题、新情况要适时做出研究和有效应对，并总结这些新的经验，进一步充实和丰富马克思主义的产业经济学。

1.产业经济学丰富和完善了经济学学科体系

产业经济学对经济学学科最大的贡献在于建立了一门新的经济学科，填补了中观经济学研究的空缺，完善了经济学科的体系！长期以来，经济学一直被人为地划分为微观经济学和宏观经济学两大部分。介于微观经济和宏观经济之间的中观经济的研究比较薄弱，而产业经济学的兴起无疑对丰富经济学的学科体系起到了重要作用。

长期以来，介于企业和国民经济之间的产业被忽略，使得经济学本身由微观经济学和宏观经济学两个独立的部分拼凑组成，不能形成一个内在统一、完整的学科体系。产业经济学通过分析经济个体的相互作用关系，研究产业的整体变化规律，将微观经济个量与宏观经济总量联系起来。产业经济学的研究对象是具有同一属性的企业的集合，它介于微观经济主体企业、消费者与宏观经济主体国民经济之间，弥补了微观经济学和宏观经济学之间的空白。产业经济学从作为整体的产业出发，兼顾了产业之间的协调和配合，对于加强部门之间的有机联系，完善和丰富经济学学科体系具有重要作用。

2.产业经济学的研究有利于经济学和管理学的沟通

长期以来，经济学与管理学似乎一直是在两条线上平行发展，各归两大类学科，看起来并不相关，但是在实践中，无论是专家学者还是经营管理者都感到这两者之间应该是相通的。就学科性质而言，经济学和管理学的侧重点明显不同，经济学侧重的是资源在经济中的配置问题，解决这个问题的主要方式是价值规律指导下的市场机制；而管理学的侧重点明显不同，它侧重的是研究资源整合的问题。也就是如何将组织内的有限资源进行有效整合以实现既定目标，解决的主要方式是行政指挥。所以传统的经济学应用领域一直是在企业等组织以外，而传统的管理学应用领域则基本局限在组织以内，组织以外的企业行为基本归于经营范畴，在严格意义上不属于管理学的研究范畴。近年来，随着新制度经济学的兴起，经济学的研究领域扩展到企业组织以内，但是管理学理论却未能系统地用于传统的企业组织以外。然而，在现实经济生活中，早已存在着许多组织以外的经济管理行为，特别是产业经济的领域里，如产业组织领域中的产业规制由来已久，而日本、韩国等国家通过对各个产业实施有目的、有计划的扶持、保护等管理措施使经济发展突飞猛进，更是引起了世界各国的震惊和关注，对产业经济学的广泛关注也正来源于对日本等国经济腾飞过程中的政府经济管理行为的研究。

我国近些年来对高新技术产业的扶持，产业结构调整升级、产业布局合理调整、产业集群研究以及各类工业园区的规划建设等，均大大推动了我国经济的快速发展。其实，产业经济学和管理学有好多相通的地方。产业经济实质上在好多方面都涉及管理的问题。所以，在很大程度上，对产业经济学的研究必将有利于经济学与管理学的沟通。

3. 产业经济学推动了经济的健康发展

产业经济学对于促进产业结构的调整和经济的发展具有重要意义。社会是不断变化发展的，伴随着社会的发展，经济也在发生着意想不到的变化。这个变化不仅体现在经济总量不断增长，同时还体现在经济结构不断进行整合优化，特别是产业结构由低级向高级的演进过程。实际上，无论对经济学或者具体的产业经济学有多少了解，都可以通过简单的思考或者现实生活中的某一个经济实例轻松了解得到，产业结构的合理与否直接关系到经济的增长态势。而经济的增长反过来又影响着具体产业结构的调整。

一句话，产业结构与资源配置、国民经济紧密相连。在经济发展的不同阶段，总量矛盾（总供给与总需求）与结构矛盾（产业结构与社会需求结构）常常处于不同的地位。我国特殊的社会历史决定了我国仍然处于社会主义初级阶段，而这个基本国情决定了好多方面的不成熟。比如说，我国的产业结构。改革开放以前，我国存在严重的经济结构、经济比例失调的问题。严重偏向发展重工业，造成重工业与轻工业、工业与农业的比例失调，严重制约了经济的发展；改革开放以后，我国一直致力于产业结构的调整，成效显著。但是，我国产业结构目前还存在很多问题，由于粗放的生产方式，使资源浪费问题严重。一般加工工业的生产能力过剩，而精加工、深加工生产能力不足等。改革开放以来，随着社会生产力的发展，市场的不断发育，经济结构的调整，经济总量矛盾得以缓和，有的产品还出现相对过剩。但结构转换严重滞后于总量增长，结构性缺陷上升为主要矛盾。研究产业经济学，揭示产业经济发展的规律，通过产业经济学的研究，对促使我国产业结构向高水平演进，增强产业的竞争能力，促进经济发展具有重要意义。

（三）产业经济学研究的实践意义

产业结构与经济增长有着密切的联系，产业结构的演进发展将对经济总量的增长有着重要的意义。因此，研究产业经济学对于促进产业的合理布局，充分发挥各地区的经济优势和地域优势，从而带动整个国家经济的健康发展具有重要的意义。产业经济学中很大一部分内容就是对产业结构、产业布局、产业组织的研究，这些方面的研究对于合理布局各种产业，合理地进行资源配置，促进国民经济健康发展具有十分重要的作用。改革开放以前，我国一度出现重工轻农的不合理现象，造成农、轻、重产业比例严重失调的现象，这为我国的经济建设带来巨大的创伤。历史证明，产业比例不协调，将为经济发展带来巨大的损失。到改革开放以后，我国开始意识到产业结构的重要性。经过一系列调整和协调，终于取得了比较显著的成效。这些都很好地证明了，研究产业经济学对于指导实际的经济行为具有非常重要的意义。

1. 有利于政府制定科学的产业政策

政府制定科学的产业政策必须要有相应的理论支持。产业经济学说白了就是对产业结构和产业之间运动规律的研究。通过这些研究，为政府制定科学的产业经济政策做准备。为了弥补市场失灵，政府需要进行宏观调控。通过对产业经济现象进行系统的研究说明，从而制定一系列相关政策制度，使资源配置更加合理优化。产业经济学的基本理论揭示了产业结构、产业布局、产业组织、产业发展的规律，为制定正确的产业政策提供了理论指导。研究产业经济学，制定正确的产业政策，不仅影响到产业内企业规模经济优势的发挥和竞争活力，而且影响到产业整体的发挥。我国的产业组织存在不少弊端，企业整体规模偏小，竞争力偏低，"小而全""大而全"现象较普遍，这些都影响了我国产业整体的发挥。研究产业经济学就是探寻不同的市场结构、不同企业规模的优劣，研究规模经济形成的原因及过度竞争的形成途径和消除方式等，找出最有效、最合理配置生产资料的市场秩序、产业组织结构，制定正确的企业组织政策，实现市场的有效竞争和充分利用规模经济。

2. 有利于促进产业组织、产业结构和产业布局的合理化

产业结构决定着资源在产业之间的配置问题，因而也就关系到国民经济协调高效发展。相对于产业结构的局部性而言，产业布局范围更广，它涉及地区间产业与产业的问题，也就是说，产业布局决定着资源在地区之间的配置问题，以及各地区的比较优势问题。这关系到地区经济能否协调健康发展；产业组织则涉及产业内部的企业与企业之间资源配置的问题，它研究的范围更加细化。产业组织的合理与否关系到企业的效益能否提高、产业能否顺利发展。产业经济学全面系统地研究了产业结构、布局、组织等各方面的状况和变化规律，提出了各方面合理化的标志、影响因素和实现途径。人们掌握了产业经济学的理论，就能自觉有效地推进产业各方面的合理化。

第一章 产业经济学的基础理论研究

在经济发展的不同阶段，总量矛盾（总供给与总需求）与结构矛盾（产业结构与很多需求结构）常常处于不同的地位。上文已经提到过，改革开放以前，我国太过偏重重工业的发展，造成不同产业的结构严重不协调，严重制约了经济的发展。改革开放以后，我国一直致力于产业结构的调整，成效显著，但是，我国产业结构目前还存在很多问题，如粗放式的发展造成资源的严重浪费，精加工、深加工生产能力不足等。改革开放以来，随着社会生产力的发展，市场的不断发育，经济结构的调整，经济总量矛盾得以缓解，有的产品还出现相对过剩。但结构转换严重滞后于总量增长，结构性缺陷上升为主要矛盾，迫切需要进一步调整产业和产品的结构，推动产业结构升级，研究产业经济学正是为了揭示产业发展的规律性，实现产业结构高度化，促进各产业部门的协调发展。产业经济学的研究对促使我国产业结构向高水平演进增强产业的竞争能力，促进经济又好又快发展具有重要意义。

产业的合理布局对于充分发挥各地区的经济比较优势和地域优势有重要意义。过去，我国产业布局有许多不合理之处，大城市工厂聚集过密，江河上游和沿江河布局污染企业造成环境污染严重，"大三线"工厂过于分散等。研究产业经济学就是要探寻产业布局的一般规律和基本原则，制定正确的产业布局政策，将产业布局和区域分工相结合，使产业布局在最有利于发挥优势、提高经济效益的地域，实现产业的合理布局。

3. 有利于企业正确选择投资领域，提高资本使用效率

每一个产业都会经历一定的生命周期，其产生与发展轨迹为：幼小期—成长期—成熟期—衰退期—淘汰期。每个企业在每一个具体的发展阶段都会有不同的发展特点。针对不同的发展阶段做出不同的发展战略是企业的基本任务。这就需要企业要有敏锐的目光，做出准确的判断。此外，企业还要有长远的发展目光，研究整个市场大环境，针对市场竞争采取一定的应对措施，制定相应的应对策略，以最优的面孔迎接挑战。

第三节 产业经济学的研究对象与方法

一、产业经济学的研究对象

产业经济学具有很强的指导性和适用性。随着各国对其适用性的认识逐渐加深，经济学领域关于产业经济学的研究也逐渐增多，各种关于产业经济学的理论和著述也呈现出"百家争鸣"的繁荣景象。产业经济学成为近年来经济学中最活跃、最激动人心、取得成果最多的领域之一。产业经济学的研究对象当然非产业莫属，要对产业有一个明确的概念。具体而言，产业是指国民经济中以社会分工为基础，在形形色色的社会分工中，产品和劳务在生产经营过程中总有这样或那样的相同或相似，把这些类似的企业或单位及其活动的集合叫作产业。社会分工多种多样，从各类物质生产部门到提供各种服务的各行各业，都可以称之为产业。产业既不属于微观经济的范畴，也不属于宏观经济的范畴，它是介于微观经济和宏观经济之间的概念，可以将其归为中观经济的范畴。单独的企业可以归为微观经济的范畴，这些企业的集合就构成了产业，产业是国民经济的重要组成部分，集合产业的经济活动、政府的经济活动（包括一些经济政策）以及消费者的经济活动（主要是购买）三者共同构成了国民经济。微观经济活动的规律需要对微观经济学进行研究才能揭示出来，同样，对于宏观经济运行的规律也是由宏观经济学进行诠释。经济链中，产业经济学被赋予了很重要的任务，这个任务就是，研究产业经济活动，揭示产业经济规律。

产业这个概念包括多层次、多方面的内容，因而也就呈现出多方面的特征。具体而言，产业的内容纷呈复杂，纵横交错，包含产业本身、产业与产业之间、产业内部、产业的分布状况以及产业的发展等内容。由于"产业"这个词所涵盖的范围较广，因而，其所对应的经济学范畴也比较广泛。具体可以分为：产业类型、产业结构、产业分布、产业关联、产业发展、产业组织、产业政策和产业规则等。这些具体研究对象之间的关系涉及资源在产业之间的配置状况及其变化，而研究的目的和意义在于，更加优化资源配置，使资源合理、充分、有效地被利用，从而促进资源在产业发展过程中的动态优化配置。产业的分布状况往往涉及资源在地区之间的配置状况及其变化，而事实证明，之所以要研究产业的分布状况，是为了从根本上调节资源配置问题，实现最优。而研究产业网，即产业内部各个企业之间的关系以及产业本身，其最终的目的也是为了促进产业资源的内部优化。产业规制和产业政策涉及政府对产业发展过程中出现的资源配置不合理情况的管理和调节，研究产业规制和产业政策的根本目的，是为了促进政府在产业发展过程中更好地进行必要的管理和调节，以消除资源配置的不合理现象。因此，产业经济学实质上就是对产业经济活动过程中资源配置问题的研究，也就是说，如何合理优化配置资源是产业经济学的根本目的。

二、产业经济学的研究方法

（一）产业经济学研究方法的演进

产业经济学的研究方法随着时间的推移逐渐发展，在20世纪50年代，该领域主要以案例分析法为主，哈佛学派和芝加哥学派都曾广泛使用，并且取得了许多重大的研究成果。

在20世纪60年代，兴起了经济计量学方法，从此之后，该方法逐渐成为研究产业经济学的主流方法，同时是产业经济学转入实证以后采用的主要方法。目前仍是主要的实证研究方法。"60年代中后期，随着在经济计量学方法方面受过良好训练的（或匆匆武装起来的）新一代学者的出现，也由于电子计算机和经济计量学软件的迅速普及，利用结构-绩效模式横断面数据进行回归分析，一时间几乎成为产业组织问题研究的时尚。"总之，这一时期研究的基本脉络是运用案例研究和计量分析来建立和验证 SCP 范式及其内在的逻辑关系。

近年来，在经济学领域逐渐出现了两种实例研究方法，就目前来看，这两种研究方法在未来的产业经济学研究领域很有发展前途。接下来，就要对这两种研究方法进行具体的探讨。第一种是普劳特（Plott）解释并评述的"实验方法"，这种方法主要的研究手段是计算机，具体的操作步骤是通过利用计算机，在实验室内观察一些微小的变化因素。一般而言，这些变化因素由于太小，因此在市场上很难被肉眼所捕捉。产业实验室研究法是检验用博弈论方法建立的产业组织理论模型的非常有效的途径。到目前为止，许多出色的经济学家已通过产业实验室研究法来分析产业组织理论问题。其中包括：张伯伦（1948）所做的第一个关于市场交易的课堂实验，萨尔曼与泽尔腾关于寡头行为及古诺模型的实验研究，史密斯进行的双向拍卖市场交易实验等。第二种是时间序列分析方法，在 20 世纪 80 年代以后，这种方法得到了空前的发展。其中贝叶斯和皮尔认为可用于产业经济学研究的方法包括经济时间序列的线性和非线性方法、协整模型和误差修正模型、双线性模型、临界自回归和混沌模型等。根据目前产业经济研究的成果看来，相关方面的数据在不断地积累，因而，这种分析方法在产业经济学领域将会得到更广泛的应用。

（二）产业经济学研究的基本方法

由于产业经济学所研究的对象纷呈复杂，因而，产业经济学研究的内容体系也非常庞大。因此，这就决定了产业经济学的研究方法也有很多种可供选择。

1. 定性研究与定量研究相结合

产业经济学研究的内容广泛而又复杂，再加上这个领域不断涌现出的许多新兴的经济现象，这就决定了单独采用定量研究的方法很难对产业经济领域的全貌进行窥探。这客观上要求必须同时采用定性研究，使定性研究和定量研究两者紧密结合起来。即使要对一些经济现象进行定量研究，

第一章　产业经济学的基础理论研究

也首先需要通过定性研究以选择定量研究的主要考虑因素。具体而言，定性研究是对产业经济研究的内容进行一般的、规律性的总结，而定量研究就是对产业经济中具体的量的计算。从它们各自的定义就可以得出，定量研究和定性研究的侧重点不同。定量研究注重的是对"数量"的研究，通过一定的"数量"研究总结出一些产业经济的发展规律。而定性研究则注重"性质"的研究，这里的"性质"不是单纯的物理性质，更多的是对内在规律的研究。由此可以看出，只有首先对内在的东西进行研究，才能减少对纷繁复杂的"量"的研究的复杂程度。因此，定性研究是定量研究的基础和前提。但是，面对有着千丝万缕的数量关系，单独的内在研究，也就是定性研究很难解决问题，这就需要分析大量的相关现象、问题和数据，也就是要进行定量分析，这样才能比较全面宏观地总结出产业经济现象之间相互的联系，从而进一步归纳出产业发展变化的规律。

2. 实证研究与规范研究相结合

这是研究产业经济学的一种方法之一。虽然是实证研究和规范研究的结合，但更侧重于实证研究。具体表现在以下几方面。

（1）产业组织理论兴起的时间不长，在现代经济学中，产业组织理论主要用来分析和解决现实经济问题，所以，对它的研究主要是为了解决实际问题，因而研究方法也更注重实证性。

（2）从以往的产业经济学理论中可以得出，对规范研究方法的重视往往比实证方法的重视程度更加深刻。这导致了理论与现实的严重偏离，表现为理论上所描述的是一回事，现实经济中则是另一回事。因此，许多从规范研究中得出的理论观点难以被实际部门所采纳。正像乔安·罗宾逊形容的那样："实践家叫苦说，他要的是面包，而经济学家给他的却是一块石头，他的叫苦是十分自然的。"理论是为实践服务的，一种理论如果远离实践，无论其逻辑性多强，内容多丰富，都不能解决实践问题。尤其是我国正处于新旧经济体制交替的年代，许多现实问题都需要理论工作者积极探索解决途径，这就更要求理论工作者重视对现实经济问题进行实证研究，为政府部门制定经济政策提供思路。

(三) 产业经济学研究的具体方法

1. 经济计量法

20世纪60年代后，许多学者都学习并研究了经济计量法，同时，在客观条件上，计算机和经济计量学软件广泛而迅速的普及，使得结构-绩效模式迅速走红。经济计量方法作为具体的产业组织理论的研究方法之一，基本的原理是综合运用案例研究和计量分析的方法来建立和验证SCP范式，并对其内在的逻辑关系有所探索研究。在产业组织理论中，经济计量分析方法是一种最基本的工具方法。它不仅是寻求考察对象之间关系的基本工具，同时也是实证分析的基本工具。

2. 实验方法

实验方法就是利用计算机在实验室内观察现实市场中人类用肉眼无法观察到的某些微小的变量。例如信心、边际成本等对产品价格的影响，以及这些细微因素对厂商市场份额、市场集中度的影响，通过观察研究来总结规律，达到能够控制部分变量，从而来考察变量与变量之间的因果关系。实验方法是检验产业组织理论模型非常有效的途径。

3. 案例研究法

案例研究法也是产业经济学的主要研究方法。顾名思义，这种方法主要是通过对实际经济活动中的各种案例展开研究，采取定量和定性相结合的手段，说明某一经济规律。值得注意的是，这种方法更加偏重于那些无法精确、定量分析的实际复杂经济事例。有时候规律是可以一眼被看出来的，而更多时候，在不同的环境、不同的条件下，规律会隐藏在不同表面现象的背后。而案例分析就可以对以不同面貌呈现在世人眼前的经济现象进行深刻的揭示。这种方法能够很好地培养经济研究人员的敏感性，使其更能敏感把握蕴含在经济活动内部的经济现象。20世纪50年代，哈佛学派将案例分析方法率先引入产业经济学中，后来芝加哥学派也很推崇这种方法，产生了许多重大的学术成果。

第二章　产业组织

产业经济学不仅要研究产业之间的相互关系,而且还要考察产业内部企业之间的相互关系。产业结构理论、产业关联理论和产业布局理论主要说明产业与产业之间的相互关系和产业的空间布局,产业组织理论,简称 IO 理论)则是分析产业内部企业与企业之间的竞争和垄断关系,是产业经济学的重要组成部分。产业组织理论内容十分丰富,本章主要介绍产业组织理论的形成和发展、市场结构、企业的市场行为、市场绩效和产业组织合理化。

第一节　产业组织概述

一、产业组织及其理论体系

(一)产业组织的概念

组织是一个多义词,既可指按一定规则联结组成的结合体,如党团组织;又可指联结、组合、安排人或事的行为,如组织比赛活动;还可指事物组成的形式和组成部分之间的关系,如组织状态。产业组织是指同一产业内部企业之间的关系。在市场经济中,企业之间的关系是通过市场形成和体现的利益关系，具体来说，就是市场交换关系、竞争和垄断关系、市场占有关系、资源占用关系等。值得指出的是，产业组织中的产业是指生产同一类产品的企业的集合，或是在同一商品市场上从事生产经营活动的企业的集合；产业组织中的组织也不是通常所说的生产组织、企业组织，而是专指产业"组成部分之间的关系"。

（二）产业组织理论的体系

产业组织理论是以产业内部企业之间关系为研究对象的理论，主要任务是分析同一产业内部企业之间的关系，揭示企业之间关系变化的规律及其对企业经营绩效的影响。产业组织理论主要是由市场结构、市场行为、市场绩效等三大部分按顺序构成的体系。无论是在理论上，还是在实践上，市场结构、市场行为、市场绩效都存在密切的逻辑联系。市场供求环境形成市场结构，市场结构制约企业的市场行为，企业的市场行为决定市场经营绩效。产业组织或者说同一产业内部企业之间的关系，正是在市场结构、市场行为、市场绩效中体现出来的，分析市场结构、市场行为、市场绩效，也就是分析产业组织，或是同一产业内部企业之间的相互关系。

社会经济资源存在三个层次的配置，即宏观层次的配置、中观层次的配置和微观层次的配置。研究宏观的资源优化配置是宏观经济学的任务；研究微观的资源优化配置是微观经济学的任务；研究中观层次也就是产业层次的资源优化配置，则是产业经济学的任务。产业组织理论则是通过对市场结构、市场行为、市场绩效的分析，说明产业内部资源的优化配置。产业组织理论是产业组织政策的理论基础。

二、产业组织研究的理论渊源

与产业结构理论、产业关联理论等领域已经有较长研究历史不同，产业组织理论是产业经济学的各领域中定型较晚的部分。现代产业组织理论的形成以贝恩1959年出版的《产业组织》一书为标志，迄今只有近50年的历史。然而，从其产生和形成的渊源来看，最早萌芽于马歇尔的"工业组织"是生产要素的理论，奠基于张伯伦等人的"垄断竞争理论"，完整体系形成于贝恩等人的系统研究。

(一) 产业组织理论的萌芽

英国著名经济学家马歇尔在其1890年问世的名著《经济学原理》一书中，在论及生产要素时，在萨伊的劳动、资本和土地"生产三要素"学说的基础上，首次提出了第四生产要素，即"组织"。马歇尔所提出的"组织"概念，包容了企业内的组织形态、产业内企业间的组织形态、产业间的组织形态和国家组织等多层次多形态的内容，其外延的界定具有较显著的宽泛性和不确定性。后来的产业组织理论则是从马歇尔"组织"概念的第二层次的组织形态，即产业内企业间的关系形态基础上发展起来的。将产业内企业间关系结构从马歇尔混杂的"组织"概念中分离出来的工作，最后是由梅森和贝恩完成的。

马歇尔将萨伊的生产三要素论扩展为包括"组织"在内的生产四要素论，虽然别出心裁，但并非空穴来风。至19世纪60年代，西欧自由竞争的资本主义逐渐发展到顶点，并开始进入向垄断资本主义过渡的阶段。正是在这一背景下，当马歇尔研究分工与机器、某一地区特定产业的集中、大规模生产及企业的经营管理、企业形态等问题时，触及了"规模经济"现象，而"规模经济"又与"组织"形态直接相关。他在提出将"组织"作为生产第四要素的同时，又提出了"工业组织"的概念，并分析了分工和机械对工业组织的影响，工业组织大规模生产的经济性及适应工业组织管理的工业家所需的才能等问题。

我们认为，马歇尔的经济理论隐含了产业组织理论的萌芽，其具体表现不仅在于他最先提出了包括"组织"在内的四要素论和十分接近于"产业组织"的"工业组织"概念，而且还体现在其经济理论第一次触及了现代产业组织理论所关注的一些基本问题。

首先，马歇尔的经济理论触及了垄断问题，并发现了被后人称为"马歇尔冲突"的规模经济和垄断的弊病之间的矛盾。他认为，完全竞争市场在现实中是不存在的，厂商追求规模经济的结果导致垄断，而垄断会扼杀自由竞争这一经济运行的原动力，使市场价格受到人为要素的操纵，而且使经济丧失活力，也不利于资源的合理配置。"马歇尔冲突"所提出的竞争的活力和规模经济之间的关系，正是现代产业组织理论所关注的核心问题。

其次，马歇尔的经济理论触及了产品差别、生产条件差异和广告费用不同等造成不完全竞争市场的垄断因素问题。马歇尔指出，许多不同型号的产品，或因其适应不同的需求偏好，或有某些独特的功能，或其中某些拥有专利权等因素都可以使它们的生产为特定工厂所垄断。在这种情况下，那些实际上质量最好的产品的生产者不能有效地登广告和用行销商及其代理人来推销自己的商品。不完全竞争市场上的垄断现象通常是由于追求厂商规模经济及上述多种因素所共同引起的。

尽管马歇尔所触及的产业组织的基本问题只是散见于其庞大的经济学体系中，而且均未进行专题研究或明确的分析，但他的这些工作对后来者从事产业组织的研究极富价值，因而他被西方学者称为产业组织理论的先驱。

（二）产业组织理论的奠基

如果说在马歇尔所处的时代垄断还只是个别现象的话，那么到了20世纪初，垄断资本主义已经取代自由资本主义，垄断资本对资本主义国家经济运行的影响已表现得十分深刻，尤其是20世纪30年代的经济大危机，使以马歇尔为代表的正统经济理论与现实的矛盾日益显现，现实的严峻挑战成为新理论诞生的催生婆。1933年，英国剑桥大学经济学家琼·罗宾逊的新著《不完全竞争经济学》和美国哈佛大学教授张伯伦的著作《垄断竞争理论》几乎同时问世，这两部著作围绕着竞争和垄断的关系进行了更接近实际的全面探索，修正和发展了西方传统经济学中的竞争-垄断理论。尤其是张伯伦在其上述著作中提出的一些概念和理论观点，成为现代产业组织理论的重要来源，他本人因此也被认为是现代产业组织理论的奠基人。

张伯伦对现代产业组织理论的贡献主要体现在如下方面:

1. 以分析纯粹竞争为出发点,否定了纯粹竞争存在的条件,提出垄断竞争的概念。他认为,完全竞争和纯粹垄断只是两种极端的市场形态,现实经济则是介于这二者之间的"中间地带",现实的市场既存在竞争因素,也存在垄断因素,二者的并存与交织形成了所谓"垄断(性)竞争"格局。其根本原因在于:每个厂商提供的产品具有差异性,所以它是个垄断者;但该产品又具有一定的替代性,因而对生产同类产品的其他企业来说,它又是一个竞争者。于是,垄断竞争市场便形成了。

2. 对垄断竞争的市场结构进行了具体分类和分析。张伯伦对完全竞争和纯粹垄断两种极端市场形态及位于这二者之间的广阔的"中间地带"的市场结构进行了具体分类,并考察了不同产业之间的联系,分析了特定产业内的市场结构、价格、利润、广告和效率等的相互关系。

3. 提出了生产同类产品的企业集团及与之相关的厂商企业的关系问题。不同供给厂商生产的同类产品具有一定的替代性,因而可能导致同类产品企业间的价格、产量协调的企业集团的出现。这就进而产生了集团内企业间、集团企业与非集团企业间纵横交错的竞争关系。通常,集团内企业可以保持统一价格,并凭借其集团实力取得一定的市场垄断地位,集团外的企业很可能因此而处于不利状态。当然,它们也可以采取灵活的价格政策与集团企业竞争。

4. 界定了"产品差别"的内涵及其对市场竞争的影响。张伯伦认为,对消费者而言,不同的产品差别可能是具体的,也可能是想象的。只要产品的某种品质特征引起购买者的认知差异,使购买者喜好这种产品,而不喜好那种产品,都可能构成产品差别的标准。具体地说,"产品差别"包括三层含义:①商品的品质、包装等产品本身的差异;②产品销售条件、服务态度的不同;③消费者"想象"的心理差别,如品牌、广告等。以产品差别化为基础,张伯伦进一步分析了垄断与竞争的关系,他认为产品差别既是垄断因素,又是一种竞争力量,只要销售量与产品差别有关,则产品差别的非价格竞争就可能比传统的价格竞争更为重要。

5. 提出并讨论了企业在市场上的进入和退出问题。一个产业的兴起、发展和衰退必然面临企业的进入和退出问题。企业"进入"某一产业的难易程度是决定该企业成本－收益关系的基本因素。伴随着企业进入和退出市场的行为，集团企业和非集团企业也可能在某一点上达到均衡。

（三）产业组织理论体系的形成

产业组织理论体系的最终形成，离不开马歇尔、张伯伦等人早期开拓性研究的贡献，特别是张伯伦，不仅他的垄断竞争学说成为现代产业组织理论的主要来源，而且他还率先实现了经济理论研究从规范研究到实证分析的方法论的转变。不过，现代产业组织理论体系中的绝大多数实证研究的方式方法和判别标准，主要是得益于20世纪30年代以后的一些西方学者实证研究的结论而发展起来的。其中影响较大的有以下几点：

1. 伯尔和明斯对经济力集中的实证研究。他们在1932年合作出版的《现代股份公司和私有财产》一书中，对股份制的发展更易使资金向大企业集中，对经济力集中、价格刚性、扼杀竞争等问题进行了较具体的实证分析。

2. 勒纳等人对垄断指标的研究。勒纳于1934年在《经济研究评论》杂志上发表的一篇论文中，比较深入地探讨了垄断的概念和垄断力的测量方法及指标。

3. 克拉克、梅森等人对"有效竞争"概念及其度量标准的研究。克拉克在1940年发表的名为《以有效竞争为目标》的一篇论文中，首次提出了"有效竞争"的概念，并对该指标的度量标准进行了分析探讨。他认为，在不完全竞争中，最重要的问题是直接的、短期的压力和长期均衡的条件不协调。因此，研究有效竞争条件的出发点就在于以现实中产生的条件为基础，寻求缩小企业上述背离程度的方法和手段。梅森认为有效竞争的定义和条件可分为两类：一种类型是寻求维护有效竞争的市场结构及形成这种市场结构的条件，即"市场结构基准"；另一种类型是从竞争中可望得到的市场成果出发，寻求市场的有效性，即"市场成果基准"。这两种基准各有利弊，要把握有效竞争，将这两种基准综合起来加以考虑是比较现实的选择。

贝恩在1959年出版的《产业组织》一书中系统地提出了产业组织理论的基本框架，标志着现代产业组织理论的基本形成。在该书中，贝恩系统地总结了已有的研究成果，特别是哈佛学派的研究成果，第一次完整而系统地论述了产业组织的理论体系。其两个主要标志是：①明确地阐述了产业组织研究的目的和方法；②提出了现代产业组织理论的三个基本范畴：市场结构、市场行为、市场绩效，并把这三个范畴和国家在这个问题上的公共政策（即产业组织政策）联系起来，规范了产业组织的理论体系。科斯、威廉姆森、谢勒等人在此基础上做了进一步的补充、完善，认为市场结构（S）决定企业的市场行为（C），企业的市场行为决定市场绩效（P）。某一市场结构又取决于特定情况下市场供求的基本环境，从而形成了SCP框架的产业组织理论体系，这也标志着以哈佛大学为主要基地的正统产业组织理论的形成。

二、产业组织理论的发展

自SCP理论体系形成以来，产业组织理论即进入了以正统理论为主干或参照系的多元化发展阶段。20世纪60年代以来一些经济学家发现哈佛学派的产业组织理论在理论方法及其微观基础等方面存在缺陷，他们在不放弃SCP分析框架的前提下，对正统学派的产业组织理论进行了修正和补充，并在80年代发展了新产业组织理论。新产业组织理论对正统产业组织理论的发展主要体现在如下五个方面。

1. 在分析框架上改变了单向和静态的研究模式。由于逐步认识到SCP这种单向的和静态的研究方法限制了产业组织理论的研究，一些学者开始强调企业行为对市场结构的反作用和市场运行状况对企业行为进而对市场结构的影响。斯蒂格勒等人认为S、C、P三者之间没有必然的因果关系，或强调P、C、S的逆向因果关系。鲍莫尔提出的"可竞争市场"理论，摆脱了哈佛学派的市场结构与市场行为之间单一、既定的逻辑关系。因为在可竞争的市场中，潜在进入厂商的压力促使已进入的厂商降低成本、扩大规模、注重创新，从而既改变了市场结构，又影响了经济运行结果。德姆塞茨认为较高的利润是组织规模经济的报酬，任何成本最低的企业的规模自然也就迅速扩大，从而在市场绩效与市场结构之间架起了一座新的桥梁。

2. 在理论基础上，广泛吸取了现代微观经济学的新进展，修正了正统产业组织理论基于新古典主义的理论假设。在这方面，以芝加哥学派、新制度学派和新奥地利学派最有影响。芝加哥学派主张维护竞争，反对政府干预，认为现实生活中的垄断现象是有限的和暂时的，因而他们对政府的产业组织政策持保留态度；新制度学派主要从企业内部产权结构和组织结构的变化来分析企业行为的变异以及对经济运行效果的影响；新奥地利学派则认为竞争是一个动态过程，而不是一种静态的市场结构。新产业组织理论把交易费用理论、产权理论、委托－代理理论等都纳入自己对企业行为的研究，如运用交易费用理论说明组织的效率来自交易费用的节约，运用产权理论说明市场资源配置的失误在于产权配置的失误，运用委托－代理理论分析两权分离对企业动力结构的影响以及建立相应约束机制的途径。

3. 在研究方法上，推理演绎研究与实证归纳研究逐步走向融合。从时间上看，20世纪50年代产业组织理论最主要的研究方法是案例分析，它曾被主流学派广泛使用，特别适用于分析无法精确定量的复杂经济事例，有助于揭示不同表现形式掩盖下的普遍规律。20世纪60年代以后，计量经济学方法替代其成为主流，这是产业组织理论转入实证后一直延续至今的主要研究方法。但传统的产业组织理论仍以静态的截面分析为主要手段，当新产业组织理论改变了其单向和静态的分析框架后，过去的静态实证方法就难以满足需求。到20世纪70年代后期，随着新产业组织理论越来越强调对具有较大不确定性的行为进行研究，以博弈论和信息经济学为主要分析工具的推理演绎法被广泛引入，如非合作博弈论的应用就使产业组织理论在动态学和不对称信息中取得很大进展。20世纪80年代以来，一方面，推理演绎法虽更具理论逻辑性，但其假定往往过于严格，缺乏有力的实证支撑；另一方面，随着数据的可获得性增加，实证研究本身也开始自静态转向更具说服力的动态分析，所以新产业组织理论的研究方法呈现推理演绎与实证归纳的融合状态。例如在寡头定价问题上，研究者们已不再只是笼统抽象地讨论行业定价的博弈问题，而是更多地深入到具体行业的定价行为中去进行实证观察，并通过大量案例研究和分析来验证先前的各种推断。

4. 在研究重心方面，从产业组织分析的结构主义转向厂商主义，即从最重视市场结构转向最重视企业行为的分析。1985年，索耶尔在其著作《产业和厂商经济学》的修订版中第一次把厂商纳入产业组织理论著作的标题中，并以厂商为中心展开了分析。索耶尔认为，行业是不确定和虚的，厂商才是基本的、实在的经济单位，市场结构事实上反映的是企业之间的竞争关系。这里需要指出的是，产业组织研究重心方面的上述变化并非索耶尔一个人的功劳，现代产业组织理论的研究重心向厂商行为倾斜，还与新制度经济学、产权理论、公共选择理论和交易费用理论等领域的最新进展密切相关。

5. 在政策主张上，从强调政府规制转向放松规制和规制的细化。哈佛学派将政府政策看成是影响经济活动的外生变量，对政府规制的必要性和有效性深信不疑；而芝加哥学派则将政府规制当成影响经济活动的内生变量，认为政府规制受行业集团的利益影响而形成，它们反过来又会对行业的经济活动产生影响。在这一过程中，如果将政治家视为具有自身利益需求的独立行为者，那么任何一项规制都会引发一系列寻租活动，因此政府规制应该受到限制。但是，自20世纪末以来，针对欧美一些发达国家连续发生的金融诈骗和财务丑闻事件，有关财务公开制度、公司股权问题和金融诚信问题成为热门，一些研究者又提出，今后美国的产业组织政策会向更严格、更具体和更细致的方向发展。

第二节 产业组织的市场进入与退出

产业组织理论不但要研究既定市场内企业（又称"在位者"）之间的关系，还要研究外来企业（又称"进入者"）进入该市场时或在位者退出该市场时相关企业间的关系、行为和由此产生的后果。产业组织中市场进入和退出的核心内容是壁垒问题。进入和退出壁垒涉及完全竞争市场与不完全竞争市场的效率和福利、进入与创新、集中度与规模和效率等问题。这些既是产业组织理论的基本内容，也是科学制定产业组织政策的理论依据。

一、自由进入与退出下的均衡

能够自由进入和退出市场是一个企业具有竞争力的源泉。新竞争者进入市场的威胁和行动会限制在位者，使其减少不利于消费者的经营行为。竞争者的加入，使得原有的市场结构发生变化，改变产业某些环节的经营模式，推进技术创新，从而使产品更具有竞争性。尽管人们已经对厂商自由进入和退出市场的重要性给予了原则上的统一，但是在实际经济活动中仍然存在大量的壁垒阻碍这种"自由性"。壁垒的产生更多地来源于"成本"，这个"成本"包括经济学上所讲的固定和边际成本，以及这些成本的扩展。以下用简单的自由进入和退出下的均衡来简要说明这种"成本"对厂商数量的影响以及厂商数量对单个厂商的收益和总收益的影响。

二、进入与进入壁垒

（一）进入与进入的方式

1. 进入

所谓"进入"是指一个厂商进入新的业务领域，即开始生产或提供某一特定市场原有产品或服务的充分替代品。进入某一市场或产业领域至少包含两个要素：一是进入的程度，反映在市场份额的变化上，即在同一时间内新进入者获得的市场份额减去退出厂商放弃的市场份额；二是进入的速度，即进入一旦发生，以什么样的速度进行。对进入的考察通常从以下四个方面来进行：进入率、净进入率、进入者对市场份额的占有情况，即进入的渗透率（进入厂商的销售额占整个市场销售额的百分比）与进入者进入后的生存时间（又称进入者的平均寿命）。

2. 进入方式

一个厂商决定进入一个新的业务领域时，必须对自己将要采取什么样的方式进入进行选择。进入市场有很多种方式，其中较为典型的有以下两大种类。

（1）模仿与创新。这种进入方式是从技术角度上来定义的。模仿进入是指进入者全部或部分"复制"在位者的经营活动。在这种情况下，新进入者以较低的价格或其他附加的服务作为竞争手段。当进入壁垒不高、生产技术比较成熟、消费者偏好基本稳定时，这种进入方式是比较合适的。然而，从整个产业的角度来看，这种进入对市场结构及其演进不会有太大的影响。创新方式进入是指进入者一开始就以产品差异为战略与在位者展开竞争。当市场正处在上升期，对消费者而言产品差异比价格更为重要，此时创新的竞争优势更为明显。创新进入方式为市场引入新的产品类型或风格，拓展了竞争的空间，对未来市场的发展方向、发展速度以及市场结构的演进和消费者的选择领域都会产生积极的影响。但是，创新的成本会相对较高，而且以创新方式进入市场后被对手模仿的概率很大，这些都是进入者必须考虑的问题。

（2）建立新组织。从进入者建立新组织的角度看，可以分为全新进入、收购和内部发展（多样化）三种模式。全新进入是一切从零开始，其成功率比较低，但是受到相应的约束（如制度、法律等）少，自主行动空间大。通过收购进入一般比全新进入模式见效快，但是收购规模和方式常常难以准确把握，这也加大了收购失败的可能性。同时，收购还要受到《反垄断法》的审核以及得到被收购企业股东的同意，因此谈判和审核的时间可能过长，交易成本过高，从而影响进入市场的最终效果。通过内部发展进入模式是指企业多样化经营，这个过程涉及新业务实体的创立，包括生长能力、分销关系、销售网络的建立等。

（二）进入壁垒与分类

1. 进入壁垒的定义

进入壁垒简单地说就是新企业进入某一市场时所遇到的来自外界的困难和障碍等条件约束。由于进入壁垒在决定企业数量和规模分布上起着决定性的作用，影响着在位者究竟把价格定在高于、低于或等于边际成本的能力，所以进入壁垒是一个重要的产业结构性特征，影响产业竞争的程度和绩效。任何可以降低外来企业进入的可能性、进入的范围以及进入的速度因素或原因都属于进入壁垒的范围。最基本的进入壁垒产生于市场自身的基本条件，而不是仅仅由于法律、政府规制、技术或其他方面的原因造成的。不同时期、不同产业的进入壁垒差别很大。虽然经济学在进入壁垒的产生和影响等问题上分歧很大，但是有一点已经达成共识，这就是进入和进入壁垒是影响市场份额和集中度的决定因素。

2. 进入壁垒的分类

进入壁垒大体上可以分为两大类，根据形成原因又可以分为以下三小类：结构性的、策略性的与政策性的。

（1）结构性（或称之为经济性）进入壁垒。结构性进入壁垒产生于欲进入产业的本身基本特征，即进入某一特定产业时遇到的经济障碍以及克服这些障碍所导致的成本提高，这其中包括技术、成本、消费者偏好、规模经济和市场容量等方面的障碍。如由于技术障碍所产生的壁垒称为绝对成本壁垒；由于消费者偏好所引起的壁垒称为产品差别壁垒；由于在位者生产能力和规模所引起的壁垒则称为生产规模壁垒；等等。

（2）策略性（或称为行为性）进入壁垒。与结构性进入壁垒不同的是，策略性进入壁垒的最大特点就是即时主动性,即在位企业在面对或感知外来进入威胁时会采取其认为最优的行动来提高结构性壁垒。这种壁垒在企业的定价行为中表现得尤为明显。在位者的定价行为完全是出于驱赶对手的需要,哪怕在此过程中,在位者本身也会蒙受一定的经济损失。面对在位者的行动,进入者在决策时间和行动选择上都会有一定的修正和改变,这种变化势必会使其进入后的收益降低,此时策略性进入壁垒也就发挥了作用。

(3)政策性进入壁垒。政策性壁垒是由法律、制度和法规等原因引起的壁垒,具体包括政府将某些产品的生产经营只对少数企业授予特许经营权,而不允许其他企业涉足,实行发明创造的专利保护、进口许可证制度、税收壁垒、资金筹措限制制度等。这些政策性壁垒在市场体系不完善的国家更为明显,而且还表现在宏观层面上,如所有制壁垒、跨地区壁垒、跨行业壁垒等。政策性壁垒会对产业组织的市场运行和市场结构产生影响,也是政府对产业实施宏观控制与管理的工具。

三、退出与退出壁垒

(一)退出

进入的反面就是退出,但并不是所有的进入都可以成功、顺利地退出。所谓退出是指一个企业从原来的业务领域中退出来,即放弃生产或提供某种特定市场的产品或服务的充分替代品。与进入相同的是,衡量退出也从程度和速度两个角度进行。退出大体可以分为三类:一是全部退出,将固定资产一次性清算出售,结束市场上所有业务,这种方式虽然退出速度快,但是经济损失往往比较大;二是逐步退出,该方式比较缓和,经济代价相对较小,但花费时间多;三是产业内企业间的横向兼并,使得该产业中厂商的数量减少,这在实际上并不是真正意义的退出,只是一种业务的转移。

(二)退出壁垒

退出壁垒是指当某产业的在位者不能赚取正常利润(或发生长期亏损)

而决定退出时所承担的成本，或者说已经投资尚未收回的成本在退出时成为"沉没成本"。形成退出壁垒的原因多种多样，经济因素形成的退出壁垒主要表现为沉没成本，政府的干预、法律等均能形成退出壁垒。

四、关于进入与退出壁垒的重要理论介绍

（一）流动壁垒

根据经合组织欧洲转型经济合作中心的定义，流动壁垒是指那些阻碍企业进入或退出某一产业、从某产业的某一细分市场转向另一细分市场的所有因素。从这一意义上来说，流动壁垒是包括进入壁垒、退出壁垒和在同一产业内转移壁垒的总称。凯夫斯和波特认为，尽管贝恩的理论模型在不断地得到完善和演变的同时，其实践假设也得到了后来的统计研究证实，但是，进入壁垒理论没有必要限于从无到有的过程，如果能够提出一种一般的适用于产业中不同部分之间流动（包括进入、退出和不同群组的转移）的理论，该理论就显得更为丰富和完善。一个产业的新进入者，既包括全新的企业，也包括该产业内现存的企业。企业可以进入现有产业中的一个或某个部分，也可以由一个部分转移到另一部分。大多数市场的内部结构非常复杂，一些在位者已经占据了有利的市场位置和产品空间，足以阻止那些处在不利位置的在位者或新的进入者的侵袭。这种在同一市场内流动的障碍就是流动壁垒，这种壁垒与进入壁垒的特征相同，因此产生进入壁垒的因素同样会产生流动壁垒。

流动壁垒概念从一个重要方面拓展了进入、退出壁垒的分析。企业进入新的业务领域或退出业务领域时，其选择分为两大类：直接进入（退出）和间接进入（退出）。如果存在流动壁垒，则进入者选择在什么市场位置上竞争、选择什么样的进入（退出）路径就显得至关重要。从企业经营战略上来讲，这种选择就是企业的目标集聚战略或是细分市场的问题。

(二) 可竞争理论与潜在竞争

1. 可竞争理论

可竞争理论又称"进退无障碍理论",是相对于传统的完全竞争特别是在自由进入条件下完全竞争在理论上的发展。可竞争理论克服了在其之前产业组织理论中市场结构与企业行为的单向逻辑关系。从具体目标讲,可竞争理论就是企业可以自由地、无任何损失地进入或退出某一行业,这实际上是完全竞争概念的推广和具体化。鲍莫尔等人认为可竞争理论是分析资源有效配置的最好基础,是产业组织理论的新研究领域,对制定公共政策很有帮助。

可竞争理论从多方面讨论了进入和退出的问题,但其结论只对完全自由的进入和退出才成立,其要满足以下三个前提条件:①进入是完全自由、没有任何限制的,新进入企业能够很快代替原有企业;②进入是绝对的,在原有企业做出反应之前进入就已完成;③进入是可逆的,即退出也是完全自由、没有任何成本的,也就是沉没成本为零。这三个条件的假设要求很强,由此推导出来的结论与现实情况相差很远。依照其结论,在可竞争市场上,由于存在潜在进入者的威胁,在位企业必须努力降低成本、增加创新、扩大经营规模、提高效率,从而在改变市场结构的同时,也影响经济运行绩效。所以,市场结构、企业行为和运行绩效之间形成了一个双向的关系,这种重视企业行为的分析范式被称为"厂商主义"。依次推理,如果在市场上新老企业面对的成本和需求条件相同,新企业完全可以采取任何手段与老企业进行竞争或实行"打了就跑"(Hit and Run)的策略,即在相同经济规模上生产,只要价格比在位者稍有降低,便可实现进入,在在位企业通过降低价格做出反应之前已经完成退出。因此,问题的关键不在于经济规模的大小,而在于进退是否自由和方便,即沉没成本的大小。判断壁垒的高低应根据沉没成本的高低来定,即使某一行业只存在一家垄断企业,由于潜在进入的压力较大,该行业仍然是可竞争的行业。反之,没有自由的进入与退出,不管市场结构如何,都会存在某种程度的垄断。

2. 潜在竞争与效率

根据可竞争理论，良好的生产效率和技术创新的市场运行绩效产生，是在新古典的完全竞争的市场结构之外，并不需要有许多的竞争者存在依然是可以实现的。这种市场结构可以是寡头垄断市场，甚至可以是独家垄断市场，条件是只要保持市场的自由进入，不存在沉没成本，潜在的竞争压力就足以迫使任何市场结构条件下的企业都不得不采取竞争性行为，否则，就会招致进入者的袭击。可见，可竞争市场中竞争是随时存在的，也就是说，无论何种市场结构中在位者都必须遵守竞争性市场的"价格-产量"决策原则，不然就会被取而代之。正是由于潜在的进入威胁，而不是在位者之间的竞争，使得可持续条件下在位者的价格和市场地位达到了市场均衡，由此产生有效率的市场结构，进而产业组织就成了一种内生的结果。依照可竞争市场理论，政府的竞争政策是不应该重视市场结构的，应该重视是否存在充分的潜在竞争压力，而确保潜在竞争压力的关键是尽可能地降低沉没成本。为此，鲍莫尔等人认为，政府的公共政策着眼点一方面应放在积极研究能够降低沉没成本的新工艺、新技术上；另一方面应该放在排除一切不必要的人为进入和退出壁垒上。虽然，可竞争市场理论有一定的局限性，但是其所倡导的重视潜在竞争作用的观点，对产业组织理论的发展以及对政府规制政策思路和措施的改进都起到了很大的作用。

（三）沉没成本

沉没成本是那些一旦投入、承诺了专用用途就不能收回的成本。沉没成本产生的原因在于某些经济活动需要专用性资产，这部分专用资产几乎不能再有别的用途。此外，专用性资产二手市场的作用非常有限。沉没成本并不一定都是固定成本，也有如律师费用、税收、市场调研所耗费的时间和精力、广告支出以及研发费用等。泰勒尔指出，固定成本与沉没成本的差别只是程度的问题，并非本质问题。可竞争理论的关键在于，如果存在沉没成本，企业就会面对退出壁垒。因为自由的、没有成本的退出是可竞争市场存在的基本条件，这也就是说沉没成本是可竞争市场上唯一造成进入（退出）壁垒的根本原因。如果没有沉没成本，规模经济、产品差别等均不构成进入成本。

第三节 市场行为

一、市场行为及其内容

（一）市场行为的概念

市场行为即产业内企业的市场行为，是指企业在根据市场供求条件并充分考虑与其他企业关系的基础上，为获取更大利润和更高的市场占有率所采取的战略决策行动。企业行为是联结市场结构和行业绩效的中间环节，一方面，企业采取的市场行为受市场结构状况和特征的影响；另一方面，市场行为又反作用于市场结构，影响市场结构的状况和特征，并直接影响市场绩效。

企业行为受企业的内部因素和外部因素交互作用制约，是企业为实现一定的经营目标而做出的现实反应。企业行为方式是直接由企业的经营目标驱动和决定的，企业经营目标是指导企业行为的航标，是企业行为的动力源泉和行动准则。企业行为目标的形成和实现受到内部因素和外部因素的制约。所谓内部因素主要指企业的产权关系，尤其是指企业所有权与控制权的关系，或者说是企业的委托－代理的权利的确定状况。而外部因素主要是指企业所在行业的市场结构和绩效状况、有关的产业政策和法律环境。

（二）市场行为的内容

产业组织理论中的企业市场行为分析与微观经济学中的企业行为分析不完全相同，后者是企业行为的全面分析，前者主要分析产业内企业与其他企业竞争的行为。企业市场行为的主要内容包括如下三个方面：1. 以控制和影响价格为基本特征的定价行为,包括阻止进入定价行为、驱逐对手定价行为、价格歧视行为等;2. 以研究与开发、形成产品差异、促销为基本内容的非价格行为,如技术开发行为、广告宣传行为等;3. 以产权关系和企业规模变动为基本特征的企业组织调整行为,如企业兼并行为、一体化行为、多元化行为、跨国经营行为等。

二、企业的定价行为

产业组织理论主要研究不完全竞争条件下的企业 – 市场关系。在这种市场环境中的企业或多或少都有一定的市场支配力,或者说具有一定程度的定价能力。也只有在这种条件下,才有反映企业战略意识的价格行为。价格竞争与价格协调是企业最基本的价格行为,它们以控制和影响价格为直接目标。价格竞争包括降价竞争和旨在限制新企业进入市场的进入阻止价格。价格协调则主要是指价格卡特尔和价格暗中配合。

(一)进入阻止定价行为

进入阻止定价行为是指寡头垄断产业内企业采取适度降低产品价格以阻止新企业的进入而又可使其获得垄断利润的定价行为。这个人为降低了的产品价格即是阻止价格,其直接目的是阻止新竞争对手的加入,但该行为的实质是牺牲部分短期利润而追求长期利润的最大化。为此,占有优势的寡头企业与其他企业协调,产业内企业往往合谋或协商,达成垄断低价,放弃一部分短期利润,有时甚至不惜以短期的亏损为代价,迫使潜在的竞争对手望而却步。可见,进入阻止定价是一种长期价格行为。这种定价行为能够得以实施并取得效果必须满足如下三个假设条件:1. 原有企业和潜在进入企业都谋求长期利润最大化;2. 原有企业认为,潜在进入企业会认定进入后原有企业将维持产量不变,而放任价格随着新企业增加的产量而下降;3. 原有企业很容易通过串通来制定进入阻止价格。

进入阻止价格究竟定在什么水平,通常受如下两个因素的影响:

1. 市场进入壁垒。进入壁垒高，进入阻止定价可以高些；反之，进入壁垒低，进入阻止定价则必须低些，否则，难以达到阻止新企业进入的预期目的。

2. 经济规模。当经济规模是主要的进入壁垒时，产业内原有企业的定价水平的原则是使非经济规模条件下生产的新企业无利可图，迫使它们退出市场；适当增加产量，减少新企业可能获得的市场份额，迫使它们成本上升，不得不退出市场。

(二) 价格协调行为

价格协调行为是指企业之间在价格决定和调整过程中相互协调而采取的共同定价行为。这种行为一般发生在寡头垄断市场的结构之中。因为在寡头垄断市场上，如果采用企业间竞相降价的价格竞争会两败俱伤，所以通过价格协调，限制价格竞争，共同控制市场，共享垄断利润，成为这种市场结构下企业的主要定价动机和行为。

常见的价格协调行为包括如下两种类型四种形式：1. 价格卡特尔。这是以限制竞争、控制市场、谋求利润最大化为目的的同一产业内独立企业间的一种价格协调行为。建立卡特尔直接动机通常有三种：一是提价，二是不景气时稳定价格，三是协调降价。价格卡特尔包括有文字记录的明确协定卡特尔和只有口头意向的秘密协定卡特尔两种形式。2. 暗中配合。一是价格领导制，即随着某个企业的价格调整，其他企业也相应调整价格；二是有意识地平行调整，即价格调整时没有明显的追随调价现象，而只体现为比较含蓄而默契的配合行为。

三、企业的非价格行为

与价格行为不同，企业的非价格行为不是通过降价和涨价或协调价格获得较高的利润，而是通过研究和开发（R&D）及产品促销获得较高利润。非价格行为实质上是企业产品差别化策略的具体实施，因为企业最基本的两种非价格行为——产品研究与开发及产品营销活动（如广告宣传、销售服务）的核心旨在通过扩大产品差别程度，形成比较鲜明的产品特色，从而增强其竞争力。

对于企业非价格竞争行为的把握和研究，应当注意如下三点：

1. 即使在寡头垄断市场上，非价格竞争同样十分激烈。在技术进步日新月异的当今社会，对企业来说，非价格竞争，特别是产品开发策略和行为，比价格策略和行为显得更为重要。

2. 非价格竞争一般是与价格行为相互联系的。当企业新进入一个市场时，往往是先推出质优价廉的产品，以便抢占市场。当企业一旦占领了一定的市场份额后，则往差别化和高价策略方面发展，以谋取更多利润。

3. 非价格竞争行为除了产品研究与开发及产品营销活动外，还包括排挤行为。这种行为根据其性质可以分为两类：一类是合理的排挤行为，譬如，由于竞争的优胜劣汰机制，一些企业被排挤出市场或被其他企业兼并；另一类是不合理的排挤行为，采取过度的甚至违法的"限制竞争和不公平"手段，排挤、压制和控制交易对方或竞争对手，如通过降价倾销手段争夺市场，将其他企业排挤出市场，扩大自己的市场占有率。

四、企业的组织调整行为

企业的组织调整行为主要表现为企业的合并，它是指两个或两个以上的企业变成一个企业的组织调整行为。通过合并，企业间发生产权关系的转移而实现资本集中、市场集中，这是企业外部成长的基本途径。

（一）融合合并和吸收合并

从合并的过程来看，合并可分为融合合并和吸收合并两种类型。前者是指参加合并的各企业协商同意解散原企业，共同组建一个新企业。后者是指参加合并的企业中有一个吸收企业，其余企业宣布解散并被吸收企业吸收。吸收合并在我国通常称为兼并。现实中，企业合并可以是实力相当的企业之间的合并,即通过合并建立起一个新的企业或公司;也可以是吸收式兼并或吞并,通常是大企业吞并一个或多个小企业。但如果小企业掌握特有的生产技术或其产品具有较大的潜在市场,它也可能兼并外强中干的大企业。

(二)水平合并、垂直合并和混合合并

从合并的产业领域来看,企业合并分为水平合并、垂直合并和混合合并三种形式。

1. 水平合并

水平合并是指同一行业生产同种产品或提供相同服务的企业间的合并。水平合并的动因是追求规模经济,合并的结果会减少该行业内企业数量,扩大企业规模,从而限制竞争,显著提高新组建企业的市场集中度。

2. 垂直合并

垂直合并是指在同一行业或生产经营(供产销)上存在关联的产业中,具有投入产出关系的企业间的合并。当垂直合并向上游投入物方向延伸时称为"后向性垂直合并",当垂直合并向下游最终产品及销售阶段延伸时称为"前向性垂直合并"。垂直合并具有多方面的动因或绩效,如降低交易成本、充分利用技术经济联系、降低生产销售的不确定性、增强市场支配力等。垂直合并对市场结构的影响不能笼统地看成是提高市场集中度,具体来说,这种影响包括:(1)垂直合并涉及同一行业不同生产阶段的多种产品,一般不扩大特定产品的生产规模;(2)垂直合并直接造成企业数目的减少和合并后的企业规模扩大,因此会提高一般集中度;(3)垂直合并后,企业会对各生产阶段的能力重新组合匹配,一般是前后各生产阶段向最有效率的生产规模看齐,因此,垂直合并可能扩大某些产品的生产规模,提高这些产品的市场集中度。

3. 混合合并

混合合并是指不同行业生产不同产品的企业间的合并,它是企业实施多元化经营战略的重要途径。混合合并具体包括三种形式:(1)产品扩张型合并,即产品功能具有互补关系的企业间的合并;(2)市场扩张型合并,即市场区域或顾客对象不同的企业间的合并;(3)纯混合型合并,即生产经营活动几乎没有任何联系的企业间的合并。混合合并的动因主要有三:一是利用范围经济,二是分散风险,三是实现经营的长远目标。混合合并所形成的多元化经营格局可能对市场结构和竞争产生如下影响:(1)一般不影响某行业市场的集中度,但会提高经济整体的一般集中度;(2)有利于突破行业进入壁垒和克服进入障碍;(3)会导致限制竞争,增强垄断因素;(4)会影响替代产品和互补产品的销售定价。

第四节 产业组织分析

网络化已经成为当前产业组织发展的主要趋势之一,企业间的网络结构和关系是企业长期合作与竞争的结果,是市场和企业组织相互结合的产物。通过依托网络组织(显性或隐性的),企业获得了一类"无形资源"和一种解决冲突的手段。网络经济条件下的产业组织是产业经济学的新内容,主要研究网络经济条件下的市场结构特征、企业行为策略选择和市场运作绩效以及政府公共政策的实施。

一、网络经济的含义与特征

(一)网络经济的含义

网络经济可以从狭义和广义两个角度来理解。狭义的网络经济是指基于计算机网络的经济活动,如网络企业、电子商务,以及网络投资、网络消费等其他网上经济活动。广义的网络经济是指以信息网络为基础或平台的、信息技术与信息资源的应用为特征的、信息与知识起重大作用的经济活动。对网络经济还可以从经济形式的不同层次来理解。从宏观层次看,它是不同于农业经济和工业经济等传统产业组织的一种新的经济形态，与以往经济形态不同，它正在或将以智能化信息网络作为最重要的生产工具，并使信息成为同物质、能量相并列甚至更为重要的资源。从中观层次看，网络经济是指发展到互联网阶段的信息产业，也就是网络产业。它又分基础设施层、应用基础层、中间服务层和商务应用层四个层次。从微观层次看，网络经济就是新型的网络企业、网络市场，包括居民的网络投资、网络消费等微观经济活动。

（二）网络经济的主要特征

与传统经济相比，网络经济主要有以下特征：

1. 无时限经济，即不受时间因素的制约，可以全天候连续运作的经济。网络经济从根本上摆脱了全球时区划分的限制。

2. 全球化经济，即不受空间因素的制约，资源能够全球运行的经济。各国经济的相互依存性空前加强，资源在全球实现配置和利用。

3. 虚拟化经济。计算机网络为经济活动构筑了一个虚拟世界，即网络空间，使网络经济可以在网上网下虚实结合，同时存在，互为促进。

4. 速度型经济。借助于信息的快速传输，经济活动的节奏大大加快，产品与技术更新周期缩短，创新速度加快，速度成为决定企业竞争胜负的关键性因素。

5. 创新型经济。创新是网络经济的灵魂，网络经济条件下的技术创新主要是指包括网络技术在内的信息技术的创新，它是一种横向（相关的或互补的技术）蜂聚式创新和纵向（上游技术和下游技术）层叠式创新相结合的综合集成式创新形式。除了技术创新之外，还包括制度创新、组织创新和观念创新等。

6. 竞合型经济。信息网络，特别是计算机网络的应用，既扩大了企业间竞争与合作的范围，又加快了竞争与合作之间相互转化的速度，还改变了传统经济条件下企业竞争的方式，使竞争合作成为企业间新的主导型关系形式。

二、网络经济的主要效应

网络经济的内涵在于社会经济运行的网络化。网络不再仅仅是一种信息交流的渠道和模式,而已成为一个吸纳和承载人们生产、生活和工作的新平台,它是一种从根本上有别于传统经济的新的经济运行方式,由此导致网络经济出现许多新的不同于以往经济社会的运行规律。

(一) 经济外部性

由于用户数量的增加,原来的用户免费得到了产品中所蕴含的新增价值而无须为这一部分价值提供相应的补偿时产生了网络经济外部性。可以把网络外部性理解为网络规模扩大过程中的一种规模经济,不过这种规模经济与产生于供给方面的传统规模经济是不同的,它产生于市场的需求方面,因而也成为"需求方规模经济"。

网络外部性产生的根本原因在于网络自身的系统性、网络内部信息的交互性和网络基础设施的独占性。首先,无论网络如何向外延伸,新增多少个网络节点,它们都将成为网络的部分,因此整个网络都将因为网络的扩大而受益;其次,在网络系统中,网络内的任何两个节点之间都具有互补性;最后,网络的基础设施,如铁路、公路、港口、通信设施等,一般都具有投资巨大、投资周期长、独占性强和使用期限长等特点,这些都决定了网络外部经济性的长期存在。

Katz 和 Shapiro 给出了较为清晰的网络外部性的分类,即直接网络外部性和间接网络外部性。直接的网络外部性是通过消费相同产品的市场主体的数量所导致的直接物理效果而产生的外部性。具体地说,由于消费某一产品的用户数量增加而直接导致的网络价值的增大就属于直接的网络外部性。通信网络,如电话、传真机、在线服务、E-mail 等,都是体现直接网络外部性的典型例子。间接的网络外部性是随着某一产品使用者数量的增加,该产品的互补品数量增多、价格降低而产生的价值。如作为互补商品的计算机软硬件,当某种特定类型的计算机用户数量提高时,就会有更多的厂家生产该种计算机所使用的软件,这将导致这种计算机的用户可得到的相关软件数量增加、质量提高、价格下降,因而获得额外的利益。

(二)边际收益递增

边际收益递减是工业经济条件下物质产品生产过程中的普遍现象,但在网络经济条件下,这一规律不再完全适用,经常表现为边际收益递增,主要原因有以下几点。

1. 网络经济下的边际成本随着网络规模的扩大而呈递减趋势

信息或网络产品的成本主要由三个部分构成,即网络建设成本、信息传递成本与信息收集、处理和制作成本。其中,网络建设成本和信息传递成本在网络长期使用过程中基本为零,虽然信息收集、处理和制作成本随着网络使用人数的增加而增大,但网络运行的边际成本却呈现明显下降的趋势。

2. 信息或网络产品较高的固定成本和极低的边际成本

信息或网络产品分为硬件类和软件类。其中硬件类产品与传统产品较为相似,所以只分析软件类产品即可。软件类产品的生产与传统产品极为不同。作为一种知识性产品,软件的生产要求有非常高的初始投入,而一旦第一个单位的产品研制成功,以后各单位产品的生产只不过是对第一单位生产的产品的简单复制而已。

3. 网络经济中存在较强的学习效应

学习效应也称为"干中学"或"用中学"。学习效应所实现的收益递增主要来自两个方面:一是来自工作中经验的积累;二是来自信息知识的累积增值和传递效应。在信息经济条件下,信息知识不仅作为投入要素被更有效地使用,而且在使用过程中,还可产生作为附加产品的新的信息和知识,它们可以被再次作为投入来开发新的产品或改进现有产品,从而产生新的收益。

4. 网络效应

网络经济中的消费行为具有显著的连带外部正效应，即网络效应，从而导致边际收益递增。例如，当 CP/M、DOS 与 Macintosh 在市场中竞争个人计算机操作系统的市场份额时，DOS 系统通过与 IBM 公司联手而取得了竞争优势：装备了 DOS 系统的 IBM 计算机的销售量的增加，使软件商品倾向于用 DOS 语言编写软件；DOS 软件的流行使更多的消费者倾向于选择装有 DOS 操作系统的计算机以方便软件的使用。在这一正反馈过程中，DOS 操作系统的拥有者——微软公司，获得了明显的收益递增效应。

（三）正反馈与需求方规模经济

正反馈的含义是使强者更强、弱者更弱，从而引起极端的结果，在市场上表现为一家公司或一种技术支配或主宰市场。与之相反的现象是负反馈，即强者变弱、弱者变强。在传统经济中，负反馈起支配作用。当然，工业经济时代也存在正反馈效应。事实上，几乎每个产业在发展的早期都要经过一个正反馈阶段。通用汽车公司比小的汽车公司更有效率，主要就是因为它的规模经济效应，这种效应刺激了通用汽车公司的进一步发展。这种正反馈来源于生产的规模经济，是一种供应方规模经济。基于供应方规模经济的正反馈有其自然限制，超过这一点，负反馈就起主导作用，这些限制通常来源于管理大组织的困难。在网络经济时代，正反馈处于支配地位。在正反馈很强的市场内，竞争的结果通常是市场只有极少数的企业存在。与工业经济时代的正反馈相比，网络经济中的正反馈是一种需求方正反馈，它与供应方规模经济不同的是在市场足够大的时候需求不分散，具有"蜂窝效应"，微软的 Windows 以及在其支持下的 Office 软件就是最好的例子。

（四）范围经济性

网络经济条件下的单个企业借助于信息网络技术，靠自身的力量拓展产品的生产经营范围，进行多元化经营，从而能够有效地实现范围经济。同时，消费者需求日趋多元化和小型化，企业通过多元化经营，可以更迅速地实现与市场的对接，及时满足市场需求，增强企业的市场地位，这也促进了企业范围经济性的实现。信息化程度越高,网络连接能力越强,信息知识产品在生产过程中投入比重越大,从而由此产生的范围经济性也就越明显。

三、消费者预期与临界网络规模

由于存在网络外部性,每个消费者的效用取决于购买同样产品的其他消费者的人数,即网络使用者的规模。消费者的效用函数是相互依赖的,这就意味着购买者必须预期他将要购买的组件可能性、价格和质量,以得到尽可能大的网络外部效应。此时,需求水平便取决于消费者对网络规模的预期。以下是对消费者预期均衡的简要分析。

假定有一项受网络外部性影响的新技术拥有 100 万个消费者,每个消费者对产品的评价值为 n,n 是其他使用该技术的消费者的数量(若 n 的值很大,就近似于网络规模)。换句话说,n 值越大,每个购买者对产品的评价值就越高。具体说来,即是每个消费者愿意为产品支付 n8,而 n8 就是网络的预期规模。

假定每个消费者预期不会有其他消费者加入该网络,则 Tl, 8=0,此时将没有消费者愿意为加入该网络付费,因为这时净收益小于零。由此可见,对于任何一个正的价格,没有消费者愿意加入该技术的用户网络将是一个纳什均衡,或称其为预期实现均衡,均衡价值 n 等于预期价值 n8。若假定每个消费者预期其他消费者都加入该网络,这意味着每个消费者都愿意为新技术付出 999 999 元,假如价格低于这一数值,即可得到第二个纳什均衡,即每个消费者都愿意加入新技术的网络。因此,在价格 0 到 999 999 元之间存在两个纳什均衡:一个是所有消费者都购买新技术,另一个是所有消费者都不购买新技术。这就说明,当存在网络外部性时,对于某一个给定的价格,可能存在多种需求水平,而需求水平又取决于消费者对网络规模的预期。

倘若价格是 900 000 元，预期会出现零使用者均衡，还是 100 万使用者均衡呢？若价格是 900 元又会如何呢？严格地说，在两种情况下，两种均衡都有可能出现，但从直觉上看，价格高时似乎少量使用者的均衡更有可能出现；价格低时则大量使用者的均衡更有可能出现。假定价格是 900 000 元，在此情况下，消费者只有在肯定至少有 900 000 名（100 万中）的其他消费者也愿意购买时才会前去购买该项新技术；但若价格是 900 元，则消费者只要肯定至少有 900 名（100 万中）的其他消费者愿意购买同样的技术就足够了。

在现实中，这种技术博弈并不局限于一个时期内，而是随时间的推进而展开的。假定价格是 900 元，即使大多数消费者对于出现大量使用者均衡的机会持悲观态度，还是有可能有 900 名的消费者真正去购买。一旦这种情况发生，对于其他消费者而言，购买同样的技术就成为优势战略，因为这时已经有 900 名消费者购买了该技术，将来网络的规模至少是 900 名，因此可以预期市场将迅速趋于大量使用者的均衡。也就是说，网络市场趋于大量使用者均衡取决于使用者的数量高于给定的最低值（本例中当价格为 900 元时，使用者为 900 名）。一旦高于该最低值，需求将通过自我加强机制继续增长，直至达到大规模网络的均衡。该最低值就被称为导致网络建立的购买者临界水平或称关键数量。可以得知，价格越低，超过最低值，即达到临界水平的可能性就越大。

这一结论的经济学含义：在竞争市场中，定价时将主要考虑成本因素，技术进步促使成本不断降低。这时，预期初始均衡为高价格和小规模网络，或根本不存在网络，即零使用者均衡。随着时间的推移，成本和价格都在下降，一旦达到临界规模，需求便趋于大规模网络均衡。在垄断市场或某一企业具有较大市场力量的市场中，以上分析预示着成功的战略是制定较低的价格，以获得累积效应，也就是说，取得超过临界规模的需求并将其推向大量使用者均衡。由此也说明，在网络效应很强的市场中，较大的用户基数是一项值得精心维护的资产，因为导致少量使用者均衡的危险总是存在的。在这种市场中，任何一种技术产品要在这个产业中生存下去，都必须形成一定的网络规模。尤其是当一种新的技术产品进入市场时，虽然与已有产品相比它在技术上具有优势，并且确实对消费者产生了一定的吸引力，但是要真正得到消费者的认可，还要考虑其他一些重要因素。对于后进入市场的企业而言，就需要采取一系列竞争战略，如催促产业链的形成、进行差异化竞争、不断提升产品质量等，来积极地引导消费者，培育自己的竞争优势。

四、产品兼容性及其效应

（一）兼容性的含义及其实现方式

产品兼容性是指一个"系统"中两种组件结合起来工作的能力。当两种产品结合起来共同提供服务且没有成本时，它们是兼容的。"系统"产品互补件之间的兼容程度直接影响网络规模（用户基础）的大小，从而影响用户对该网络产品采用的速度，进而对这一市场的竞争与市场绩效产生重要影响。Farrell and Saloner 区分了三种兼容性：物理兼容性、通信兼容性和习惯兼容性。物理兼容性是指物质产品在物理或电磁学上被设计安装在一起，它是通过物理产品性质的标准化来实现的。通信兼容性是指两种物质设备彼此通信交流的能力，一般通过特定的通信标准来实现。而在习惯兼容性情况下，协调产品设计的收益不是表现在物质上，如标准时间和货币等。产品兼容性的实现方式有两种：标准化和加装适配器。标准化方式是事先通过设计使产品遵守某种共同的标准或协议以实现产品之间的兼容或"互操作"，它是一种事先的兼容。适配器是使组件连接起来"工作"的产品或软件程序，一旦使用适配器获得兼容性，就成为一种事后的兼容。

（二）产品兼容性的效应

1. 实现更大的网络效应

产品之间的兼容性程度直接影响到该产品的网络效应的实现程度和范围。当所有用户在同一个网络中时，网络规模最大化，实现的网络收益也最大。

2.减少或消除停滞效应的影响

若产品是兼容的,一个消费者在选择某种产品时,不必担心其选择的产品将来会被其他消费者"抛弃"而从市场上消失。

3.对产品多样性效应

对单个组件的品种,兼容性降低了产品之间的差异,减少了产品品种的多样性,从而减少了组件品种的数量。而对完全系统的品种来说,兼容性则通过允许消费者从不同系统中对不同的组件进行混合配对,增加了产品多样性,也增加了消费者能够选择的、利用不同组件组成的系统数量。

(三)产品兼容性与企业竞争

从直观上看,如果各种同类技术或产品之间是兼容的,它们将拥有相同的网络价值,此时,谁的成本低,谁的竞争优势就更大。但如果各产品之间不兼容,网络外部性很强,那么如果一种产品成为标准,它将垄断整个市场,或称赢者通吃。可见,兼容性决策在网络市场上对厂商之间的竞争是极其重要的。下面通过一个模型来分析兼容性在企业决策中的重要性。

考察一个简单的两阶段博弈,在第一阶段,企业决定是否使其技术具有兼容性。如果达不成协议,则将展开"标准之战",随之其中一种技术被采纳为标准。在第二阶段,展开产品市场的竞争。若先前达成了兼容性协议,则每个企业赚取双寡头垄断利润;若先前没有达成协议,那么在标准之战中取胜的企业将赚取垄断利润,失败者的利润为零。

考虑第一种可能情况:兼容性之战是为了吸引消费者,为此企业需要花费资源,这时准备了较大花费的企业将赢得竞争。刚好弥补为得到它而付出的代价,输赢双方都以净收益为零告终。不论双寡头垄断利润有多低,达成兼容性协议对企业来说都意味着更有利的结果。

再考虑第二种可能的情况:选择流行的标准是由一系列企业无法直接控制的条件决定的,如消费者恰好偏好某种技术并购买该技术,随之产生一种示范或滚雪球效应,或政府的某些管制政策等给予某一种标准初始优势,并在自我加强的动态过程中得以巩固。在本模型中,假定不兼容意味着每一种技术被采纳为产业标准的概率为 50%。

概括以上分析，可得出以下结论：如果标准竞争很激烈，那么企业偏好兼容；如果产品市场竞争很激烈，那么企业偏好不兼容。

以上有关标准竞争的模型分析建立在一种较特定的环境之中。标准竞争的一个可能效果是缩小产品的市场规模。有时两种不兼容的标准互相竞争，较优等的标准退出市场，而较次等的标准却留给消费者，原因是消费者对选择哪一种标准变得疑惑，他们宁愿哪一种都不选。当新技术试图取代现有技术时，消费者"简单"地选择继续使用较落后但确定的技术，这就意味着过度惰性占了优势，也说明现有技术的合理存在导致标准之战的潜在成本是高昂的。

五、标准竞争与企业竞争策略

（一）标准与标准化

从一般意义上说，兼容标准是为确保具有互补性的产品之间，甚至特定产品的不同零部件之间的兼容性。在网络经济学中，标准化问题是由网络外部性和产品兼容性引发的，因而也被狭义地理解为兼容性标准，如泰勒尔认为，标准是"选择一种对每个人都适用的特定技术"。兼容性标准的作用就是使不同的技术或产品能够协调起来发挥作用。标准化是某种标准得到确认、推广并受到市场承认的过程，意味着相关网络中消费者数量的增加，同时意味着消费者收益的增加。

（二）标准化对竞争的影响

1. 标准化扩大了网络外部性

标准化增进了兼容性或互联性，通过扩大网络为用户提供更大的价值，促进了良性的网络效应：一是使更大的网络中的成员得以分享信息，而不需要进行格式上的转换；二是间接的影响，共享数据的能力吸引更多的消费者使用这种格式，进一步扩大了已有的网络外部性。

2. 标准化减少消费者的不确定性

标准化减少了消费者面临的技术风险，这将有利于促进新技术的普及。特别是那些拥有许多支持者的标准更是如此，标准能够提高这种技术的可信度，相反，对于不兼容的产品来说，消费者会产生疑惑或恐惧心理，因为害怕被锁定在一个不兼容的、没有前途的产品中，将延缓这种产品的采用。

3. 标准化导致市场外的竞争转入市场内的竞争

因为标准化减少了锁定，把竞争中心从争夺市场统治地位转移到争夺市场份额，企业竞争目标不再是市场，而是同一标准下的市场内竞争。在共同标准存在的情况下，不太可能出现大胆的渗透定价，但是却很可能出现标准锁定。对消费者来说，最不利的结果之一就是：接受了一个被广泛预期为开放的标准而被锁定在其内。

4. 标准化使竞争从功能之争转向价格之争

由于许多产品都具有共同的功能，而这共同的功能的数量取决于标准具体到什么程度：标准越具体，每位生产者就越难在遵守标准的同时将自己的品位差别化，即降低了每个供应商将产品差别化的能力，从而加剧价格竞争。

5. 标准化导致独家扩展功能的竞争

随着时间的推移，供应者会产生很强的在保持一定程度向后兼容的同时，通过开发独家扩展功能使自己与众不同的动机。扩展标准的竞争也会造成产品的不兼容，给消费者带来一定的麻烦。对于那些具有独家权利的拥有者来说，可以利用这些权利来控制技术的发展，从而限制竞争者对技术标准进行扩展的能力。那些发起或建立了一种产业标准的企业又会尽可能地控制其发展。

（三）标准竞争

当两种新的不兼容技术相互争斗、都试图成为事实上的标准以获得市场垄断地位时，就称其在进行标准竞争。标准之争是具有较强网络外部性和正反馈的网络市场中所独有的现象。微软的 IE 与网景的 Navigator 浏览器之间就曾产生过激烈的标准之争。

1. 标准竞争中的竞争优势——关键性资产

标准之争是具有较强的网络外部性及正反馈的网络市场中重要的企业行为，对网络经济条件下企业的发展和市场地位具有重要的影响。对一个企业来说，成功地进行标准竞争的能力取决于对以下几个关键资产的掌握。

（1）对用户安装基础的控制。用户安装基础是指购买和使用某一产品的用户人数。产品的网络效应取决于网络规模，即用户基础的大小。对安装基础的控制可以用来组织合作性的标准设定，依次参与标准竞争。

（2）知识产权。拥有能控制有价值的新技术或界面的专利权或版权的公司将处于有利的地位。

（3）创新能力。具有较强的创新能力能够使企业获得在将来进行独家扩展的能力，从而在标准竞争中处于一个强有力的地位。

（4）先发优势。如果企业事先已经做了大量的产品开发工作，并且在学习曲线上比竞争对手走得更远，企业就会处于一个更为有利的地位。

（5）生产能力。企业如果是一个低成本生产者，由于规模经济或制造能力，就会处于较强有力的地位。成本优势可以帮助企业在标准竞争中生存或获取市场份额。

（6）互补产品的力量。如果企业生产的产品是市场的一个重要的互补产品，企业就将会有很强的动机来推广产品，这自然会有利于使企业处于一个领先的地位，因为新技术被市场接受将刺激企业生产的其他产品的销售。

（7）品牌和声誉。仅仅有最好的产品是不够的，企业还必须让顾客相信其有实力获得竞争优势。经历和声誉在标准竞争中可以起到重要的作用，可以加强消费者对企业的预期。因此，培育自己的品牌和声誉在网络市场中很重要。

2. 企业在标准竞争中的策略

（1）先发制人策略。先发制人策略就是建立一个早期的领导地位。一旦一种技术在安装基础上拥有绝对的领导地位，那么即使是一个更高级和更便宜的技术，要想对原技术构成威胁也是很困难的。其中，能够迅速地建立一个巨大的安装基础将是很重要的，并且要使用户也认识到这一点。在微软的 IE 和网景的 Navigator 浏览器竞争初期，微软曾首先通过 ISP（网络服务提供商）渠道分销自己的浏览器。它和美国在线、CompuServe、Prodigy、AT&T、Neccom 等签订合同，使 IE 成为这些 ISP 的"首选浏览器"。由于消费者在选购浏览器的时候倾向于听从其 ISP 的建议，因此这些捆绑销售对市场份额产生了实在的影响。

（2）吸引互补产品的供应。企业总是希望通过自己产品的互补品在市场上的广泛流通来加强自己产品的地位。当然，企业可以自己生产主产品的互补产品，但是如果这种生产成本很大时，厂商更多的是希望去影响互补品生产商的决策。尤其是当这些互补品生产商的决策在很大程度上受其关于主产品未来的市场规模、网络大小决定时。因此，影响互补品生产商的决策，既是建立一个新的网络技术的需要，又是击败已有标准的有力工具。

（3）加强预期管理。在网络产品销售中，预期是使顾客决定是否购买的关键因素。预期管理有两方面的效果：一方面是积极效应，即承诺推出新一代产品，增强消费者预期；另一方面可能也会产生消极效应，如果这种承诺是不可信的，将会使自己的声誉受到影响。网景就曾声称计划将其浏览器安装在 1 亿个桌面上，还宣布有 100 家业内伙伴将把 Navigator 与其产品捆绑。而微软同时也宣称 IE 将是未来的浏览器，并说明它计划将 IE 与 Windows 操作系统进一步整合。他们这样做的目的都是为了影响消费者的预期，使消费者在摇摆不定的抉择中放大选择自己的机会。

（四）政府在标准化过程中的公共政策选择

在公共政策层面，确定是否要标准化是困难的，而确定哪一种技术或标准可能更困难。此时，政府公共政策面临选择的时机问题。如果政府行动过早，那么它就只能基于某一种标准相对较好的有限信息进行决策；而如果政府等待时间过长,那么产业就有可能已被锁定在一种特定的可能不是最好的标准上。因此,如何确定政府干预的最佳时机就成了一个十分重要的问题。此外,针对网络外部性可能导致的过度惰性,即新旧技术的转换过于缓慢的问题,政府的公共政策也可以发挥一定的作用。一般说来,政府需要对参与双方进行协调,促使产业技术实行转换。但这时仍存在以下难题:从社会角度看,政府一般很难掌握一切相关的信息。因此,有关转换以及转换的时机是否最优,将是考量政府公共政策选择能力的另一种标准。

第三章　产业集群

产业的集群化发展是当今产业经济领域一种较普遍的经济现象，特别是在产业国际分工的大背景下，这一现象尤为引人关注。从目前全球范围产业发展的态势上来看，越来越多的产业活动正在逐步趋向空间的集中，通过资源要素在地理上的聚集而获得集群的竞争优势，并推动了许多国家和地区新兴产业的快速发展与传统产业的繁荣昌盛。

第一节　产业集群概述

人们真正用产业集群一词来系统分析产业的地理集中现象也不过十几年的时间。目前学术界对产业集群的内涵及其特征还没有一个统一的表述，不同的研究者对产业集群的含义的理解各有不同的侧重。

一、产业集群的内涵与特征

对产业集群现象进行较系统的研究最早见于英国古典经济学家马歇尔的著作《经济学原理》一书，在书中，马歇尔研究了一种经济现象，那就是具有分工性质的产业在特定地区的聚集，马歇尔把这些特定地区称作

"产业区",并认为产业区内的集中是大量的种类相似的小型企业(后来人们将这种产业集群称为马歇尔式的产业集群或意大利式的产业集群)。1990年迈克·波特在《国家竞争优势》一书中首先提出用产业集群一词对集群现象进行分析。波特通过对10个工业化国家的考察发现,产业集群是工业化过程中的普遍现象,在所有发达的经济体中,都可以明显地看到各种产业集群。

(一) 产业集群的概念

有的学者将产业集群称为"区域企业的集群";有的称为"产业区",有的叫作"区域创新体系"等。

那么到底什么是产业集群呢,产业集群是一种独特的产业空间组织现象,是指在特定区域中,具有竞争与合作关系,且在地理上集中,有交互关联性的企业、专业化供应商、服务供应商、金融机构、相关产业的厂商及其他相关机构等组成的群体,即一定区域内相关产业的集中。

许多产业集群还包括由于延伸而涉及的销售渠道、顾客、辅助产品制造商、专业化基础设施供应商等,政府及其他提供专业化培训、信息、研究开发、标准制定等的机构。因此,产业集群超越了一般产业范围,形成特定地理范围内多个产业相互融合、众多类型机构相互联结的共生体,构成这一区域特色的竞争优势。产业集群发展状况已经成为考查一个经济体,或其中某个区域和地区发展水平的重要指标。从产业结构和产品结构的角度来看,产业集群实际上是某种产品的加工深度和产业链的延伸,从一定意义上来讲,是产业结构的调整和优化升级。从产业组织的角度来看,产业群实际上是在一定区域内某个企业或大公司、大企业集团的纵向一体化的发展。

从产业集群的微观层次分析,即从单个企业或产业组织的角度分析,企业通过纵向一体化,可以用费用较低的企业内交易替代费用较高的市场交易,达到降低交易成本的目的;通过纵向一体化,可以增强企业生产和销售的稳定性;通过纵向一体化行为,可以在生产成本、原材料供应、产品销售渠道和价格等方面形成一定的竞争优势，提高企业进入壁垒；通过纵向一体化，可以提高企业对市场信息的灵敏度；通过纵向一体化，可以使企业进入高新技术产业和高利润产业等。

（二）产业集群的特征

通过对产业集群概念的分析以及发达国家产业集群的实践，我们认为产业集群具有以下的一些特征：

第一，产业集群的主要特征是资源要素的空间聚集。例如，美国的高科技、风险资本企业都集中在"硅谷"，影视娱乐业集中在好莱坞，软件、网络业集中在波士顿，汽车设备和零部件集中在底特律。意大利的丝绸、纺织和服装业集中在北部。日本的汽车工业集中在东京市。

第二，产业集群是群内企业实行的专业化分工。最常见的是以供应商－客户作为联结模式，如绍兴纺织业的化纤、织造、印染服装一条龙的产品，围绕该产业链还出现了纺机、染料助剂、纺织技术服务等辅助性行业，这些内在紧密联系并频繁互动的行业及其所属企业就构成了一个庞大的纺织产业集群。再如，温州低压电器产业，他们在配件生产、成品装配和销售之间构筑起一条产业链。产业集群内部还围绕产业链出现了一些服务性机构和行业组织等。

第三，产业集群内可以实现采购本地化。形成整个集群的成本优势。以温州低压电器集群为例，低压电器的配套件涉及金属部件、合金材料、注塑部件、冲制、酸洗及模具加工等共计几十万种，其中，有70%能在柳市采购，对那些需向外部采购的原材料和部件，其供应商也因集群吸引力而在当地设立办事处。产业链的当地化不仅降低了柳市企业的采购和供应成本，更重要的是大大地便利了上下游企业之间的沟通互动，从而为双方在技术创新协作中创造了条件。

第四，产业集群内部多以中小企业为主。产业内部的单个企业绝大部分属于中小企业，规模不大，但是整个集群却具有显著的规模优势和很高的市场占有率。

第五，集群产品销售具有极强的市场渗透力。部分集群在发展过程中形成了产业集群和地区专业市场互动发展的局面。市场渗透能力强是中小企业产业集群发展的一个显著特征，尤其是在集群快速成长时期。例如，温州低压电器产业利用遍布全国及世界各地 30 多万温州人的有利条件，产品直接渗透全国各地，培育了"温州人经济"。随着市场开发的深入，部分产业集群在其所在地成为专业市场，逐渐使该地区成了某一产品的集群中心。反过来，专业市场的发展为产业集群提供市场平台、物流服务平台和信息交流平台等，为集群的进一步壮大发展提供条件，如绍兴的中国纺织城、温州的纽扣市场、台州路桥的塑料制品市场，都是年交易规模在几百亿元以上的专业市场。其中，绍兴县的轻纺面料专业市场——中国轻纺城，已经发展成为全国乃至亚洲最大的纺织品集散中心。

第六，产业集群的发展是一个逐渐演进的过程。集群成员从互相选择到密切协作需要时间的积累，集群中的组织结构、相互依存方式和程度是动态调整的。

二、产业集群的理论渊源

（一）马歇尔的外部经济理论

阿尔弗雷德·马歇尔（1842—1924），英国古典经济学家，1842 年出生于伦敦郊区的一个工人家庭，虽然家境一般，父母却努力让他受到很好的教育。青年的马歇尔进入剑桥大学学习数学、哲学和政治经济学。毕业后，马歇尔在剑桥大学任教 9 年，然后到了牛津大学，1885 年他回到剑桥大学任教直到 1905 年退休。他先后担任布里斯托尔大学校长，牛津大学、剑桥大学讲师和教授。马歇尔既是剑桥大学教授，也是英国正统经济学界无可争辩的领袖。他于 1890 年出版的《经济学原理》，被看作是与斯密《国富论》、李嘉图《赋税原理》齐名的划时代的著作，也称为现代经济学的基础，这本书在马歇尔在世时就再版了 8 次之多，成为当时最有影响的著作，多年来一直被奉为英国经济学的圣经。而他本人也被认为是英国古典经济学的继承和发展者,他的理论及其追随者被称为新古典理论和新古典学派。同时由于他及其学生,如J.M·凯恩斯,J·S.尼科尔森,A.C.庇古,D.H.麦格雷戈等先后长期在剑桥大学任教,因此也被称为剑桥学派。

虽然马歇尔本人并没有明确提出外部性这一概念,但外部性概念源于马歇尔《经济学原理》一书中提出的"外部经济"概念。

在马歇尔看来,除了以往人们多次提出过的土地、劳动和资本这三种生产要素外,还有一种要素,这种要素就是"工业组织"。工业组织的内容相当丰富,包括分工、机器的改良、有关产业的相对集中、大规模生产,以及企业管理。马歇尔用"内部经济"和"外部经济"这一对概念,来说明第四类生产要素的变化如何导致产量的增加。

马歇尔认为:"我们可把因任何一种货物的生产规模之扩大而发生的经济分为两类:第一是有赖这工业的一般发达的经济;第二是有赖从事这工业的个别企业的资源、组织和效率的经济。我们可称前者为外部经济,后者为内部经济。"在本章中,我们主要研究了内部经济;但现在我们要继续研究非常重要的外部经济,这种经济往往能因许多性质相似的小型企业集中在特定的地方——即通常所说的工业地区分布而获得。他还指出:"本篇的一般论断表明以下两点:第一,任何货物的总生产量之增加,一般会增大这样一个代表性企业的规模,因而就会增加它所有的内部经济;第二,总生产量的增加,常会增加它所获得的外部经济,因而使它能花费比以前较为少的劳动和代价来制造货物。"换言之,我们可以概括地说:"自然在生产上所起的作用表现报酬递减的倾向,而人类所起的作用则表现报酬递增的倾向。报酬递减规律可说明如下:劳动和资本的增加,一般导致组织的改进,而组织的改进增加劳动和资本的使用效率。"

从马歇尔的论述可见,所谓内部经济,是指由于企业内部的各种因素所导致的生产费用的节约,这些影响因素包括劳动者的工作热情、工作技能的提高、内部分工协作的完善、先进设备的采用、管理水平的提高和管理费用的减少等。

所谓外部经济，是指由于企业外部的各种因素所导致的生产费用的减少，这些影响因素包括企业离原材料供应地和产品销售市场远近、市场容量的大小、运输通信的便利程度、其他相关企业的发展水平等。实际上，马歇尔把企业内分工而带来的效率提高称作是内部经济，这就是在微观经济学中所讲的规模经济，即随着产量的扩大，长期平均成本的降低，而把企业间分工导致的效率提高称作是外部经济，这就是在"温州模式"中普遍存在的块状经济的源泉。外部经济主要体现在三个方面：一是地方具有专用性的劳动力市场，二是生产专业化而取得的中间产品，三是可获得的技术与信息，也就是马歇尔式的产业区。

马歇尔虽然并没有提出内部不经济和外部不经济概念，但从他对内部经济和外部经济的论述可以从逻辑上推出内部不经济和外部不经济概念及其含义。所谓内部不经济是指由于企业内部的各种因素所导致的生产费用的增加，所谓外部不经济是指由于企业外部的各种因素所导致的生产费用的增加。马歇尔以企业自身发展为问题研究的中心，从内部和外部两个方面考察影响企业成本变化的各种因素，这种分析方法给经济学后继者提供了无限的想象空间。

马歇尔理论的不足在于，他既没有考虑区域内企业的成长和区域间企业的迁入、迁出等动态因素的变化，也忽视了区域产业组织的外部联系与创新。

(二) 韦伯的集聚经济理论

德国著名经济学家韦伯（A.Weber，1909）创立了工业区位理论，而且他是最早提出集聚经济概念的学者。他在1909年出版的《工业区位论》一书中，把区位因素分为区域因素和集聚因素，探讨了产业集聚的因素，量化了集聚形成的规则。韦伯认为区位因子的合理组合使得企业成本和运费最小化，企业按照这样的思路就会将其场所放在生产和流通上最节省的地点。产业的空间集聚可以促进劳动力组织的专业化，产业集群可以规避中间商，节省交易成本，也就是说，随着企业在空间上的集聚，企业可以得到成本节省的好处，产业集聚可以共享道路、煤气、自来水等公共设施（关于韦伯的工业区位理论我们将在第八章还要讨论）。

另一位经济学家巴顿在企业集群理论研究中的独到之处在于讨论了企业集群与创新的关系：1.企业地理上的集中必然会带来竞争，而竞争促进创新。2.地理上的集中本身就有助商品制造者、供给者与顾客之间产生一种更自由的信息传播，相当数量的创新正是由于顾客需要和解决供给问题而产生的结果。3.集中、优越的通信工具加快了区域内企业采纳创新成果的速度。这样，巴顿把产业集群的创新优势研究又向前推进了一步。

（三）克鲁格曼的新经济地理学理论

保罗·克鲁格曼，美国普林斯顿大学教授，享誉世界的经济学大师。以准确预言了1996年东南亚金融危机和2007年美国次贷危机而名声大噪，并于2008年荣获诺贝尔经济学奖。克鲁格曼主要以新贸易理论、战略性贸易理论、汇率变化理论和新经济地理学为学术界所熟知。

新经济地理学是当代西方经济学领域中继新产业组织理论、新贸易理论、新增长理论之后出现的第四次"新经济学"研究浪潮。它采用了收益递增——不完全竞争模型的建模技巧对空间经济结构与变化过程进行重新考察，新经济地理学除了构建反映经济活动地理集中现象的理论模型外，还特别强调运用所构建的新经济地理模型对典型案例进行实证分析。

新经济地理学所研究的第一个主要内容是经济活动的空间集聚。它以收益递增作为理论基础，并通过区位聚集中"路径依赖"现象，来研究经济活动的空间集聚。收益递增、完全竞争和比较优势是传统经济学中三个基本的假设条件。在他看来，收益递增本质上是一个区域和地方现象。空间聚集既是收益递增的外在表现形式，也是各种产业和经济活动在空间集中后所产生的经济效应以及吸引经济活动向一定区域靠近的向心力。在收益递增规律及相应的集聚或扩散模型的影响下，"新经济地理学"将区域和城市的发展定性为"路径依赖"和"历史事件"。新经济地理学的第二个主要研究内容是区域的长期增长与空间集聚的关系。资本外部性的相对规模、劳动力的可移动性和交通成本决定经济活动和财富在空间配置上的区域整合程度。

总之，产业集聚是由企业的规模报酬递增、运输成本和生产要素移动通过市场传导的相互作用而产生的。

新经济地理学理论中最有代表性的是"核心－周边"模型。该模型展示外部条件原本相同的两个区域是如何在报酬递增、人口流动与运输成本交互作用的情况下最终演变出完全不同的生产结构的。模型假设世界经济中仅存在两个区域和两个部门——报酬不变的农业部门和报酬递增的制造业部门。模型显示，在中等水平的运输成本下前向与后向联系的效应最强：一个区域的制造业份额越大，价格指数越低，厂商能够支付的工资越高，越能吸引更多的制造业工人。在这种情况下，经济的对称结构变得不可持续，从制造业原本均匀分布的经济中将逐渐演化一种"核心－周边"结构。

三、产业集群对产业发展的重要意义

产业竞争力是一个国家或地区产业对该国或该地区资源禀赋结构（比较优势）和市场环境的反映和调整能力。同一产业相关的企业群居在一起，相互竞争和协作，对提高产业的竞争力有很强的促进作用。现代组织理论认为，产业集群是创新因素的集群和竞争能力的放大。波特教授认为，产业在地理上的集聚，能够对产业的竞争优势产生广泛而积极的影响。从世界市场的竞争来看，那些具有国际竞争力的产品，其产业内的企业往往是群居在一起而不是分散的。

（一）产业集群有利于提高产业竞争能力

一般说来，当产业集群形成后，将可以通过多种途径，如降低成本、刺激创新、提高效率、加剧竞争等，提升整个区域的竞争能力，并形成一种集群竞争力。这种新的竞争力是非集群和集群外企业所无法拥有的。也

就是说，在其他条件相同的条件下，集群将比非集群更具有竞争力。集群加剧了竞争，竞争是产业获得核心竞争力的重要动力。竞争不仅表现在对市场的争夺，还表现在合作上。产业集群的最重要特点之一，就是它的地理集中性，即大量的相关产业相互集中在特定的地域范围内。由于地理位置接近，产业集群内部的竞争自强化机制将在集群内形成"优胜劣汰"的自然选择机制，刺激企业创新和企业衍生。在产业集群内，大量企业相互集中在一起，既展开激烈的市场竞争，又进行多种形式的合作。例如，联合开发新产品，开拓新市场，建立生产供应链，由此形成一种既有竞争又有合作的合作竞争机制。这种合作机制的根本特征是互动互助、集体行动。通过这种合作方式，中小企业可以在培训、金融、技术开发、产品设计、市场营销、出口、分配等方面，实现高效的网络化的互动和合作，以克服其内部规模经济的劣势，从而能够与比自己强大的竞争对手相抗衡。在产业集群内部，许多单个的、与大企业相比毫无竞争力的小企业一旦用发达的区域网络联系起来，其表现出来的竞争能力就不再是单个企业的竞争力，而是一种比所有单个企业竞争力简单叠加起来更加具有优势的全新的集群竞争力。集群使许多本来不具有市场生存能力的中小企业，由于参与到集群里面，不但生存了下来，而且还增强了集群的整体竞争力。

（二）产业集群有利于加强集群内企业间的有效合作

在绝大部分市场经济国家中，企业都是创新体系主体，因此，企业之间的技术合作和其他的非正式互动关系就成了知识转移最直接、最重要的形式。企业间合作的基础是信任而不是契约，没有企业之间和企业领导人之间的深刻信任，任何形式的契约都难达合作的预期目标。集群的发展正好符合了这方面的要求，集群运行机制的基础便是信任和承诺等人文因素。群内的企业因为地域的接近和企业领导人之间的密切联系，形成共同的正式或非正式的行为规范和惯例，彼此之间容易建立密切的合作关系，从而减少机会主义倾向，降低合作的风险和成本。因此其合作的机会和成功的可能性无疑会大大增加。现代组织理论预言，产业内企业的联合形式很可能是未来的潮流,它将取代公司之间一对一的竞争,供应商、客户,甚至竞争者将走到一起,共同分享技能、资源,共担成本。

(三)产业集群有利于增加企业的创新能力

集群不仅有利于提高生产率,也有利于促进企业的创新。这种创新具体体现在观念、管理、技术、制度和环境等许多方面。一般地讲,集群对创新的影响主要集中在三个方面:第一,集群能够为企业提供一种良好的创新氛围。集群内企业彼此接近,会受竞争的隐形压力,迫使企业不断进行技术创新和组织管理创新。由于存在竞争压力和挑战,集群内企业需要在产品设计、开发、包装、技术和管理等方面,不断地进行创新和改进,以适应迅速变化的市场需要。一家企业的知识创新很容易外溢到区内的其他企业,因为这些企业通过实地参观访问和经常性的面对面交流,能够较快地学习新的知识和技术。在产业集群中,由于地理接近,企业间密切合作,可以面对面打交道,这样将有利于各种新思想、新观念、新技术和新知识的传播。第二,集群有利于促进知识和技术的转移扩散。产业集群与知识和技术扩散之间存在着相互促进的自增强关系。在新经济时代,产业布局不再像工业经济时代各行各业简单地聚集在一起,而是相互关联、高度专业化的产业有规律地聚集在一个区域,形成各具特色的产业集群。集群内由于空间接近性和共同的产业文化背景,不仅可以加强显性知识的传播与扩散,而且更重要的是可以加强隐性知识的传播与扩散,并通过隐性知识的快速流动进一步促进显性知识的流动与扩散。产业集群内由于同类企业较多,竞争压力激励企业的技术创新,也迫使员工相互攀比,不断学习;企业间邻近,带来了现场参观、面对面交流的机会,这种学习、竞争的区域环境促进了企业的技术创新;集群内领先的企业会主导产业技术发展方向,一旦某项核心技术获得创新性突破,在集群区内各专业细分的企业很快会协同创新,相互支持,共同参与这种网络化的创新模式。第三,集群可以降低企业创新的成本。由于地理位置接近,相互之间进行频繁的交流就成为可能,为企业进行创新提供了较多的学习机会。尤其是隐性知识的交流，更能激发新思维、新方法的产生。由于存在"学习曲线"，使集群内专业化小企业学习新技术变得容易和低成本。同时，建立在相互信任基础上的竞争合作机制，也有助加强企业间进行技术创新的合作，从而降低新产品开发和技术创新的成本。

（四）产业集群有利于形成"区位品牌"

产业集群具有地理集聚的特征，因此，产业关联企业及其支撑企业、相应辅助机构，如地方政府、行业协会、金融部门与教育培训机构都会在空间上相应集聚，形成一种柔性生产综合体，构成了区域的核心竞争力。此外，集群的形成使政府更愿意投资相关的教育、培训、检测和鉴定等公用设施。随着产业集群的成功，集群所依托的产业和产品不断走向世界，自然就形成了一种世界性的区域品牌。"区位品牌"即产业区位是品牌的象征，如法国的香水、意大利的时装、瑞士的手表等。单个企业要建立自己的品牌，需要庞大的资金投入，然而企业通过集群，集群内企业的整体力量，加大广告宣传的投入力度，利用群体效应，容易形成"区位品牌"，从而使每个企业都受益。区位品牌与单个企业品牌相比，更形象、直接，是众多企业品牌精华的浓缩和提炼，更具有广泛的、持续的品牌效应。

第二节 产业集群的类型

作为一种产业活动在特定空间聚集特殊经济现象，产业集群在现实中有各种各样的表现形式。对产业集群的分类，目前主要有两种：一种是马库森的产业集群分类；另一种是联合国贸易与发展组织的分类。

一、马库森的产业集群分类

美国经济学家马库森在1996年《产业区的分类》一书中关于产业集群

分类是世界上提出较早，在国际上引用较多的分类。他根据对美国、日本、韩国、巴西四个国家新兴产业区的研究，将产业集群分为以下四类：

（一）马歇尔式产业区

主要是中小企业的聚集区。其突出特征是集群内以中小企业居多，这些企业的产品多从属同一个产业供应链条，企业之间有密切的生产联系，专业化程度强。有人也把这种产业集群称为意大利式产业集群。

（二）轴-辐产业区

主要是以一个或多个主要企业为中心的聚集区。轴-辐产业区是以相对少量的关键企业或设施为核心，以大量服务核心企业的供应商或其他企业为辅助的产业集群形式。例如，在美国西雅图以波音公司为核心形成的飞机制造相关产业集群，在日本丰田市以丰田公司为核心的汽车产业生产基地等。其突出特征是大量中小企业非常依赖大的核心企业。

（三）卫星平台式产业区

主要是由跨国公司的分支机构组成的聚集区。卫星平台式产业区是由总部在其他地区的大型企业分支机构或分厂设施的集合，常常是由在相对落后的地区或在城市边缘地带所设立的开发区的形式发展而来。其特征是，产业区中的企业或机构之间在生产上的合作很小，区内联系不多，而与区外总部之间的联系交流则非常普遍。

（四）国家主导型产业区

主要是以国家公共利益为导向型的企业的聚集。国家主导型产业区是由各种公共或非营利的主体为核心所形成的一种特殊的产业集群形式，其突出特征是区内政治联系的作用大于经济联系。区内的企业或机构多服务军事、国防或科研教育等目的，如美国的圣地亚哥军事基地等。

二、联合国贸易与发展组织的产业集群分类

联合国贸易与发展组织在 1998 年将产业集群分为两大类别，共计五种

形式。

(一) 非正式产业集群

非正式产业集群是发展中国家和欠发达国家产业集群的主要形式，集群内大量的中小企业，其技术水平落后产业的前沿水平。工人的技能水平低、设备落后，企业间缺乏信任，没有共享信息的传播，集群内竞争残酷，企业间几乎没有合作。

(二) 有组织的产业集群

有组织的产业集群是以集体化的建构过程为特征的，共同分析和解决在公共基础设施与服务方面的共同问题。集群内的企业仍以中小企业为主，但总体上拥有较高的技术水平，其突出特征是企业的合作与网络已经形成，企业之间非常重视合作。

(三) 创新性产业集群

这种产业区主要集中于发达国家，也有少数在发展中国家，如印度班加多尔的软件产业集群和巴西圣卡特林娜岛的陶瓷产业集群。集群内的企业主要从事知识密集型的生产活动，拥有较强的产品设计与工艺创新及技术适应能力。企业都拥有不断创新的职能和较强的国际竞争能力，产品大量出口。集群内很多中小企业为大企业提供零部件生产服务，大企业为小企业提供技术平台和技术指导。

(四) 科技产业园区和创业园区

科技产业园区和创业园区是政府科技与贸易政策下的产物，集群内的企业以中小企业为主，企业的技术水平由低到高，创新能力一般，企业间的信任度低，企业间的合作不多。这种产业集群在中国较多。

(五) 出口加工区

出口加工区是政府科技与贸易政策下的产物，集群内既有大企业，也有中小企业，企业的技术水平一般，创新不多，企业间的信任度低，竞争比较激烈。这种产业集群在墨西哥比较典型。

以上五种形式分成两大类：前三种被称为"自发型"产业集群，后两种被称为"开发型"产业集群。

第三节　产业集群的动态演进

产业集群也有一个产生、发展和兴衰的过程,其生命周期特征也十分明显。一般来说,将产业集群的发展分为三大阶段,即起源和出现阶段、增长和趋同阶段、成熟和调整阶段,其演进过程呈现倒型的生命周期曲线特征。

一、起源和出现阶段

在产业集群的发展初期,通常萌发于少数具有创新精神的创业者通过其独特的私人关系所建立起来的企业网络组织,一批新企业开始共同在某一地点设立并相互聚集。此后随着这一地区知名度和影响力的扩大,各种新企业不断进入集群,大量企业的进入带来集群经济效益的实现。企业聚集的增加带来企业家阶层和各类人才市场的形成。同时,随着市场机会逐渐得到识别,企业不断进入,市场竞争开始加剧,生产规模也相应扩大,与此相关的产品和服务的供应商也逐步发展起来,集群内部的关联性开始形成。

这是一种自发形成的过程,当然也有政府鼓励和倡导形成产业集群的情况,如产业园区等。

二、增长和趋同阶段

随着企业聚集规模的扩大,产业集群开始得到市场、社会的认可,产业集群所设立的产业园区和组织机构等形式被明确下来,产业集群的发展开始步入实质性的快速增长阶段。一方面,资金、人才、技术等生产要素聚集进来；另一方面，聚集的内部网络联系大大加强，外部环境迅速完善，逐步形成了一个广泛的、高质量的、松散连接的网络，各企业之间形成了建立在差异化基础上的竞争与合作关系。企业间形成一种交流协作的文化氛围，社会网络逐渐扩大。各种思想、技术和信息传播速度加快，集群整体技术水平迅速提升，但与此同时企业之间也开始出现模仿和趋同的趋势，这一阶段的后期产业集群将进入趋同阶段，此时，虽然也会有新企业不断加入集群，但企业的数量和增长率都将出现下降的趋势。

三、成熟和调整阶段

当产业集群的规模逐渐趋于成熟和稳定时，集群企业的产品市场开始逐渐饱和，企业之间的竞争开始加剧，而土地等资源的价格迅速上升，这时企业集群的成本将逐渐超过集群的经济效益，直至使集群产生经济损失。这一阶段集群中的企业变得更加保守，创新活动缺乏所需的投入，企业更趋于模仿。如果这种连锁效应持续下去，那么随着模仿和同构化的增加，集群内企业的兼并、退出行为大大增多，企业数量下降，此时，如果集群不适当采取措施，最终集群将缺乏发展创新的动力，甚至开始仿冒、造假，产生类似"劣币驱逐良币"的效应，导致整个集群的衰落。

为了使集群能够持续发展下去，就需要调整集群的定位，采取措施，如及时调整产业结构，促进产业省级，鼓励并强化创新，完善市场组织网络，制裁造假行为等，形成推动集群持续发展的新动力。

第四节 产业集群的竞争优势

产业集群这种特殊的产业现象受人关注的根本原因在于这种产业组织形态所表现出来的强劲持久的竞争优势。波特就曾说过："一个国家或地区在国际上具有竞争优势的关键是产业的竞争优势，而产业的竞争优势又来源于彼此相关的产业集群。"

一、产业集群竞争优势的表现

对产业集群竞争优势，许多经济学家都做了深入的研究，如马歇尔、波特以及美国经济学家保罗·克鲁格曼（Paul Krugman）等。我国学者也做了较好的研究。

一般认为产业集群的竞争优势包括五个方面：

（一）资源优势

主要表现为四个方面：

1. 资源吸引效应，是指因产业集群示范作用而对直接联系的物资、技术、人力资源和各种配套服务的吸引效应，使集群内的企业更容易、快捷和节约地获得所需的资源。

2. 素质提升效应，是指在集群的竞争机制和学习效应的作用下，集群内企业的技术人员和工人的技能不断提高，设备不断改进，新产品和新工艺不断涌现等，使这些资源要素的素质得以不断提升。

3. 提高资源利用效率，一方面来自企业间分工协作所产生的资源互补，另一方面来自企业业务外包所带来成本的节约和效益的提高。

4. 优化资源配置，是指在集群区资源要素高度聚集的条件下，更便利资源要素向有竞争力的优势产业配置。

（二）成本优势

表现在四个方面：一是集群内企业紧密相邻，信息交流频率高所带来的信息费用的减少；二是产业集群常聚集大量来自农村或外地的劳动者，劳动力成本低；三是地理距离短，运输、订货和库存费用低所带来的流通成本的下降；四是各种生产要素的聚集及信息的灵敏能够带来新产品开发试制成本的降低。

(三) 创新优势

表现在五个方面：一是竞争压力下产生的创新的激励效应迫使企业提升产品质量或实施差异化竞争；二是由于区位接近、经济联系频繁、信息交流便捷所产生的创新集体学习效应；三是众多企业相互竞争、相互学习所产生的创新文化氛围；四是各类高校、科研单位、培训机构、行业协会等大量提供研究开发技术支持的机构形成创新的服务体系；五是区内人际关系网络所形成的创新人际环境。

(四) 市场优势

有三个方面：一是企业集群利用自身的区位、产品分工体系所形成的产销网络有利于促进专业市场的建设；二是大量"小而特""小而精""小而专"企业的迅速壮大和提升使该地区形成综合品牌效应；三是借助集群企业的相互协作，一些中小企业可以增强竞争能力，开拓国际市场。

(五) 扩张优势

产业集群的扩张可以分为三种方式：一是横向规模扩张，即由于集群的各种优势不断吸引新的外来投资和新企业的进入；二是纵向规模扩张，即在原有产品和产业之外不断拓展上下游产业，同时组建大量配置企业和服务性行业；三是整体合力扩张，即企业集群与小区域经济的耦合强化了企业间的合作，集群企业出现了日益细化的社会分工，提高了产业的整体合力，加速了企业集群的对外扩张。

二、产业集群竞争优势的培育

产业集群的竞争优势并非与生俱来，而是集群发展到较成熟的阶段才呈现的，这说明我们在集群的发展过程中，要有意识地培育和发挥集群的竞争优势。

(一) 积累企业战略性资源

按照基于资源的企业理论的观点，企业核心竞争能力来自其特有的、稀缺的而且外部成员不可模仿的资源和能力，这类资源和能力就是企业的战略性资源。处在产业集群中的企业，其特有的战略性资源主要包括基础设施、产业氛围、社会资本以及特有品牌和技术等。因此，培育产业集群的竞争能力必须注重各种战略性资源的积累，改善基础设施条件，经营产业集群的共有文化和氛围，促进社会资本的形成和积累等。

（二）挖掘集群成本优势

通过集群获取规模经济和范围经济来降低成本是产业集群形成和发展的主要原因之一。

产业集群应积极为各项成本有关的经济活动提供便利，通过组建专业化的统一市场，建立企业互信机制、专业劳动力的引进和培育等措施为产业集群发挥成本优势创造条件。

（三）培植产业创新升级能力

根据产业集群的生命周期演进规律，产业集群必须不断创新，推动产业集群不断升级才能使产业集群始终保持活力。产业集群创新升级包括集群的产品组织创新、产业技术创新、产业价值创新和产业环境创新等多个方面。

（四）优化集群组织协作能力

产业集群是一种特殊的网络组织结构，他实际上是试图通过这种方式在内部组织结构和外部市场结构之间寻找一种更优的资源组织形式。

"森林效应"：一棵树如果孤零零地生长于荒郊，即使成活也多半是枯矮畸形；如果生长于森林丛中，则枝枝争抢水露，棵棵竞取阳光，以致参天耸立郁郁葱葱。管理专家们将此现象称之为森林效应。森林效应告诉我们：个人的成长是在集体中通过与人交往、与人竞争而成长的，集体的要求、活动与评价和成员素质等都对个人成长具有举足轻重的作用。良好的集体往往造就心智健康的人，不良的集体往往造就心智不健康的人。

（五）培育产业市场开发能力

产业集群的经济活动所产生出来的最终产品价值主要是通过外部市场

来实现的,市场是产业集群发展的引擎。产业集群的市场开发应立足集群拥有的比较优势。

三、产业集群对集群内企业创新的推动作用

产业集群的发展壮大来自其独特的竞争优势,而产业集群的竞争优势则是通过集群的不断创新来实现的。创新使产业集群保持旺盛的生命力和活力。产业集群有利于创新,产业集群对集群内的企业创新具有重要的作用,这表现在:

(一)集群内容易产生知识溢出效应

知识溢出和知识传播都是知识扩散的方式。知识传播是知识的复制,而知识溢出则是知识的再造。知识溢出过程具有连锁效应、模仿效应、交流效应、竞争效应、带动效应、激励效应。新经济增长理论和新贸易理论都认为,知识溢出和经济增长有密切的联系。知识是追逐利润的厂商进行投资决策的产物,知识不同于普通商品之处是知识有溢出效应。但有些知识如凭经验累积而发展起来的知识难以具体化、系统化,没有人际间的频繁接触很难溢出,而产业集群在人际间接触的面广,接触的频率高,经验具有透明度,显然,处在集群中的企业很容易获得研究开发、人力资源、信息等方面的外溢效应。

(二)集群内企业容易获得创新资源

创新资源越容易获得,创新越有优势。创新资源主要包括人才、资金、技术和信息等,而这些在产业集群中是容易获得的。由于集群中相互联系的相关产业的存在,为居于其中的企业获得投入要素提供了一个便利的专业化的供应源,这种供应源的存在可以使企业迅速地获得所需的配置并进行整合。

(三)集群内容易产生追赶效应和拉拔效应

在其他条件相同的情况下,如果一个国家开始时较穷,它要迅速增长

是容易的。这种初始状况对持续增长的影响在宏观经济学里被称为"追赶效应"。"三穷帮一富,再富也不富,三富帮一穷,再穷也不穷",这就是"拉拔效应",产业集群内企业之间相互了解,相互影响,由于攀比心理的作用,企业间的竞争会加剧,后进的企业更容易模仿先进企业,先进企业为保持竞争优势会更加努力创新,另外由于集群内部相关产业间的相互支撑,集群内的某些产业可以因为集群内那些先进产业的发展而发展。

(四)集群具有巨大吸聚作用

产业集群的规模越大,其吸引力也就越大,就越会有更多的厂商加入其中。企业聚集度越高,其专业化分工就越发达,越有利于创新。

(五)集群内企业容易形成文化的根植性

产业集群容易形成一种相互依存的产业关联和共同的产业文化,并且创建一套大家共同遵守的行业规范,从而加快了新思想、新观念、信息和创新的扩散速度,节省了产业集群的交易成本,推动了产业集群的创新,这种特性称为根植性。

第四章 产业结构

第一节 产业结构概述

一、产业结构的概念

产业结构是指国民经济中各产业的构成及其相互关系,基本上可以理解为是产业间的技术经济联系与联系方式。这种产业间的技术经济联系与联系方式存在狭义与广义之分。狭义的产业结构,主要从"质"的角度动态地揭示产业间技术经济联系与联系方式不断发生变化的趋势,揭示经济发展过程中的国民经济各部门,起主导地位的产业部门不断更替的规律及其相应的"结构"效应。广义的产业结构除了以上内容以外,还包括各产业间的数量比例上的关系和在空间上的分布结构。

二、产业结构的类型

(一)三次产业比重不同的结构类型

按照三次产业在国民经济中所占比重不同的方法将产业结构分类,也可以称为三次产业分类法。这种方法是1935年由澳大利亚经济学家费希尔在《安全与进步的冲突》一书中首先提出来的,他以社会生产发展阶段为依据，以资本流向为主要标准，把人类的经济活动发展过程分为三个阶段：初级生产阶段，即人类的生产活动主要是农业与畜牧业；工业阶段，即以机器大工业的迅速发展为标志；20世纪初至今，大量的资本和劳动力流入非物质生产部门。与此相应，三次产业的划分也随之产生，即与农业相对应的为第一产业、与工业相对应的为第二产业和以服务业为主的第三产业。

三次产业分类法将产业结构分为1-2-3型、1-3-2型、2-1-3型、2-3-1型、3-1-2型、3-2-1型六种类型。其中，数字1、2、3分别代表三次产业，数字越排在前面，代表的产业部门在国民经济中所占的比重就越大。

1-2-3型产业结构，又称金字塔形产业结构。其中，第一产业在国民经济中所占比重最大，工业和服务业所占比重比较小，工业又以手工业为主，是农业社会或农业国的产业结构。

1-3-2型产业结构中，第一产业在国民经济中所占比重最大，第三产业次之，第二产业比重最小。3-1-2型产业结构中，第三产业在国民经济中所占比重最大，第一产业次之，第二产业比重最小。1-3-2型和3-1-2型产业结构又统称为哑铃形，这种特殊的产业结构具有其自身特点：第二产业在国民经济中所占比重与第一、三产业相比较小，一般情况下是对应于部分发展中国家或地区在特定条件下形成的产业结构。

2-1-3型产业结构中第二产业在国民经济中所占比重最大，第一产业次之，第三产业比重最小，是工业化前期的结构。

2-3-1型产业结构中第二产业在国民经济中所占比重最大，第三产业次之，第一产业比重最小，是工业化后期的结构。2-1-3型和2-3-1型产业结构又统称为鼓（橄榄）形产业结构，其特殊性在于第二产业在国民经济中所占比重最大，也就是以制造业为主，这是工业社会或工业国的产业结构。

3-2-1型产业结构，又称为倒金字塔形产业结构。其中，第三产业在国民经济中所占比重最大，第二产业次之，第三产业最小。这是后工业化社会或发达的工业化国家以服务业为主的产业结构。

(二) 农轻重于位不同的结构类型

在马克思两大部类分类法的基础上，包括我国在内的一些社会主义国家，在计划经济时代，都长期使用过以物质生产的不同特点为标准的分类方法，即"农轻重分类法"。这种方法按照农业、轻工业、重工业在产业结构中的地位不同，将产业结构分为重型产业结构、轻型产业结构和以农为主型产业结构。

重型产业结构是以重工业为主的产业结构，包括冶炼、钢铁、煤炭、化学、电力等工业，这是处于工业化中后期的大部分国家或者强调发展重工业的国家的产业结构；轻型产业结构是以轻工业为主的产业结构，包括纺织、服装、印刷、食品、家具等工业，这是处于工业化初期的国家的产业结构；以农为主型产业结构，包括种植业、养殖业、畜牧业和渔业等，这是没有实现工业化国家的产业结构。其中，重型产业结构又有两种不同的类型：一是以原材料、燃料、动力、交通运输、基础设施等基础工业为重心的重型结构，这是重工业化前期的产业结构；二是以高加工度制造业为重心的重型结构，这是重工业化后期的产业结构。

(三) 生产要素需求不同的结构类型

按照不同产业在生产过程中对生产要素的需求种类和需求依赖度的不同，将产业结构分为劳动集约型产业结构、资本集约型产业结构和技术集约型产业结构。

1. 劳动集约型产业结构，是指在生产过程中对劳动的需求和依赖度较大、资本的有机构成较低的产业，在生产中主要消耗的是劳动。通常某个产业对劳动力的依赖程度可用产业的就业系数等指标来衡量，例如，食品、纺织、服装等就是典型的劳动集约型产业结构。

2. 资本集约型产业结构，是指在生产过程中对资本的依赖度较大，资本的有机构成较高的产业，在生产中主要消耗的是物化劳动，例如钢铁、石油等就是公认的典型资本集约型产业结构。

3. 技术集约型产业结构，是指在生产过程中依靠大量科学技术知识和先进的工业技术生产的产业部门，通常具有产品的物耗小而附加值高的特点，例如计算机、航天、生物、高分子、新能源等新兴产业。

（四）产业层次发展不同的结构类型

按照产业发展程度、技术水平、生产要素密集度、加工程度和附加值大小的不同，产业结构可以分为初级产业结构、中级产业结构、高级产业结构。

初级产业结构，是发展水平最低的产业结构，以技术落后产业、劳动密集型产业、加工度比较低和附加值比较小的产业及第一产业为主的产业结构；中级产业结构，是发展水平中等的产业结构，以技术水平较高产业、资本密集型产业、加工度比较高和附加值比较大的产业及第二产业为主的产业结构；高级产业结构，是发展水平最高的产业结构，以高新技术产业、技术密集型产业、高加工度和高附加值的产业及第三产业为主的产业结构。

第二节 产业结构理论及演进规律

一、马克思主义产业结构理论

按照产品用途不同，马克思将物质生产部门划分为两大部类：第一部类是生产生产资料部门的总和，第二部类是生产消费资料部门的总和。两大部类的生产过程构成了全社会的生产过程。马克思在分析两大部类之间的依存关系时，提出了资本的有机构成提高理论，即随着机器体系的不断进步，总资本中由机器设备及设施等构成的不变资本部分会不断增加，用于劳动力的可变资本部分会不断减少。

列宁把这一理论和社会再生产理论相结合，进一步丰富和发展了马克思主义的社会再生产理论，提出了在技术进步的条件下，生产资料生产优先增长的规律。列宁指出：在社会扩大再生产过程中，增长速度最快的是制造生产资料的生产，然后是制造消费资料所需的生产资料的生产，最后是制造消费资料的生产。这就为我们在坚持产业结构合理化发展的同时，适度地实行倾斜政策提供了重要的理论依据。

二、西方产业结构理论

（一）产业结构演变趋势理论

1. 配第－克拉克定理

英国资产阶级古典政治经济学创始人配第最早注意到产业结构演变规律，并在17世纪就发现了世界各国国民收入水平的差异和经济发展的不同阶段，其关键原因是产业结构的不同。他在《政治算术》一书中，研究了英国、法国、荷兰的经济结构及其形成的原因与政策.指出工业的收入比农业高，而商业的收入又比工业高，说明工业比农业、服务业比工业具有更高的附加价值，这一发现被称为配第定理。英国经济学家克拉克在配第的研究成果基础上，进一步分析了经济发展和劳动力在产业间的分布和变化趋势，指出随着经济的发展，国民收入水平的提高，劳动力首次从第一产业向第二产业移动；当人均收入水平进一步提高时，劳动力便向第三产业移动。劳动力在产业间的分布状况是：第一产业比重不断减少，第二产业和第三产业将顺次不断增加。后来人们把劳动力变化的这一规律称为配第－克拉克定律，即劳动力转移规律。它是研究经济发展中的产业结构演变规律的学说，可以对一国的未来就业需求进行预测，以便制定相应的劳动就业政策。

2. 库兹涅茨人均收入影响论

库兹涅茨在配第、克拉克研究成果的基础上，利用经济统计学原理，结合各国的历史资料，对产业结构变动与经济发展的关系进行了全面的考察，得出了总产值变动和就业人口变动的规律，被称为库兹涅茨人均收入影响论，结论如下：

第一，第一产业的相对国民收入在大多数国家都低于1，而第二产业和第三产业的相对国民收入则大于1。同时从时间序列分析，农业相对敏感.收入比重的下降程度超过了劳动力相对比重的下降程度。由此可见，大多数国家农业劳动力减少的趋势仍然存在。

第二，第二产业的国民收入水平相对比重的上升是普遍现象，由于各个国家、各个时期的工业化程度不同，就劳动力相对比重的变化而言，综合比较是微增或没有变化。这一现象表明，工业化达到一定水平时，第二产业不可能再大量吸收劳动力；并且由于唯独第二次产业的相对收入是上升的，所以在国家的经济发展中，从国民收入尤其是人均国民收入的增长方面分析，第二产业具有突出的贡献。

第三，第三产业的相对国民收入，从时间序列分析，一般表现为下降趋势，但劳动力的相对比重是上升。这表明第三产业具有很强的劳动力吸纳能力，但是劳动生产率的提高并不快。另外，第三产业一般是三次产业中规模最大的产业，无论是劳动力的相对比重还是国民收入的相对比重，都超过了一半以上。产业发展形态的概括见表4-1所示。

表4-1 产业发展形态的概括

产业	劳动力的相对比重		国民收入的相对比重		相对国民收入＝国民收入的相对比重/劳动力的相对比重	
	时间序列分析	横截面分析	时间序列分析	横截面分析	时间序列分析	横截面分析
第一产业	下降	下降	下降	下降	（1以下）下降	（1以下）几乎不变
第二产业	不确定	上升	上升	上升	（1以上）上升	（1以上）下降
第三产业	上升	上升	不确定	微升（稳定）	（1以上）下降	（1以上）下降

3. 霍夫曼工业化经验法则

德国经济学家霍夫曼在1931年出版的《工业化的阶段和类型》一书中，根据近20个国家经济发展的时间序列数据，对工业化过程中的工业结构演变规律做了开拓性研究，提出著名的霍夫曼工业化经验法则：即在工业化进程中，霍夫曼比例（霍夫曼比例＝消费资料工业的净产值/资本资料工业的净产值）是不断下降的。根据霍夫曼比例，霍夫曼把工业化的过程分成四个发展阶段，见表4-2。在工业化的第一阶段，消费资料工业的生产在制造业中占有主导地位，而资本资料工业的生产在制造业中是不发达的；在工业化的第二阶段，与消费资料工业相比，资本资料工业获得了较快的发展，但消费资料工业的生产规模仍然要比资本资料工业的生产规模大得多；在工业化的第三阶段，资本资料工业的生产继续增长，规模迅速扩大，与消费资料工业的生产处于平衡状态；在工业化的第四阶段，资本资料工业的生产占主导地位，其规模大于消费资料生产规模，基本上实现了工业化。霍夫曼工业化经验法则，在一定程度上是符合工业化进程中工业结构的演变规律的，特别是符合工业化的前期发展趋势。

表4-2 霍夫曼工业化阶段及指数

工业化阶段	霍夫曼比例
第一阶段	5±1
第二阶段	2.5±0.5
第三阶段	1±0.5
第四阶段	1以下

4. 钱纳里的标准产业结构理论

美国经济学家钱纳里利用101个国家1950—1970年间的统计资料进行归纳分析，构造出一个著名的"世界发展模型"，由发展模型求出一个经济发展的"标准结构"，即经济发展不同阶段所具有的经济结构的标准数值，见表4-3所示。它为分析和评价不同国家或地区在经济发展过程中产业结构组合是否"正常"提供了参照规范,同时也为不同国家或地区根据经济发展目标制定产业结构转换政策提供了理论依据。应当注意的是,标准产业结构与实际产业结构之间的偏差只能作为判断产业结构状况的参考,而不能作为唯一的衡量标准。

表 4-3 人均 GDP 和产业结构的变化

人均 GDP/美元	100—200	300—400	600—1000	2000—3000
第一产业占 GDP 的份额/(%)	46.4—36.0	30.4—26.7	21.8—18.6	16.3—9.8
第二产业占 GDP 的份额/(%)	13.5—19.6	23.1—25.5	29.0—31.4	33.2—38.9
第三产业占 GDP 的份额/(%)	40.1—44.4	46.5—47.8	49.2—50.0	50.5—51.3
劳动力在第一产业中的比重/(%)	68.1—58.7	49.9—43.6	34.8—28.6	23.7—8.3
劳动力在第二产业中的比重/(%)	9.6—16.6	20.5—23.4	27.6—30.7	33.2—40.1
劳动力在第三产业中的比重/(%)	22.3—24.7	29.6—23.0	37.6—40.7	43.1—51.6

(二) 产业结构调整理论

1. 刘易斯的二元结构转变理论

美国经济学家刘易斯于 1954 年在他的《劳动无限供给条件下的经济发展》一文中,提出了解释发展中国家经济问题的二元结构转变理论。他认为发展中国家整个经济由弱小的现代工业部门和强大的传统农业部门组成,可以利用劳动力资源丰富这一优势,加速经济的发展。

二元结构转变理论的基本假设条件是:农业的边际劳动生产率为零或接近零;从农业部门转移出来的劳动力,其工资水平取决于农业的人均产出水平;城市工业利润的储蓄倾向高于农业收入的储蓄倾向。

可见，农业剩余劳动力对城市工业的供给价格是很低的，而且，由于工业生产的边际劳动生产率要远高于农业剩余劳动力的工资水平，所以工业生产可以从农业中得到劳动力的无限供给；而农业的人均产出水平很低，因此从农业中转移出来的劳动力工资水平也远低于工业的边际劳动生产率，工业就可以从劳动力供给价格与边际劳动生产率的差额中获得巨额利润。同时，由于工业利润中的储蓄倾向较高，使城市工业生产对农村剩余劳动力的吸纳能力进一步提高，由此产生一种积累效应。随着农村劳动力向城市工业转移，农村劳动力的边际生产率不断提高，工业劳动力的边际生产率不断降低，这种效应直到工、农业劳动力的边际生产率相等才停止，这时，城市和农村的二元经济结构转变为一元经济结构，实现工、农业经济平衡发展。

2. 罗斯托的主导产业理论

美国经济学家罗斯托在他的《经济成长的过程》和《经济成长的阶段》等著作中，提出了"主导产业扩散效应理论"和"经济成长阶段理论"。罗斯托根据技术标准把经济成长划分为六个阶段，每个阶段都存在起主导作用的产业部门，经济阶段的演进就是以主导产业交替为特征的。这六个阶段分别为：

（1）传统社会阶段，科学技术水平和生产力水平低下，主导产业部门为农业部门。

（2）起飞前提阶段，近代科学技术开始在工农业中发挥作用，占人口75%以上的劳动力逐渐从农业中转移到工业、交通运输业、商业、服务业中，投资率的提高明显地超过人口的增长水平。

（3）起飞阶段，相当于产业革命时期，积累率在国民收入中所占的比例由5%增加到10%以上，由一个或几个经济主导部门带动国民经济的增长。

（4）成熟挺进阶段，现代科学技术已经有效地应用于生产，投资率在10%—20%之间，由于技术创新和新兴产业的不断涌现和发展，产业结构发生了巨大的变化。

（5）高额民众消费阶段，工业高度发达，主导部门转移至耐用消费品和服务部门。

（6）追求生活质量阶段，主导部门从耐用消费品部门转移至提高生活质量的部门，如文教、医疗、保健、福利、娱乐、旅游等部门。

（三）产业结构发展模式理论

1. 平衡发展模式与非平衡发展模式

平衡发展模式与非平衡发展模式是从资源配置的倾斜角度对产业结构发展方式的归纳。

（1）平衡发展模式

平衡发展模式认为发展中国家为了摆脱贫困，应在国民经济的各产业进行全面的、大规模的投资，以各产业的平衡增长来实现国家的工业化和国民经济的发展。在主张平衡增长的理论中，以罗森斯坦·罗丹的"大推进理论"和纳克斯的"贫困恶性循环理论"为典型。

在《东欧与东南欧的工业化问题》一文中，罗森斯坦·罗丹认为，发展中国家实现工业化的主要障碍是资本的不足，由于资本的供给、储蓄和市场需求的"不可分性"，小规模的、个别部门的投资不可能从根本上解决问题，因而应当实行"大推进"的发展战略，在各个工业部门全面地进行大量投资，使各工业部门一起发展，才能形成互相依赖、互为市场的局面，克服"不可分性"，最终取得工业化的成功。在进行投资时，应按同一投资率投向各工业部门。因为只有这样，才能避免某些部门发展过快，导致供给大于需求，从而保证各部门之间的发展协调和平衡，以便实现投资的最优格局。

纳克斯的"贫困恶性循环理论"认为，发展中国家之所以不易摆脱贫穷的原因在于其陷入了一个恶性循环的圈子。一方面，从供给的角度看，低收入导致了低储蓄，而较少的储蓄引起了资本的短缺，资本的短缺又造成只能发展生产率不高的产业，而这样的产业发展带来的又只能是较低的收入。另一方面，从需求的角度看，低收入使人们的购买力十分有限，而有限的购买力又使得投资引诱不足，资本数量过小，从而导致生产率低下，最终的结果又回到了较低的收入。要打破这样的循环必须同时对国民经济的各个部门进行投资。如果只对一些行业进行投资，这些行业的发展将受到市场需求的限制，而如果同时投资于不同的行业，将带来市场的全面扩大。

（2）非平衡发展模式

非平衡发展理论的主要思想是由于资金短缺等方面的原因，发展中国家不可能在所有的产业部门同时进行投资，而应当选择合适的重点产业进行投资，然后通过关联效应和诱发性投资等作用，带动其他产业的发展，最后达到经济发展和产业结构升级的目标。赫希曼认为，发展中国家应当集中有限的资源，首先投资于"诱发投资"效应较大的产业部门，将可带动更多其他产业部门的发展。罗斯托认为，"近代经济增长实质上是一个部门间不断调整的过程，经济的发展就是充当'领头羊'的主导产业部门首先获得增长，再通过回顾影响、旁侧影响和前瞻影响，对其他产业部门施以诱发作用，最终带动整个经济增长的过程"。

2. 雁行发展模式与产品循环发展模式

雁行发展模式与产品循环发展模式分别描述了一些产业在工业化不同阶段国家的发展模式。

雁行发展模式是由日本经济学家赤松要在考察了日本羊毛工业品贸易的发展轨迹后首先提出，以后又由小岛清等人对日本的纺织工业、钢铁工业和汽车工业进行了验证。该模式认为，工业后发国家由于技术和资金等供给方面的原因，无法首先开发和生产一些较为先进的产品，因而最初对这类产品的国内需求，只能通过进口来满足。随着国内对这类产品需求的增加，企业通过引进技术等手段，使技术和资金等供给条件日趋成熟，逐渐具备了以国产化产品取代进口产品的能力，随着市场需求和生产规模的扩大，相应的产业也就逐渐形成了。在国内需求继续扩大和重工业化进程的作用下,规模经济和廉价生产要素的优势不断累积,产业的竞争力也有所上升,最终不但在本国赢得了市场,而且还实现了产品的出口。工业后发国的产业部门,就是依据这样的发展轨迹,最终达到经济发展和产业升级的目的。而这三个不同的发展阶段(进口—国内生产—出口)被称为雁行发展模式。

产品循环发展模式描述的是工业先行国家产业发展的模式,是由美国经济学家弗农提出的。弗农认为,产品也有生命周期的,可分为"导入期""成熟期"和"标准化期",一些工业先行国家,由于技术和资金等方面的优势,率先对新产品进行开发和生产,并迅速进入产品的"导入期",占领国内市场。随着生产规模的扩大和产业技术的成熟,该产品进入了"成熟期",开始向工业后发国出口,扩大在国际市场上的份额。随着技术在更广泛的范围扩展,竞争也就越发激烈,工业先行国为了维持在国外的市场份额,开始从产品的出口转向技术的出口,在工业后发国进行就地生产和销售。当产品从"成熟期"进入"标准化期",由于在国外生产该产品具有成本上的优势,工业先行国家逐渐放弃国内的生产,转而进口该产品来满足国内的市场。自己则研制、生产更新的和更高技术的产品,开始新一轮的产品循环。

3. 进口替代发展模式与出口导向发展模式

进口替代发展模式与出口导向发展模式是从产业发展和国际贸易间的关系角度描述产业结构的发展轨迹的。

进口替代发展模式一般指工业后发国家为了实现本国的工业化,在一些产业(一般是制造业)领域采取鼓励用本国产品替代进口产品来满足国内市场需求的政策,以支持和扶持本国相应产业发展的模式。

出口导向发展模式一般指工业后发国家为实现本国经济的增长,支持和鼓励国内产业以国际市场需求为导向而进行发展的模式。

三、产业结构演变的一般趋势

(一) 从工业化发展的阶段角度

产业结构的演进可以分成以下几个阶段：前工业化时期、工业化初期、工业化中期、工业化后期和后工业化时期。在不同阶段，产业结构的发展是沿着由低级向高级走向高度现代化的发展进程。在前工业化时期，第一产业占主导地位，第二产业有一定发展，第三产业的地位微乎其微。在工业化初期，第一产业产值在国民经济中的比重逐渐缩小，其地位不断下降；第二产业有较大发展，工业重心从轻工业主导型逐渐转向基础工业主导型，第二产业占主导地位；第三产业也有一定发展，但在国民经济中的比重还比较小。在工业化中期，工业重心由基础工业向高加工度工业转变；第二产业仍居第一位，第三产业逐渐上升。在工业化后期，第二产业比重继续下降；第三产业继续快速发展，其中信息产业增长加快，第三产业产值比重在三次产业中的地位占支配地位，甚至占绝对支配地位。在后工业化时期，产业知识化成为主要特征。

(二) 从主导产业的转换角度

产业结构的演进有以农业为主导、轻纺工业为主导、原料和燃料动力等基础工业为重心的重化工业为主导、低度加工型的工业为主导、高加工组装型工业为主导、第三产业为主导、信息产业为主导等几个阶段。在不同阶段产业结构演进的一般规律是：

1. 在以农业为主导的阶段，农业比重占有绝对地位，第二、三产业的发展均很有限。

2. 在以轻纺工业为主导的阶段，轻纺工业由于需求拉动、技术要求简单、从第一产业分离出来的劳动力价格低等有利因素得到较快发展；第一产业的发展速度有所下降，地位有所削弱；重化工业和第三产业的发展速度较慢。这时轻纺工业取代农业成为主导产业。

3. 在以原料和燃料动力等基础工业为重心的重化工业为主导阶段，这些重化工业首先得到较快发展，并逐渐取代轻纺工业的地位成为主导产业。这些基础工业都是重化工业的先行产业或制约产业，必须先行加快发展才不至于成为制约其他重化工业发展的瓶颈产业。

4. 在以低度加工型工业为主导的阶段，传统型、技术要求不高的机械、钢铁、造船等工业发展速度较快，其在国民经济的比重越来越大，并成为主导产业。

5. 在以高度加工组装型工业为主导的阶段，由于高新技术的大量应用，传统工业得到改造。技术要求较高的精密机械、精细加工、石油化工、机器人、电子计算机、飞机制造、航天器、汽车及机床等高附加值组装型重化工业有较快发展，成为国民经济增长的主要推动力，其在GDP中的比重占有较大份额，同时增幅较大，成为国民经济的主导产业。

6. 在以第三产业为主导的阶段，第二产业的发展速度有所放缓，比重有所下降，特别是传统产业的下降幅度较快；但内部的新兴产业和高新技术产业仍有较快发展。整个第二产业内部结构变化较快，但比重已不占主导地位。第三产业中服装业、运输业、旅游业、商业、房地产业、金融保险业、信息业等的发展速度明显加快，并在GDP中占有较大或主要份额，成为国民经济的主导产业。

7. 在以信息产业为主导的阶段，信息产业获得长足发展，特别是信息高速公路的建设或国际互联网的普及，推动了信息业的快速发展。这一时期，信息产业已成为国民经济的支柱产业和主导产业。人们也常把这一阶段称为后工业化社会或工业化后期阶段。

(三) 从三次产业比重的变动角度

产业结构的演进是沿着以第一产业为主导到第二产业为主导，再到第三产业为主导的方向发展的。

在第一产业内部，产业结构从技术水平低下的粗放型农业向技术要求较高的集约型农业，再向生物、环境、生化、生态等技术含量较高的绿色农业、生态农业发展；从种植型农业向畜牧型农业、野外型农业向工厂型农业方向发展。

在第二产业内部，产业结构的演进沿着轻纺工业—基础重化工业—加工型重化工业方向发展。从资源结构变动情况来看，产业结构沿着劳动密集型产业—资本密集型产业—知识（包括技术）密集型产业方向演进。从市场导向角度来看产业结构沿着封闭性—进口替代型—出口导向型—市场全球化方向演进。

在第三产业内部，产业结构沿着传统性服务业—多元化服务业—现代性服务业—信息产业—知识产业的方向演进。

产业结构由低级向高级发展的各阶段是难以逾越的，但各阶段的发展过程可以缩短。从演进角度分析，后一阶段产业的发展是以前一阶段产业充分发展为基础的，只有第一产业的劳动生产率得到充分发展，第二产业的轻纺产业才能得到应有的发展；第二产业的发展是建立在第一产业劳动生产率大大提高的基础上的，其中加工组装型工业的发展又是建立在原料、燃料、动力等基础工业的发展基础上的；只有第二产业的快速发展，第三产业的发展才具有成熟的条件和坚实的基础。产业结构的超前发展会加速一国经济的发展，但有时也会带来一定的遗留问题。

第三节 产业结构的影响因素

一、供给因素

一般而言，供给因素包括自然条件和资源禀赋、提供劳动力的人口、资金和技术进步等因素。这些因素既决定产业结构成长的基础或出发点，又决定产业结构的选择和性质，所以供给因素对产业结构既有促进又有制约作用。

(一) 自然条件和资源禀赋

一国的自然条件和资源禀赋对该国产业结构的形成与变化产生至关重要的影响。自然资源是社会生产过程所依赖的外界自然条件，通常那些自然资源丰富的国家的产业结构或多或少地具有资源开发型的特征。如果一国国土辽阔、资源丰富，那么该国也可能形成资源开发、加工和利用全面发展的产业结构，比如阳光充足、土壤肥沃等自然条件好的国家其农业发展迅速；而资源匮乏的国家就不可能形成资源开发型的产业，最多只能形成资源加工型的产业结构，比如地下资源丰富与否直接影响到采掘业、燃料动力工业以及重工业的结构。由于自然条件和资源禀赋一般是人力因素难以改变的，同时资源禀赋又是一国经济发展的基础因素，因而对一国的产业形成和经济发展具有重要的影响。然而，随着技术的进步，自然资源禀赋并不再是决定一国经济发展的关键性因素。新加坡、日本等自然资源缺乏的国家通过不同的途径走上了工业化发展的道路，跻身于世界经济发展的前列。因此，自然资源状况对产业结构的影响是相对的，受资源制约的国家也可以借助科技的发展和国际贸易克服其资源匮乏的弱点。自然资源禀赋在一国产业结构转换的初、中期阶段制约作用较明显，当初级产品生产的比较优势被制造业所取代，向成熟阶段推进时，其制约作用明显减弱。

(二) 人口因素

从供给的角度，人口因素影响劳动力的供给程度和人均资源拥有量以及可供给能力的程度，包括数量和质量两个方面的规定。在工业化发展的初期，劳动力的数量决定了产业结构的转换与升级，比如发达国家在工业化初期曾受到供给力不足的制约。但是从人口、资源平衡的角度，过度的人口增长会过度地把国内的有限资源转化为衣食供给，以满足人们基本的生活需要，这样将导致既减少其他资源的供给，又减慢农业人口向第二产业和第三产业的转移，从而延缓工业化的进程，阻碍产业结构的高度化和合理化。

经济发展到一定水平后，劳动力的质量也就是人力资本开始发挥关键的作用。一般而言，具有较高知识水平和劳动技能的人员越多，新兴产业发展越快；反之，劳动力质量较低的国家往往会停滞于传统产业。劳动力质量较低将对产业结构变动产生两方面的影响：一方面劳动密集型产业主要是轻纺产业，易导致工业结构"轻型化"；另一方面劳动密集型产业多为中小企业，会引起产业组织结构的"小型化"，降低规模经济效益。

因此，保持适度的人口数量和提高人口素质是经济发展和产业结构转换的重要条件。对大多数发展中国家而言，其工业化发展和产业结构转换中的制约因素不是劳动力供给的不足，而是劳动力过剩带来的就业压力和人均资源的减少。

（三）资金供应

资金是重要的生产要素，是产业维持和扩张的重要条件。资金供应状况对产业结构的影响主要包括两个方面：

1. 资金的充裕程度对产业结构的影响，主要包括经济发展水平、社会发展水平、储蓄率、资本积累等诸多因素，是资金总量方面对产业结构变动的影响。

2. 资金在不同产业部门的投向偏好对产业结构的影响，主要包括投资倾斜政策、投资者的投资偏好、利率、资金回报率等，是投资结构方面对产业结构变动的影响。在资本有机构成不变的情况下，投入某产业资金的多少，决定该产业的生产规模大小和发展速度快慢。资金的短缺往往成为发展中国家产业结构优化升级的瓶颈，资金越短缺，越妨碍重工业、高新技术产业等有机构成较高的产业发展。

（四）技术进步

技术进步是经济增长的主要因素，也是产业结构变迁的动力。一国的产业结构表现为一定的生产技术结构，生产技术结构的进步与变动都会引起产业结构的相应变动，一旦技术发生变革，产业结构将会发生与之相适应的改变。第一次技术革命促进了纺织、运输、机械工业的兴起,人类社会由农业向工业社会转变;第二次技术革命使得汽车、航空、电力等工业迅速崛起,工业生产进一步集中化,垄断企业不断兴起;第三次技术革命中原子能技术的出现带动了塑料、橡胶、合金材料工业的发展,计算机技术的发展和计算机的广泛应用使得信息产业成为主导产业。20世纪80年代的新技术革命对产业结构升级产生了重大影响,为知识经济的兴起和发展提供了技术基础。

技术水平的不同决定了比较劳动生产率的不同,技术进步又引起比较劳动生产率的变化。产业结构转换的动力来自于比较生产率的差异,主要表现为生产要素从生产率比较低的部门向生产率比较高的部门转移;产业结构的转换和升级,主要取决于部门之间生产率增长速度的差异。那些研究与开发投入强度大、能够最先吸收新技术的部门,往往也是生产率提高最快和产出增长最快的部门,这是由部门内在的技术经济特征所决定的。

(五)商品供应

原料品、中间投入品、零部件、进口品等商品对产业结构变动产生较大的影响。通常,后向关联系数越大的产品对产业结构的影响就越大。广义上,商品供应还可以包括电力、原料、燃料的供应,服务的提供,技术的支持等更广的范围。这些商品的供应在很大程度上取决于基础工业、上游工业、后向关联产业的技术水平和产业发展水平。这些产业的技术水平和发展水平影响产业结构的变动。根据发达国家的实践经验,产业结构的高度化也是在基础产业、上游产业或后向关联系数较大的产业得到一定程度的发展以后,下游产业或前向关联系数较大的产业才能得到比较大的发展。

二、需求因素

需求决定一项经济活动的存在价值,也决定某一产业的存在必要性。当需求发生变化时,必然要影响到产业结构,使其发生相应的变化。从总量角度分析，人口数量的增加和人均收入水平的提高都会扩大消费需求；经济发展水平、社会发展水平、技术水平的不同，消费水平通常也会不同；在不同的经济发展周期，各种消费需求也会出现波动。但从结构的角度分析，个人消费结构、中间需求与最终需求比例、消费与投资比例、投资结构对产业结构的影响更加明显。

（一）个人消费结构

个人消费结构是在需求结构中对产业结构变动影响最大的因素。消费结构直接影响消费资料产业部门的构成，并间接影响给消费资料产业部门提供生产资料的生产部门的构成，从而影响整个产业结构的变动。个人消费结构不仅直接影响最终产品的生产结构和生产规模，而且间接地影响中间产品的需求，进而影响中间产品的产业结构。随着收入水平的提高，不仅消费的需求总量会扩大，而且消费结构也会发生变化，个人需求趋向多层次和多样化，使得第三产业比重不断上升，产业结构不断优化升级。

（二）中间需求与最终需求的比例

中间需求与最终需求的比例是一种重要的需求结构。中间需求是指各个生产部门对把自身价值一次性全部转移到产品中去的生产资料的需求，比如原材料、零部件等。最终需求是指人们对无须再进入生产过程，即可供消费和投资的产品的需求，比如固定投资、个人消费、增加库存、出口、政府采购等。中间需求和最终需求比例变动将会使社会生产的产业结构发生相应变动。决定中间需求与最终需求比例的主要因素包括：专业化协作水平、生产资料利用率、最终产品的性能及制造技术的复杂程度。专业化协作水平越高，相同产出的最终产品对中间产品的依赖程度越大；生产资料利用率越高，相同产出的最终产品对中间产品消费需求越少；制造技术越复杂，对中间产品的需求量就越大。

（三）消费与投资比例

消费与投资的比例关系直接决定消费资料产业和生产资料产业的比例关系，消费与投资比例的变化直接引起消费资料产业与生产资料产业的比例变化。具体来讲,当投资比例较高时,相关的生产资料产业将得到较快发展;当消费比例较高时,扩大的居民需求将刺激生产消费资料产业部门的较快发展,同时将波及相关的生产资料产业部门的需求变化。霍夫曼工业化经验法则很好地诠释并说明消费与投资比例的变化对产业结构变化的影响。

(四) 投资结构

投资结构是指资金向不同产业方向投入所形成的投资配置量的比例。投资不仅是构成现实需求的一个重要因素,将形成新的生产能力,也是企业扩大再生产和产业扩张的重要条件之一。不同方向的投资是改变已有产业结构的直接原因。创造新的投资需求,将改变原有的产业结构形成新的产业结构;对部分产业投资,将推动这些产业以更快的速度扩大,促进这些产业的发展,从而影响原有产业结构;对全部产业投资,但投资比例不同,则会引起各产业发展程度的差异,导致产业结构的相应变化。由于投资是影响产业结构的重要因素,政府往往采用一定的投资政策,通过调整投资结构,来达到产业结构调整的目标。

三、国际因素

(一) 国际贸易

国际贸易是由于社会分工打破国家界限,导致国与国在资源、产品、技术、劳务等方面的交换。国际贸易是在开放条件下来自外部的影响产业结构变动的因素,对产业结构的影响主要通过国际比较利益机制实现。按照国际分工原理,国际市场对一国具有比较优势的产品需求,往往会通过影响该国出口结构,从而引起生产要素在一国产业体系内部的重新配置,进而影响其产业结构的变动。资源、商品、劳务的出口对本国的相关产业起到推动的作用,国内稀缺资源的进口能够弥补相关产业的不足,各国间产品生产的相对优势变动会引起进出口结构变动,进而带动国内产业结构变动。当然，有些商品出口，也可能会抑制本国某些产业的发展。

（二）国际投资

国际投资包括本国资本的流出和国外资本的流入，对外投资会导致本国产业的对外转移，国外资本的流入则会使国外产业向国内转移。这两方面都会引起国内产业结构的变化，但国外直接投资对国内产业结构的影响更为直接和深远，主要表现在三方面：一是国外直接投资决定了生产方式、生产技术、产品品种和数量，会直接改变一国原有产业结构；二是国外直接投资中间产品的供应结构和最终产品的销售结构的变化导致国内供应结构和需求结构的改变，从而促使国内产业结构发生相应变化；三是外资企业的技术创新和管理模式会对一国的产业结构产生间接影响。

四、政策因素

为了实现政府制定的经济发展目标，政府通过制定产业发展战略和政策扶持或限制某些产业发展，对产业结构的调整加以诱导或强制实施。产业政策是指导产业发展和产业结构调整最主要的依据，政府对产业结构的调整主要就是通过产业政策来实现的。政府可以对影响产业结构变动的诸因素进行调整，包括通过政府投资、管制等措施，通过制定财政、货币等政策，通过立法、协调等手段来调整供给结构、需求结构、国际贸易结构和国际投资结构，进而影响产业结构。

第五章 产业结构优化与升级

第一节 产业结构优化概述

一、产业结构优化的含义

产业结构优化是指各产业协调发展、产业总体发展水平不断提高的过程。具体来说，产业结构优化是产业之间的经济技术联系包括数量比例关系由不协调不断走向协调的合理化过程，是产业结构由低层次不断向高层次演进的高度化过程。由此可见，产业结构优化主要包括两个方面的内容：产业结构合理化和产业结构高度化。

合理化与高度化是产业结构优化中缺一不可的两个方面，它们是相互影响、相互依存的。一方面，产业结构合理化反映的是产业结构量上的客观要求，更多地着眼于经济发展的近期利益，体现为产业结构的发展要与一国的社会经济发展水平相适应；产业结构高度化反映的是产业结构质上的客观要求，主要着眼于经济发展的长远利益，体现为产业结构的发展要遵循产业结构演进规律并符合世界产业发展潮流。另一方面，合理化是高度化的基础，没有产业结构合理化，高度化就失去了基础条件，非但达不到产业结构升级的目的，反而有可能发生结构的逆转；而产业结构高度化则是合理化进一步发展的目的，产业结构的合理化本身就是为了使产业结构向更高的层次转换，失去了这一目的，合理化也就失去了存在的意义。

二、产业结构合理化

（一）产业结构合理化的含义和内容

产业结构合理化主要是指产业与产业之间协调能力的加强和关联水平的提高，是一个动态的过程。产业结构合理化要求在一定的经济发展阶段，根据消费需求和资源条件，对初始不理想的产业结构进行有关变量的调整，理顺结构，使资源在产业间合理配置并有效利用，促进产业结构的动态均衡和产业素质的提高。产业结构合理化的内容主要包括以下几个方面：

第一，各大类产业之间、各大类产业内部的具体产业部门之间数量比例合理，投入产出均衡，过剩和短缺现象没有或者不严重，各产业部门的生产能力能够充分发挥，所需的资源可以得到较好满足，保证社会扩大再生产能够顺利进行。

第二，产业结构与需求结构相适应，并随着需求结构的变化而变化，投资需求和消费需求能够得到较好满足，减少以至消除供不应求、供过于求和二者并存的不合理现象。

第三，产业结构与资源结构相协调，充分有效地利用本国的人力、物力、财力及自然资源和条件，同时尽可能利用可以得到的国际资源和生产要素，弥补本国资源和生产要素的不足，参与国际分工，发挥本国的比较优势，取得比较利益，使比例协调的产业结构建立在更雄厚的资源基础之上，使国民经济在更大的规模上得到更有效的协调发展。

第四，产业结构中的产业类型构成恰当，环保产业和节约、保护、高效利用资源的产业得到适当发展，能够保护环境，节约资源，实现人口、资源、环境与经济发展的良性循环。

（二）产业结构合理化的基准

一个国家的国民经济能否协调发展，从而形成经济的良性循环，取决于这个国家能否建立合理的产业结构。合理的产业结构的判断基准包括：

1. 国际基准

国际基准即以钱纳里等人倡导的产业发展的标准结构为依据，来判断经济发展的不同阶段上的产业结构是否达到了合理化。这种标准结构是在大量历史数据的基础上通过实证分析得到的，它反映了产业结构演变的一般规律。作为大多数国家产业结构演进轨迹的综合描述，可以将其视为判断某一产业结构是否合理的参考系。如果一个产业结构系统偏离了大多数国家发展的共同轨迹，就可大致地认定系统违背了产业结构发展的规律，其结构是不合理的。反之，如果一个产业结构系统在发展到某一特定阶段时，其内部结构与标准结构相符，就可认定这一系统与产业结构发展的共同规律是相吻合的，因此，该产业结构是合理的。

但是，由于标准产业结构是通过各国统一发展阶段上产业结构的统计资料进行回归分析得出的，而各国在不同经济时期和经济发展环境变化较大的情况下很难有统一的发展模式和产业结构，所以这种标准结构至多只能作为判断产业结构是否合理的一种粗略的依据，而不能成为一种绝对的判断标准。

2. 需求结构基准

需求结构基准，即以产业的供给结构和需求结构相适应的程度作为判断产业结构是否合理的标准。随着经济的发展和人民生活水平的提高，需求结构也会不断地提升和变化，而供给结构很难及时适应需求结构的变化，为了满足需求结构不断变化的要求，必须通过调整产业的供给结构来适应需求的变化。两者适应程度越高，则产业结构越合理；相反，两者不适应或很不适应，则产业结构不合理。

记市场的总需求为 D，对第 i 业的需求为 D_i（$i=1, 2, \cdots, n$）；记市场的总产出为 S，第 i 产业的产出为 S_i（$i=1, 2, \cdots, n$）。

当 D=S 时，称之为供求总量是平衡的；反之，则认为存在总量偏差。当 $D=S_i$（$i=1, 2, \cdots, n$）时，可认为供求结构是平衡的；反之，则认为存在结构偏差。

当存在产业结构偏差时,可以用产业结构相对市场需求结构的适应情况,即适应系数 G 来考查该产业结构系统的合理化程度。

G 的值域为（0，1），G 越接近 1，就表明该系统的产出结构越适应市场需求,也就说明该产业结构系统越合理。

如前所述,畸形的产业结构意味着它同需求结构的严重背离。在这个意义上,此基准有其合理性。但是,单纯以需求结构基准来判断产业结构是否合理具有一定的片面性,因为首先要确定需求是否正常,在需求正常的前提下,才可以对产业结构是否合理进行判断。若需求畸形,则供需之间发生差距是正常的；若产业结构适应畸形的需求而发生变动,则这种产业结构是不合理的。

3. 产业间比例平衡基准

产业间比例平衡基准,即以产业间的比例是否平衡作为判断产业结构合理与否的标准。产业结构作为一个系统,其整体特征要求其组成部分应具有不可分割性。如果产业间比例缺乏平衡,就会极大地削弱经济系统的生产能力和产出水平。理论上,经济增长是在各产业协调发展的基础上进行的,产业之间保持比例平衡是经济增长的基本条件。但是,不能将此基准绝对化,认为无论何时何地产业结构都要保持这种比例平衡才是合理的。

产业间比例平衡基准有两种判断基准：其一是比例平衡度,其二是投入产出表。

比例平衡度可用来测量产业结构系统的平衡协调程度,此基准的局限性主要是忽略了经济非均衡增长对产业间比例的积极影响。事实上,在经济的非均衡增长情况下,各产业部门的增长速度是不同的,有的高速增长,有的低速增长,从而导致相互之间的比例发生变化,出现结构不平衡。一般情况下,这是正常的。只有超越一定界限的结构失衡,才会导致经济不能正常运行,这才是真正的结构不合理。

第二个基准是利用一国或一个地区某一经济年度的投入产出表,考察其大类产业、具体产业间的比例关系来判断产业间是否协调。从理论上说，投入产出分析清晰地反映出国民经济各部门、各产品间的联系，是研究综合平衡的一个重要工具。但投入产出法也存在一些根本缺陷。首先是其指导思想——产业结构协调观。一般而言，各产业的协调发展是经济发展的良好条件，因此，把产业结构和理性的内涵界定为产业间比例的协调均衡具有一定的合理性。但是，经济发展的常态是非均衡增长，产业间比例关系的协调和均衡是经过长期的自动或有意识调整之后的短暂状态。其次，投入产出分析能够指出产业间存在哪些关联关系，但并未对这种关联关系的合理化程度做出判断。最后，投入产出模型把生产函数看成是线性的，这与实际情况不尽相符。

4. 结构效益基准

结构效益基准主要采用结构效益系数这个指标，来表明产业比例关系变动引起的效益变化，它反映总的投入产出关系，是衡量产业结构合理化的综合方法。

5. 自组织能力基准

产业结构合理化是一个动态、渐进的过程，是不断趋向相对均衡状态之后又不断打破均衡的过程，因而其本质是产业结构的一种自组织能力。如果产业结构的自组织转换能力弱，则结构转换缓慢，表现为各产业间存量结构呈刚性，大量资本和劳动投入得不到合理配置，那么产业结构的经济绩效就必然低下，该产业结构不合理；如果产业结构自组织能力强，从而结构转换能力强，表现为能通过自动学习和搜索，迅速压缩低效率产业比重，提高高效率产业比重，调整、改变产业间的生产能力配置，维护和提高产业间的关联程度及效果，那么产业结构的经济绩效就必然高，该产业结构合理。

经济资源在不同产业间实现最优化配置的结果表现为不同产业边际投资利润率的趋同。由于处于不同生命周期的先导产业、支柱产业和衰退产业始终并存，需求和创新因素导致产业间长期存在增长速度和投资机会的巨大差异，各产业间边际投资利润率的差异是产业结构演进过程中的常态。经济资源如何在具有不同边际投资利润率的产业间自由流动是产业结构自组织能力的核心，也成为产业结构合理化的判断标准。

我们将不同产业边际投资利润率与产业新增投资额增长率之间的相关关系看作产业结构自组织能力的衡量基准，如果两者之间的相关度低，表明经济资源自动向高效率产业流动的机制受到阻滞，产业结构自组织能力低，产业结构不尽合理；如果两者之间的相关度高，则表明经济资源向高效率产业的流动机制相对顺畅，产业结构自组织能力强，产业结构合理化水平高。

三、产业结构高度化

（一）产业结构高度化的含义和内容

产业结构高度化是指遵循产业结构演化规律，通过创新技术进步，使产业结构整体素质和效率向更高层次不断演进的动态过程。产业结构高度化强调技术集约化程度的提高，要求主导产业和支柱产业尽快成长和更替，打破原有的产业结构低水平的均衡，实现少数高科技、高效率产业的超前发展，然后带动相关产业及整个国民经济的发展。产业结构高级化的实质内容包括：结构规模由小变大，结构水平由低变高，结构联系由松变紧。

所谓结构规模由小变大，是指产业部门数量增加，产业关联复杂化，其主要指标是部门之间中间产品的交易规模，即中间产品的使用量。部门之间交易规模的扩大主要通过范围扩张（即参与交易活动的部门增加）和数量增加（即部门之间交易活动的容量增加）这两种方式得以实现。现实经济发展表明，产业结构规模扩大的实质是产业结构借助量的扩张而推动质的提升。这是一种普遍趋势且具有不断强化的趋向，主要由两方面因素引起：一是部门之间购买的增加。随着部门的增加和部门之间联系的密切，中间产品的交易和交易环节不断扩大和增多，从而使生产结构变得比以前更"迂回"了。二是制成品投放对初级产品投入的替代。工业化的历史过程表明，初级产品的中间使用量逐步下降，制成品的中间使用量将迅速上升，这实际上是现代工业发展的结果。

结构水平由低变高，是指以技术密集型为主体的产业关联取代以劳动密集为主体的产业关联，这种产业之间的技术关联是通过中间产品的运动来实现的。即通过中间产品的使用及其消耗程度使产业之间发生相应的生产技术联系。中间产品的直接消耗系数（又称投入系数）反映了各产业部门之间的技术联系。

结构联系由松变紧，是指产业之间的聚合程度提高，关联耦合更加紧密。其主要标志是聚合质量，即产业之间的耦合状态以及由此决定的系统整体性功能，可以从产业系统，从特定产业部门在整个产业链条中所处地位和顺序的角度及这一链条的耦合紧密程度来衡量。

（二）产业结构高度化的衡量标志

产业结构高度化既是一个相对概念，也是一个动态概念，它是需求牵引、科技推动等因素共同作用于产业结构的结果，不同阶段有不同的衡量标准。

1."标准结构"法

"标准结构"法是将一国的产业结构与世界其他国家产业结构的平均高度进行比较，以确定一国产业结构的高度化程度。库兹涅茨在研究产业结构的演进规律时，不但通过时间序列数据对产业结构的演进规律进行了分析，而且通过横截面的数据对经济发展阶段与产业结构的关系进行了研究。这种截面数据研究产业结构的方法，为了解一国产业结构发展到何等高度提供了可比较的依据。利用这种方法，库兹涅茨提出了经济发展不同阶段的产业"标准结构"，根据"标准结构"就能了解一国经济发展到哪一阶段以及产业结构高度化的程度。"标准结构"法一般采用以下两种指标来衡量产业结构的高度化。

（1）产值结构

如果从系统的角度观察产业结构，则该系统的输出就是产业结构的产出，这些产出的构成及其相互间的关系就构成了产出结构，因而产出结构是观察产业结构的一个重要视角；而产值结构则是产出结构在一定价格体系中的表象，所以，可以选取产值结构这个指标来衡量产业结构的高度化。

要注意的是，在利用产值结构对产业结构的高度化进行分析时，若产业结构系统所处的价格体系中各产业产出的比价是不合理的，其所反映的产出结构则是扭曲的，从而在衡量产业结构高度化时就会导致严重的误差。如在我国计划经济体制时期，实行的是农业产品"剪刀差"的价格体系，在此背景下，就会出现工业产值比重较大的假象，不能真正地反映出当时的产业结构高度化程度。

（2）劳动力结构

在劳动力能够自由流动的商品社会里，人们为了获得更高的收入，一般会趋向于收入较高的产业。劳动力在不同产业间的分布，就形成了劳动力结构。较之产值结构，采用劳动力结构来反映产业结构更为直观和更易于观察。

但是，通过劳动力结构来观察产业结构及其高度化，也有一些需要注意的地方。首先，劳动力只是产业结构系统的诸多投入要素之一，它只有和其他要素相结合才能发挥作用。因此，从理论上讲，仅从劳动力要素一个方面来观察产业结构，继而衡量其高度化，具有片面性。其次，不同的劳动力具有异质性。马克思就曾指出，人类的劳动存在简单劳动和复杂劳动之别，而不同质的劳动在生产活动中所发挥的作用是不同的。最后，劳动力要素市场的充分流动性也是值得考虑的问题之一。如果劳动力要素不能自由流动，那么一个产业的劳动力雇佣人数，就不能真实反映该产业对劳动力要素的需求。

2. 相似性系数法

这是以某一参照国的产业结构为标准，通过相似性系数的计算，将本国产业结构与参照国产业结构进行比较，以确定本国产业结构高度化程度的一种方法。

3. 高新技术产业比重法

产业结构的高度化，在很大程度上表现为高新技术部门的发展和利用高新技术对传统产业的改造。在工业内部，衡量产业结构高度化程度，可以使用高新技术产业比重法。产业结构高度化过程也是传统比重不断降低和高新技术产业比重不断增大的过程，因此，可以采用高新技术部门或知识密集型产业所占比重指标，从纵向或横向进行比较，分析产业结构高度化的状况和趋势。通过横向比较来衡量发展中国家与发达国家的差距，通过纵向比较来测度工业结构高度化的发展。

衡量资本密集和劳动密集程度通常采用如下指标：

资本－劳动力比率（即有机构成），该指标提高表示产业技术水平相对提高，其产业结构趋向高度化；资本产出比率（即资本系数或加速系数），该系数降低表示经济中各产业的资金使用效率提高，产业结构趋向优化升级；产出－劳动力比率（即劳动生产率），该指标提高表示结构趋向高级化。

衡量技术密集度的指标通常有：R&D 费用/销售额；从事 R&D 活动的科学家、工程技术人员/就业总人数；R&D 费用/从事 R&D 人员数。经济合作与发展组织（OECD）根据 R&D 占销售收入比重来定义技术密集程度并制定了高新技术部门的标准。

四、产业结构优化的路径

一般来说，产业结构优化遵循两条路线：

内向型优化。它是指主要依赖国内市场，根据产业结构合理化的要求来消除本国各产业之间发展的不协调，促进社会供求结构的平衡，并根据本国产业发展的内在要求，沿着产业结构升级的线路，推进产业的质的提升，以实现本国经济的可持续发展。

外向型优化。它是借助国外市场和国外环境，从国际比较优势和产业国际竞争优势的角度出发，优化本国产业在世界产业分工体系中的位置，推动本国产业经济系统和世界产业经济系统的发展，形成良性互动的作用机制。

一国在产业结构的内向型优化和外向型优化的共同作用下，产业结构向基于全球产业经济体系的合理化、高度化和高效化目标逼近。但经济发展在不同阶段选择的不同的结构优化主体模式，将决定一国经济发展的水平和产业结构的高度。

(一) 内向型优化路径

内向型产业结构优化路径是嵌入式"国内价值链"模式，是指一国产业经济系统在国内市场导向下，内部各相互关联的产业协调互动，实现本国产业结构合理化、高度化和高效化，并最终实现一国经济可持续发展的过程。内向型产业优化注重于满足国内市场需求，开发国内高端市场和客户，依靠国内市场提高企业创新能力、产业升级优化能力。内向型优化路径实际就是依赖国内价值链，提升本国产业结构的一种自主升级模式。这种升级模式抗波动能力强，自身可以组成一个循环体系，并形成完整的产业配套。

内向型产业结构优化强调本国市场和产业之间的相互匹配，强调通过国内产业之间的互动来推动本国经济的可持续发展。它的主要功能有：

强化技术扩散效应。内向型产业结构优化强调一国国内各个产业发展的技术保持匹配，继而推动产业结构的合理化。此外，内向型优化还将通过国内投资的调节和就业结构的调整，推动国内产业之间在发展中的协调。

强化产业集聚功能。内向型优化将通过国家投资政策鼓励、产业布局引导等政策方式以及市场的自发作用规律，推动国内产业集聚，进而提升国内产业的素质。

提升产业的同度化。内向型优化将通过国内需求的引导，推动国内主导产业的选择和更替，并通过技术创新的作用，提高产业的知识化水平，推动国内三次产业结构间比例的变动。

(二) 外向型优化路径

当一国国内需求并不旺盛，而企业有多余的供给能力时，外向型优化机制就成为大多数发展中国家提升产业结构的选择。外向型产业结构优化能推动一国产业经济系统融入世界产业分工体系，分享全球资源和市场，获得更大的成长空间。外向型产业结构优化也叫嵌入式全球价值链模式，是指从国际经济合作中的比较优势及竞争优势出发，把握经济全球化和知识经济时代产业升级的基本趋势及规律，主动将本国产业体系融入世界产业体系中，形成开放型的产业经济体系，改造和提升自身的要素禀赋，以开放促发展，扩大本国比较优势和竞争优势，并最终提升本国产业国际竞争力的过程和结果。

外向型优化在产业机构合理化方面的作用方式是通过推动本国产业产出与世界产业市场保持协调、现代技术在本国产业中的应用以及市场机制的配置作用，将产业资源配置到与世界市场需求相协调的产业中。在产业结构高度化方面，外向型产业结构优化采取的方式是依托世界资源和市场，通过对外合作来加快一国新兴产业的发展和主导产业更迭的步伐，或采取跨越式发展战略直接进入下一阶段的发展，借助世界产业分工格局变动的机会，积极引进新兴产业以推动本国产业结构的高度化演进。

五、产业结构优化的策略

（一）产业空间转移

产业的空间转移是由于资源供给或产品需求条件发生变化后空间的转移，既包括产业从一国国内的一个地区转移至另一个地区，也包括产业从一个国家转移至另一个国家。通常我们所指的产业空间转移更多地是指产业的国际转移。国际产业转移主要是通过要素在产业和区域间的流动，常常以相关国家的投资、贸易以及技术转移活动等形式来实现。它往往开始于劳动密集型产业，然后演进到资本、技术密集型产业，或先由发达国家转移到次发达国家，再转移到发展中国家和地区。国际产业转移是产业结构升级的结果，也是推动产业结构升级的重要手段。一国国内的产业空间转移一般是市场扩张的需要,是产业结构调整的需要和追求经营资源的边际效益最大化以及企业成长的需要。

(二) 产品升级换代

产品是产业形成的基础,产品的升级换代是产业发展和优化的一个重要标志。产业结构调整和优化不仅仅要考察产业层面,更应该深入到产品层面中去。产品升级通过引进新产品或改进已有产品,提高单位产品的附加值,如提升质量、降低定价、增强差异化、缩短新产品上市时间等,用以提高自身竞争能力。产品升级属于产业内的产品结构优化,是产业升级的基础,是实现产业结构优化升级的策略之一。

产品升级首先是进行产品技术升级,即改变在短缺经济时代只追求产品数量的做法,而转向注重产品的质量,实现产品从劳动密集型向资本或技术密集型转变。为了实现产品升级,必须通过创新设计、更新设备、进行技术改造,进行生产工艺、生产手段的升级换代。其次是品牌的升级。若想延伸产业的价值链和生产链,关键的一点是注重品牌的培育。在现代市场条件下,市场竞争已初步由产品竞争过渡到资本竞争,再到品牌竞争。品牌竞争日益成为市场经济的主体性竞争形态。特别是传统产业的升级。面对全球化竞争必须重视品牌经营,否则必将在国际市场上逐渐处于弱势地位,最终成为国外品牌的廉价加工厂。再次是功能升级,即从简单的组装发展到"原始设备制造商",到"原始设计制造商",再发展到"原始品牌制造商"。

(三) 产业链条位置升级

产业链条位置升级是指在同一条产业价值链曲线上,一国产业的变动。可用"微笑曲线"来表示产业链条位置的高低。产业链条位置升级通常指产业从价值链低端向高端演进的过程。如图5-1所示,价值链两端分别是产品研发和销售服务,往往代表附加价值较高的部门,一般表示拥有较高的技术水平和较高的利润率。这部分通常为发达国家所占据;而中间部分加工组装环节则通常是技术水平较低、利润率也较低的部门,发展中国家往往处于这个位置,因此在全球价值链中,发展中国家处于被动地位。微笑曲线告诉我们,全球价值链中利润高的环节集中在研究与开发、设计、品牌、营销等"非生产性"环节当中。因此,应该加快产业的升级和转型,尽快在全球产业链分工的微笑曲线中占据有利位置。

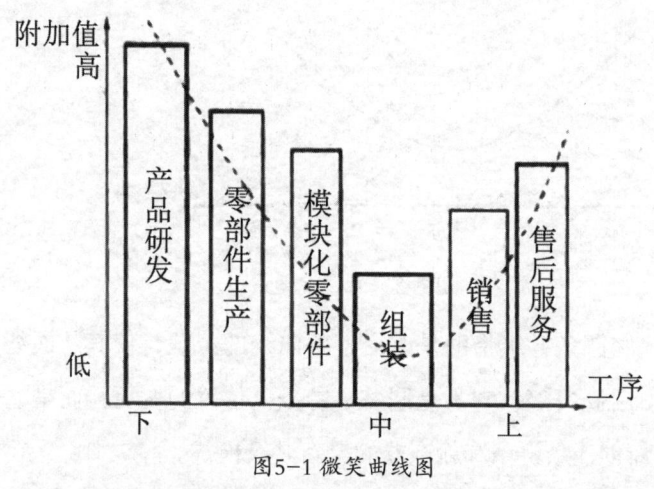

图5-1 微笑曲线图

(四)"跨越式"链条升级

"跨越式"链条升级也叫产业间优化升级,是从一条产业链条转换到另外一条产业链条的升级方式,这种转换一般都来源于突破性创新。

如图5-2是由三组曲线共同构成的产业微笑曲线图,它是不同行业附加价值的体现。曲线 aa' 代表一般制造业,bb' 代表中等技术密集型产业,cc' 表示高新技术产业。曲线位置的高低、曲线的弯曲度决定了不同产业的技术水平和高度化水平。一般来说,曲线位置越高、曲线的弯曲度越大,表明该曲线所代表的产业是高技术或资本密集型的产业。由图可以看出,位于弯曲曲线中段的动点 A_2、B_2、C_2 是三条曲线中附加价值最低的部分,越往两端走,所包含的价值越高。即左端动点 A_1、B_1、C_1 与右端动点 A_3、B_3、C_3,拥有较高的附加价值。

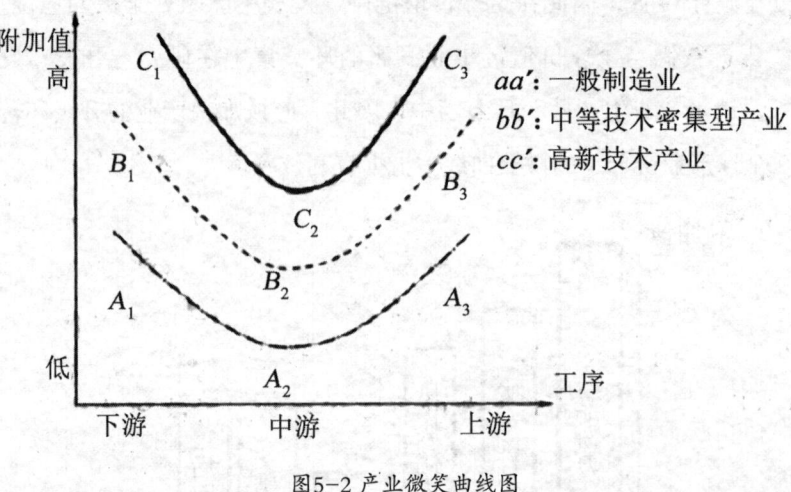

图5-2 产业微笑曲线图

"跨越式"链条升级指的是改变整条曲线的位置,使其从曲线 a 向曲线 b 再向曲线 c 跳跃升级。它不是同一个链条上位置的变更,而是完全突破原有链条,重新创建新链条和新产业的全新升级模式。

第二节 主导产业选择

一、主导产业的概念

(一) 主导产业的概念和特征

主导产业,是指在经济发展过程中,或在工业化的不同阶段上出现的一些影响全局的在国民经济中居于主导地位的产业部门。这些产业部门因其利用新技术方面的特殊能力而具有很高的增长率,而且它们在整个国民经济发展中具有较强的前后向关联性,因此这些产业部门的发展能够带动国民经济的其他产业部门,从而带动整个经济增长。主导产业具有如下特征:

1. 多层次性

由于发展中国家在优化产业结构的过程中,既要解决产业结构的合理化问题，又要解决产业结构的高级化问题，实现目标是多重的，所以处于战略地位的主导产业群就呈现出多层次的特点。

2. 综合性

由于发展中国家在经济发展中面临的问题是多样的，各产业部门在为发展目标服务时，其作用既各有侧重又互为补充，主要取决于产业部门的特性。部门特性的差异及面临问题的多样性，要求在选择主导产业时综合考虑多种因素，这就决定了主导产业群的综合性。

产业部门的特性主要表现在以下几个方面：

（1）增长特性，即某产业部门的发展对国民经济增长的贡献大小。

（2）关联特性，即某产业部门在整个产业链条中是属于推动型，还是属于诱导型。

（3）需求特性，即某产业部门是服务于最终需求，还是服务于中间需求；是对积累贡献大，还是对消费贡献大。

（4）资源特性，即某产业部门所体现的各种资源的密集程度。

3. 序列更替性

经济发展的阶段性也决定了主导产业群的序列更替性。特定时期的主导产业，是在具体条件下选择的结果。一旦条件变化，原有的主导产业群对经济的带动作用就会弱化、消失，进而为新的主导产业群所替代。

从经济发展的中短期考虑，由于"瓶颈"作用和"瓶颈"的更替性，主导产业群的选择也要具有序列更替性。不同发展阶段上的主导产业群，既存在替代关系，又存在相互作用。不同阶段的主导产业群的选择并不是随机的，前一主导产业群为后一主导产业群的发展奠定基础。

在此，我们不能把基础产业纳入主导产业，或是把支柱产业等同于主导产业。

基础产业和主导产业是对产业结构从不同角度、不同层次进行划分、考察所得出的不同概念。基础产业是支撑一国或一个地区经济运行的基础部门，它决定着工业、农业、商业等直接生产活动的发展水平。一个国家或地区的基础产业越发达，其经济运行就越顺畅、越有效，人民生活就越便利。一般而言，基础产业是经济社会活动的基础工业和基础设施，前者包括能源工业和基本原材料工业，后者包括交通运输、邮电通讯、港口、机场、桥梁等公共设施。从广义上看，基础产业还应当包括一些提供无形产品或服务的部门，如科学、文化、教育、卫生、法律等部门，有时还特别强调农业是国民经济的基础。主导产业，则是指在产业发展中处于技术领先地位的产业，它代表产业结构演变的基本方向或趋势，对整个国民经济发展具有明显的促进作用，能带动整个产业结构走向高级化。

主导产业与支柱产业有发展程度的差别。支柱产业是指在国民经济中所占比重最大、具有稳定而广泛的资源和产品市场的产业，支柱产业构成一个国家或地区产业体系的主体，提供大部分的国民收入，因而是整个国民经济的支柱。支柱产业的构成及其技术水平决定了产业结构在演变过程中所处的阶段。而主导产业是在一个国家或地区的产业体系中处于技术领先地位的产业，它代表产业结构演变的方向或趋势，是支柱产业发展的前期形态。主导产业的选择主要侧重于国民经济和产业结构的长期目标，强调创新、未来的发展优势和带动效应，而支柱产业的选择则注重于短期或中期目标，注重现实的经济效益，在于培育国民经济增长的主力产业。主导产业在当前经济中可能是影响较小的产业，其资源利用效率可能较低，投入产出比率也可能不尽如人意；而支柱产业则必定是在现实经济中占有较大份额、对国民经济的贡献率较大、投入产出比较好的产业。两者在时间上一般呈现为后者对前者的继起，前一时期的主导产业成为后一时期的支柱产业，而在新的时期又会有另外一些产业替代原来的主导产业。

（二）主导产业与非主导产业的关系

主导产业并不是孤立存在的，它与其他产业部门之间存在着相互促进、相互影响、相互依赖、相互制约的关系。随着技术和经济的发展，各产业部门之间的关系会越来越广泛，越来越复杂。每个产业部门既是其他产业部门存在和发展的一个条件，其自身发展也要受其他产业部门的制约。每个产业部门都需要其他产业提供的产品作为自己的劳动手段、劳动对象和劳动者的生活资料，同时也必须把本部门的产品提供给其他部门使用。因此，各产业部门之间就形成了经常的、大量的、相互交替的技术经济联系。作为国民经济产业部门之一的主导产业，它不能脱离其他部门而独立发展，必须与其他产业部门保持协调发展。

要使包括主导产业在内的各产业协调发展，必须搞清楚各产业部门之间的联系及其联系方式。根据各产业前向联系和后向联系程度的差异对产业部门在国民经济结构中所处的地位和所起的作用进行划分，产业部门可以分为以下四种：

1. 中间需求型产业

部门前向联系和后向联系程度均较高的产业，或中间投入率、中间需求率均较高的产业部门，在社会生产过程中既显著依赖其他部门的投入，又依赖其他部门对本部门中间产品的需求。此类产业部门的产业联系性质属于中间需求型产业。

2. 中间需求型基础产业

部门后向联系水平低、前向联系水平高或中间投入率低、中间需求率高，则表明该产业部门的生产过程对其他部门的投入依赖较低，但却显著依赖于其他产业部门生产过程对该部门中间产品的需求。该产业被称为中间需求型基础产业。

3. 最终需求型产业

后向联系程度高、前向联系程度低或中间投入率高、中间需求率低。这类产业部门的产业联系特点是：显著依赖其他部门中间产品对本部门生产过程的投入，但本部门产品的大多数用于非生产消费，即构成社会最终产品。故这类产业的发展主要依赖其他部门的中间投入量和社会最终产品的需求量，因此称为最终需求型产业。

4. 最终需求型基础产业

前向联系程度和后向联系程度均较低，或中间投入率和中间产业率均较低的产业部门。这类部门产业联系的特点是：生产过程既不显著依赖其他部门的投入，又不显著依赖其他部门的需求。这类产业的产出主要用于最终产品需求，其增长过程不以其他部门有效供给量的增长为前提，因此称为最终需求型基础产业。

根据前向、后向联系的程度对国民经济各产业部门的联系方式进行分类，产业的联系方式主要有以下两种：

1. 基础产业和非基础产业间的联系方式

根据部门后向联系程度或中间投入率的高低.可将国民经济各产业部门划分为基础产业和非基础产业两大类。后向联系程度高或中间投入率高的为基础产业，反之为非基础产业。在国民经济运行中，基础产业部门不以非基础产业的中间产品为基本增长条件，但为非基础产业的发展提供必不可少的投入。因而基础产业和非基础产业间联系方式的基本特征是基础产业应超前发展。

2. 上游产业、中游产业、下游产业的联系方式

所谓上游产业、中游产业、下游产业，是根据各产业部门对资源进行加工的顺序而做出的形象概括。上游产业即中间产品供给型基础产业，中游产业即中间产品供给型产业，下游产业即最终产品供给型产业。上游、中游、下游产业联系的基本特征是：上游产业为中游产业提供初级原料品，中游产业为下游产业提供再加工的原材料。

从世界各国的工业化经验看，在工业化初期，一般是下游产业得到优先发展，在工业化中期或较完整的产业结构形成期，由于部门间联系水平提高，资源加工深度提高，加上技术进步因素的影响，上游产业、中游产业在国民经济中的地位趋向下降。但这种下降趋向并不能等同于工业化初期上游、中游产业的发展不足，而是上游、中游产业生产过剩和生产能力闲置。由此可见，在工业化中期，上游产业和中游产业的发展是从有效供给不足转向过剩的关键时期。世界各国的工业化经验还表明，对于一个不发达国家，特别是人口规模较大的国家来说，在工业化中期，必须认真解

决上游产业和中游产业生产能力不足、产品供给不足的"瓶颈"约束问题。

二、主导产业的选择基准

主导产业是经济发展的驱动轮，整个经济和其他各产业部门只有在它的带动下才能高速增长。同时，主导产业也是形成合理和有效的产业结构的契机，产业结构必须以它为核心才能快速向高级化推进。正因为如此，正确选择主导产业就成了各国促进产业结构发展的重要课题。选择主导产业，首先涉及的就是选择标准问题，即主导产业的选择基准。人们已经提出的基准有很多，较常提到的有以下几类基准：

（一）赫希曼基准

赫希曼基准是美国发展经济学家艾伯特·赫希曼在其名著《经济发展战略》中，提出的选择主导产业的基准。赫希曼根据发展中国家的经验指出，在产业关联链中，必然存在一个与其前向产业和后向产业在投入产出关系中产业关联度最高的产业，这个产业的发展对其前、后向产业的发展有较大的促进作用。这种产业可作为主导产业的选择对象。产业关联度，即产业对整个国民经济的影响程度，有方向和大小之分，即前向关联度和后向关联度。在进行主导产业选择研究时，主要利用投入产出法中的感应度系数和影响力系数来衡量、分析和反映产业关联强度。

感应度系数衡量前向关联度的大小，是指国民经济各部门每生产一个单位最终产品时，某一个部门因此而受到的需求感应程度，也就是需要该部门为其他部门生产而提供的产出量。感应度系数大于1，表示该部门所受到的感应程度高于社会平均感应水平（即各部门所受感应的平均值），感应度系数越大，表示该部门受到的需求感应程度越大。

影响力系数衡量后向关联度的大小，是指某个部门生产一个最终产品时，对国民经济各个部门所产生的生产需求波及程度。影响力系数大于1，则表示该部门生产对其他部门所产生的影响程度超过社会平均影响力水平

（即各部门所产生的波及影响的平均值），影响力系数越大，该部门对其他部门的需求拉动作用越大。

根据赫希曼基准，主导产业应选择具有较大感应度系数和影响力系数的产业，即"双高"产业，只有感应度系数和影响力系数比较大的产业才能带动其他产业的发展。

（二）罗斯托基准

美国经济学家罗斯托在《从起飞进入持续增长的经济学》中将主导产业部门在经济起飞中的作用概括为三个方面：

1. 后向联系效应，即新部门处于高速增长时期，会对原材料和机器产生新的投入需求，从而带动一批工业部门的迅速发展。

2. 旁侧效应，即主导部门会引起周围的一系列变化，这些变化趋向于更广泛地推进工业化。

3. 前向联系效应，即主导部门通过增加有效供给促进经济发展。例如，降低其他工业部门的中间投入成本，为其他部门提供新产品、新服务等。

可见，罗斯托基准是依据产业部门间供给和需求的联系程度来确定主导产业部门的。

赫希曼基准和罗斯托基准都是依据产业间的关联度大小来确定主导产业部门的，它们的着眼点都在于主导产业的带动或推进作用。因此，也有人把这两个基准合称为产业关联度基准。

（三）筱原基准

筱原基准是20世纪50年代中期日本产业经济学家筱原三代平在其论文《产业结构与投资分配》中提出的基准。筱原基准包括"收入弹性基准"和"生产率上升率基准"两个方面：

1. 收入弹性基准。收入弹性基准是指从社会需求来看，使产业结构与随着国民收入增长而增长的需求结构相适应的原则。收入弹性，又称需求收入弹性，是在价格不变的前提下某产业的产品（或某一商品）需求的增加率和人均国民收入的增加率之比，反映了该产业的产品社会需求随着国民收入的增长而增长的趋势。收入弹性相对高的产品，其社会需求也相对高。应优先发展收入弹性高的产业和产品，因为产品收入弹性高的产业部门，有着广阔的市场，而广阔的市场正是产业进一步发展的先决条件。

2.生产率上升率基准。一般而言，技术进步是造成生产率上升的主要原因。在技术上首先出现突破性进展的产业部门常常会迅速地增长和发展，能保持较高的生产率上升率，所创造的国民收入比重也随之增加。因此，生产率上升率基准就具体表现为技术进步率基准。这个基准反映了主导产业迅速、有效地吸收技术水平的特征。优先发展生产率上升快的产业，不仅有利于技术进步，还有利于提高整个经济资源的使用效率。

筱原基准从供需两个方面对主导产业的选择加以界定，其内容存在着互补关系，是一个有机的统一体。

（四）环境和劳动内容基准

1971年，日本产业结构审议会提出，在筱原基准之外，再增加"环境基准"和"劳动内容"两条基准。环境基准是指选择污染少，不会造成过度集中问题的产业优先发展；劳动内容基准是指那些能提供安全、舒适和稳定劳动岗位的产业优先发展。当时日本的环境问题变得日益严重，环境和劳动内容基准的提出，是为了实现经济与社会、环境协调发展的目标。

（五）比较优势基准

比较优势理论由李嘉图提出，我国学者将其拓展到主导产业选择基准研究上。地区主导产业必须建立在地区经济优势的基础上，这种经济优势是同其他相关地区的比较而言的。许多发展中国家选择传统产业并非放弃了筱原基准.而是由于某些传统产业具有比较优势，比较经济优势可以用比较优势系数来表示，它是比较集中率系数、比较输出率系数、比较生产率系数、比较利税率系数的乘积。

当构成比较优势系数的4个因素系数均大于1时，比较优势系数必然大于1；如果4个因素系数都小于1，则比较优势系数必然小于1。显然，作为地区主导产业的候选产业，其比较优势系数值必须大于1，否则，不应予以考虑。当地区内不同产业进行比较时，我们可以按比较优势系数值大小排序，无疑应优先选择比较优势系数值大的产业作为主导产业。

（六）产业协调状态最佳基准

产业协调是优化产业结构的结果，是产业结构合理的表现，是产业结构效率高的源泉。产业结构的协调是整个产业作为整体活动的协调，包括生产、技术、利益、分配等各个方面的协调。当一个国家或地区各个产业部门处于协调状态时，就会使社会的产业在整体结构上产生 1+1>2 的效果，形成较高的结构生产率和较强的产业配合力，提高产业的经济效益和在产业运动中创造更多的财富，促进社会经济的持续、快速、健康发展。在产业结构运动中，一个产业部门越具有这种功能，在产业结构中的协调性功能就越强，就越有机会成为国民经济的主导部门。

三、主导产业群体及其更替

通过产业部门之间的联系，相关产业组合成一个群体。主导产业实际上也以一个群体出现，主导产业对国民经济的带动作用正是主导产业群整体作用的结果。而且，类似于技术进步和社会供求关系的发展都存在由低到高和由简单到复杂的演变顺序，主导产业群的替代也存在严格的演变顺序。虽然各个经济体具体情况不同和所处的工业化、现代化的历史阶段有所不同，每个演变顺序中的各个环节的时间长短也有明显差别，但主导产业群的演变顺序是由先前的主导产业群向新兴的主导产业群演变。从近代第一次产业革命以来，世界经济的发展总共经历了五次主导产业群的更替，每次更替的主导产业部门都不相同，可归纳为下表。

第五章 产业结构优化与升级

表 主导产业发展的五个历史阶段

阶段	主导产业部门	主导产业群体或综合体
第一阶段	棉纺工业（第一次产业革命）	纺织工业、冶炼工业、采煤工业、早期制造业和交通运输业
第二阶段	钢铁工业、铁路修建业（第一次产业革命成果的延伸应用）	钢铁、采煤、造船、纺织、机器制造、铁路运输、轮船运输等
第三阶段	电力、汽车、化工和钢铁工业（第二次产业革命）	电力、电器、机械制造、化工、汽车等
第四阶段	汽车、石化、钢铁和耐用消费品	耐用消费品、宇航工业、计算机工业、原子能、合成材料等
第五阶段	信息产业（第三次科技革命和高新技术产业化）	新材料工业、新能源工业、生物工程、宇航工业等

主导产业及其群体的更替说明，在产业发展中，主导产业及其群体的历史演进是一个由低级到高级、由简单到复杂、产业总量由小到大的渐进过程。在这个过程中，由于主体需要的满足和主体发展中不同阶段的不可逾越性，以及社会生产力发展中不同技术阶段衔接的不可间断性，决定了发展中国家在选择和确定主导产业及主导产业群体、进行主导产业及主导产业群体的建设时，一方面必须循序渐进，但某些领域可以"跳跃式"发展，另一方面可以兼收并蓄，综合几次主导产业及其群体的优势，缩短产业建设高级化的时间，在起点低、起步晚的情况下，用较短时间走完产业结构高度化所历经的近250年左右的路程，实现产业及其群体的高级化和合理化，实现经济社会的现代化。

第三节　产业价值链优化

一、产业链与产业价值链

（一）产业链的概念

产业链的思想可以追溯到 18 世纪中后期的古典主流经济学家对劳动分工的研究。赫希曼于 1958 年在《经济发展战略》一书中从产业的前向联系和后向联系的角度论述了产业链的概念。最早提出"产业链"一词的是我国学者傅国华，他在 1990—1993 年从事海南热带农业发展课题研究时，受到海南热带农业发展成功经验的启迪，提出了热带农产品产业链，促进海南热带农业发展的观点。产业链是一种产业组织形式，描述的是厂商内部和厂商之间为生产最终交易的产品或服务所经历的增加价值的活动过程，它涵盖了商品或服务在创造过程中所经历的从原材料到最终消费品的所有阶段。

（二）价值链的含义

波特在研究企业竞争优势时，首次提出价值链的概念，即"每一个企业都是用来进行设计、生产、营销、交货以及对产品起辅助作用的各种活动的集合，所有这些活动都可以用价值链表示"。基本的价值链包括企业基础设施、人力资源管理、技术开发和采购四种辅助活动以及内部后勤、生产经营、外部后勤、市场营销和服务五种基本活动，每一个企业的价值链都是由以独特方式连接在一起的这九种基本的活动类别构成的。同一产业内的企业有相似的价值链，但是，因为每一个企业的价值创造环节的重要性不同，从而构成企业各自的潜在或特有的竞争优势。同时企业价值链还体现在价值系统的更广泛的系列活动中，即供应商价值链、企业价值链、渠道价值链和买方价值链构成的价值系统。企业之间的竞争不只是某个环节的竞争，而是整个价值链的竞争。价值链在经济活动中无处不在，企业内部各业务单元的联系构成了企业的价值链，上下游关联的企业与企业之间存在产业价值链。

（三）产业价值链的含义

产业价值链是产业链背后所蕴藏的价值组织及创造的结构形式，产业价值链代表了产业链的价值属性，决定产业链的经营战略和竞争优势。产业价值链的形成有效地实现整个产业链的价值，反映价值的转移和创造。如果说产业链描述了产业内各类企业的职能定位及其相互关系，说明产业市场的结构形态，那么，产业价值链的概念则更加突出了"创造价值"这一最终目标，描述了价值在产业链中的传递、转移和增值过程。产业价值链的形成正是在产业链的结构下遵循价值的发现和再创造过程，充分整合产业链中各企业的价值链，持续地对产业链价值系统进行设计和再设计。

产业价值链的主要特征是：

1.构成产业价值链的各个组成部分是一个有机的整体，相互联动、相互制约、相互依存。每个环节都是由大量的同类企业构成，上游环节和下游环节之间存在着大量的信息、物质、资金方面的交换关系，是一个价值递增过程。

2.增值性是产业价值链的一个主要特征。

3.产业价值链具有循环性的特点。价值增值实现的过程是一个不断循环的过程。

4.产业价值链的各个环节技术关联性强且在技术上具有层次性。

5.产业价值链的各个环节存在着增加值与盈利水平的差异性。

6.产业价值链的各个环节对要素条件的需求存在差异性。不同的环节，对于技术、人力、资本、规模等要求不同，因而具有不同的区位偏好。

根据波特的价值理论，把产业价值链描述为：某一行业中从最初原材料到初步加工、再从精加工到最终产品以及到达消费者手中为止的整个过程中价值的分布和关联。产业价值链实质上是产业链的价值的转移和创造，它反映了产业链更深层的价值含义。

产业价值链存在两维属性：结构属性和价值属性。从结构属性上看，产业价值链是指一种产品的"生产—流通—消费"全过程所涉及的各个相关环节和组织载体构成的一个网络状链式结构，可简称产业链。从价值属性上看，产业价值链是在此产业链中大量存在着上下游关系和相互价值的交换，上游环节向下游环节输送产品或服务，下游环节向上游环节反馈信息的过程。从现代工业的产业价值链环节来看，一个完整的产业价值链包括原材料加工、中间产品生产、制成品组装、销售、服务等多个环节，不同环节上有不同的参与角色，发挥着不同的作用，并获得相应的利益。产业价值链上各个环节的活动都直接影响整个产业的价值活动，而每个环节又包括众多类似的企业，它们的价值创造活动具有相似性。

产业链、价值链和产业价值链三者互为关系。产业价值链代表了产业链的价值属性，它是由产业链内各个企业的价值链整合而成。产业链是一个产业成长发展的必然产物。产业链是随着该产业的形成而自然形成的，因此，根据产业的特性不同，不同的产业链具有不同的价值链，其产业价值链构成往往存在差异性，而且处于动态变化之中。

二、产业链分工

产业链是产业活动的一种分工。随着技术的进步、市场规模的扩大以及需求的多样化，原来由企业承担的部分职能开始发生分离，企业所承担的职能越来越趋向于专业化。随着各个环节从事同一分工的企业不断增多，随之形成的产业纵向分工也越来越细。比较典型的是，伴随着信息技术的发展以及全球市场的形成，企业的纵向分离、外包、外购中间产品或中间服务开始大量出现。此时，单个企业的生产不仅受到自身能力的制约，还受到上下游企业的制约。随着产业中分工的不断深化和演变，企业之间的关系也不断演变，既有相互之间的合作与互补，也有相互竞争和制约，产业链的雏形就显现出来了。产业链就是一种以收益递增为特征的纵向产业内分工和以比较优势为特征的横向产业间分工为主导且相互交织的产业组织形式。因此，分工的深化是产业链发展和市场扩大的过程，这个过程表现为"迂回生产"的延伸和价值链的拉长。分工所带来的产业链结构中新增的节点或中间环节，既是价值的新增长点，也为技术进步和经济增长提供了更大的空间。

市场容量和产业链的联结密度是产业链分工变化的直接原因。在产业发展的过程中，分工之所以能够不断进步，是因为产业链所属空间的联结密度的恒定增加和市场容量的扩大。市场容量大，分工未必发展。市场容量只是分工的一个附加因素。只有产业链所属空间的联结密度在同样的时间、同样的程度上不断增加的时候，市场容量的增加才能促进劳动分工的发展。

三、产业链整合

（一）产业链整合的含义

产业链整合是指企业把主要精力放在提升核心竞争力上，其他非核心业务则由产业链上其他企业协作完成，利用企业外部资源快速响应市场需求。只要是产业链上的企业能够直接或间接控制链上其他企业的决策，使之产生期望的协作行为，就视为产生了某种程度的"整合"。产业链整合有助于链上各成员提升企业核心竞争力，改善企业绩效。在变化的环境中，产业链整合成为更新企业能力的战略工具。

（二）产业链整合的模式

产业链整合通常是围绕主导企业进行的，整合目标是产业链上企业产生协同运作的效果。在进行整合的过程中要以信息共享为基础，并且实现风险、成本和利益共担。产业链包含纵向的链状形态和横向的行业形态两个维度。

1. 产业链的纵向整合

产业链的纵向整合就是对产业链纵向形态上的战略性资源进行整理、协同、综合、系统化、集成和融合，形成对战略性资源和能力的有效控制，是培育核心竞争力，保持竞争优势的战略性行为。产业链纵向整合的目的是通过确定产业链各环节创造价值的大小及其重要性，识别产业链的关键环节和主导环节，占据产业链发展的优势地位，实现对整个产业链资源的控制和优化。其表现通常是产业链的延伸和拓展，以及产业链的接通。产业链中主导企业通过多种途径将其生产经营业务分别向上下游的相关部门延伸，逐渐掌握和控制产业链的关键环节。产业链纵向整合的方式有纵向合并和纵向约束两种。

纵向合并就是企业将产业链上存在上下游关系的企业合并，组合成新的企业整体。通常将产业链下游合并称为前向合并，目的是获得生产经营所需的原材料的投入；将产业链上游合并称为后向合并，目的是提高产品需求的稳定性。

这种方式最大的优点就是节约了交易成本，尤其是在专用性资产投资的情况下，资产的专用性越强，所带来的投资沉淀成本就越高，供应商和重复购买者就有强烈的合并动机来避免沉淀资本投资所带来的潜在损失。当然，通过纵向合并，新的企业整体会在市场获得更多的谈判优势和议价优势，或者至少避免了谈判劣势。纵向合并将原来多个企业的市场分工转变成一个新企业的内部分工，并没有影响产业价值链的增值方式。

当然，也可以产业链的某一环节为中心沿双向进行产业链整合，只不过整合的方向取决于相对于该环节的位置而已，因此，后向或前向合并的划分并不是绝对的。

纵向约束是指产业链上的企业可以通过对上下游企业施加约束，比如主导企业通过技术控制、资本控制和渗透、契约约束等机制使得其他企业接受一体化合约，通过价格或产量控制实现纵向上产业链垄断利润的最大化。纵向约束与产业链横向整合中的横向战略联盟有着本质上的相似之处。

按照产业链各环节整合控制的紧密程度,纵向约束可分为紧密型约束和松散型约束。

产业链各环节之间的联系密切,关联程度高,相互之间的影响大,主导企业的控制能力强,则为紧密型约束;反之,产业链各环节之间的联系较少,关联程度较低,相互影响也较小,主导企业的控制能力较弱,则为松散型约束。紧密型约束对产业链的控制能力和支配能力强,能够更好地统筹、协调产业链的资源配置和运行,通常是对关键技术环节的整合,代表了产业链的核心竞争力。松散型约束对产业链的控制和资源配置能力较弱,一般用来整合相关的非核心的业务。

2.产业链的横向整合

产业链的横向整合围绕产业链上的主导环节或关键环节展开,主要是为了增加产业链的"宽度",扩大产业链环节的规模,增强核心企业实力;在增强主导环节或关键环节核心竞争力的同时,也提高薄弱环节能力,提升整体产业链的竞争力和运行的稳定性。产业链横向整合的目的主要是整合企业各项技能、提升企业核心能力、扩大企业规模、提升企业规模竞争优势、提高企业市场占有份额、避免行业内的散乱竞争。

产业链横向整合的方式主要有整合企业能力、建立衡量企业联盟,以及进行横向合并三种。

第一,整合企业能力。企业能力是指企业通过资源配置发挥其生产、竞争作用的能力,来源于企业生产、制造、技术、销售、资金、管理等有形资源和无形资源以及组织资源的整合。因而对产业链上的关键企业能力进行整合,就是促使其形成核心竞争力,增强自身以及所在产业链环节的持续竞争优势。对企业能力进行整合可以从强化制度管理、建立企业信息管理系统、实施业务流程再造、培养良好的企业文化氛围等方面入手。

第二,建立横向企业联盟。建立横向企业联盟主要是为了提高链环的市场势力,在保持各企业独立自主性的前提下,以一致的战略目标和合作协议为约束实现联盟,提高对市场价格调整的控制力,便于联盟获得更高的垄断利润。但由于联盟内部企业之间存在信息不对称和囚徒博弈困境，使得联盟的长期稳定性不容易维持。常见的横向企业联盟方式为价格联盟。价格联盟是链环上的企业通过共同协议对价格予以控制以达到提高利润的目的，但这种方式很容易带来消费者福利和社会福利的损失，存在一定的市场风险。

第三，进行横向合并。通过企业横向合并，能提高市场集中度和市场势力，合并后的企业能更好地实现规模经济，促进行业的有效竞争。同时，进行横向合并，提高产业市场集中度也有助于在位厂商，或者与其他在位厂商联合构建进入壁垒，阻止潜在进入者的进入，避免产业的过度竞争。常见的横向合并方式有收购、兼并等。

3. 产业链的综合整合

产业链的综合整合是指产业链之间的相互整合，即产业链之间突破单一产业链的限制，相互渗透、相互影响，形成产业之间以及地理空间上的相互融合，构成一个复杂的相互交织的网状组织，从而将产业链的范围进一步扩大，形成产业网。这个产业网无论是地理空间还是产业空间都极大地向外拓展，资本、知识渗透到各个产业中，成为相互联系的纽带。特别是随着产业链整合进程的不断深入，知识、技术成为产业链之间的内在逻辑联系，资本和知识的外溢推动产业链不断地向外扩张，寻求具有可持续发展的资源优势和技术优势，综合利用各种技术、资本、自然资源，建立产业链之间的联系，构建长期可持续发展优势。这种整合着眼于不同性质的产业链间整合，其实质是产业整合，增加了跨产业链整合的难度。因此，需要借助于公共服务平台，通过资本和技术等来整合物流、金融、信息等服务配套产业，实现对产业链的网络化、多功能化的扩展，甚至向其他优势产业转型，避免出现产业链同构造成的恶性竞争与资源浪费。在这个综合整合的过程中，要综合考虑国家的产业政策和产业结构调整，在国家政策的指导下，制定产业链综合整合的战略和措施，在市场机制的主导作用下，进行产业链的综合整合。

四、产业链优化

(一) 产业链优化的含义

产业链优化是指产业链不断运动和变化,从而由低级形态向高级形态转变,由不协调向协调转变,由低效率向高效率转变。产业链是基于产业关联形成的特殊经济系统,产业链优化就是产业链的结构更加合理有效、产业环节之间的联系更加紧密协调,进而不断提高产业链的运行效率和价值实现的转变过程。

现代经济是快速发展中的经济,在经济全球化、贸易自由化和国民收入增加、消费结构不断变化的作用下,市场对各类产品的需求也呈现出多维性、复杂性和可变性,由此决定了作为市场主体的产业链群体内的各个产业部门不断调整自身经济行为,表现为产业链的适应性调整。这些调整包括产业链环节的增删、产业链主体运行路线的改变,以及产业链的空间分布的变更等。产业链优化就是要以这种动态调整为基础,使整个产业链向协调、有序和高效转化。

(二) 产业链优化的内容和途径

根据产业链优化的内涵与目的,优化内容主要体现在三个方面,即产业链延伸、产业链提升和产业链整合,这也是实现产业链优化的主要途径。

1. 产业链延伸

产业链延伸是指产业迂回程度的提高,它是产业结构调整的高度化中所要求的高加工度化的体现,包括三种情形:向前延伸、向后延伸和增加中间环节。通常所说的延伸是产业链的后续产业环节得以增加,或是得以增生扩张以获取追加收益的过程。加工环节的增加,由于追加了劳动、资本和技术,往往可以获得更多的附加价值。产业链的延伸有全国和地方两个层次。从全国宏观层次来看,产业链一般比较完整,构成产业链的环节是经过长期的演变所形成，而一旦形成则不是短期内可以随意改变的，因而可以认为短期内不存在产业链的延伸问题。但从区域层次来看，一定区域内由于受自然、地理、经济等各方面影响，它往往只具有产业链中的一个和几个环节，其他环节没有或相对弱小，因而需要构建完整的产业链条。区域层次内的产业链延伸可以促进地区经济结构的高度化，通过后续产业环节的增加带来本区域的高附加价值化，使产业链的增值保留在本区域之中。

2. 产业链提升

产业链提升是指产业链整体素质的提高，即产业链的各环节向高技术化、高知识化、高资本密集化和高附加价值化的演进。它也是产业结构高度化在产业链中的体现。这是产业链优化中的一个重要方面，对于提高产业链的竞争力至为关键，但在产业链优化中较少提及。实际上，这个优化内容既不同于产业链的延伸（环节多少或路线长短），也不同于产业链整合（环节之间的连接合作、协调合理），而是各个链环的知识含量、技术层次、资本密集程度和附加价值水平的不断提高，其中尤以技术素质至为重要。

3. 产业链整合

产业链整合是产业链环之间的连接、合作与协调，它根据社会资源状况和市场需求状况的变化，在产业链环之间合理配置生产要素，协调各产业链环之间的比例关系，产生出协同效应和聚合质量。产业链的整合有许多内容：从产业链形态要素来看，有物流的整合、信息流的整合和价值流的整合，以及经营主体的整合等。从产业链的时空分布来看，有宏观层次内的产业链整合、区域内的产业链整合和跨区域的产业链整合等。因此，应以产业链中微观主体之间的合作机制和伙伴关系为基础，加强产业链环之间的衔接与合作。

产业链优化各项内容之间存在着紧密联系，只有达到三者统一才能有效实现产业链的优化和升级。

第六章 产业政策

第一节 产业政策概述

一、产业政策的含义

产业政策一词最先提出于 1970 年日本通产省代表在经济合作与发展组织（OECD）所做的《日本的产业政策》的演讲中，虽然基于不同研究角度和学术背景，对产业政策的解释多种多样，但总的来说，产业政策是政府为实现特定目的对经济活动的干预。

产业政策是指中央政府或地方政府为促进市场机制的发育，弥补市场机制的缺陷及失败，对特定产业活动以干预和引导的方式施加影响，进而促进国民经济快速、协调增长的经济政策。该定义具体包含以下内容：

第一，产业政策的逻辑前提是市场机制的缺陷和失败。产业政策的制定和实施不是替代市场的资源配置作用，而是弥补市场的不足，更好地发挥市场机制的功能，产业政策不能扭曲和抑制市场的公平竞争。

第二，产业政策制定的主体是政府。产业政策代表了中央政府或地方政府对促进市场机制发育和引导产业发展的干预意图，产业政策属于高层次的经济政策。

第三，产业政策的作用是促进经济的增长和发展。起主导作用的产业随经济发展而不断更替，产业政策通过有选择地促进某些产业的发展进而实现经济的发展。

产业政策不同于财政政策和货币政策，产业政策的作用对象和范围是产业全体，财政政策和货币政策只是指政策的手段；产业政策在多数情况下需要财政政策和货币政策的配合才能付诸实施，财政政策和货币政策经常充当实现产业政策目标的基本工具。

总之，产业政策体现了政府对产业发展的目的性，具体表现为政府对产业活动的干预政策的总和。

二、产业政策的理论依据

古典自由主义经济学认为，经济活动只要有"看不见的手"的指导，就不需要政府的干预，斯密把政府限定在"守夜人"的地位上。产业政策的实施要求政府对产业经济活动进行主动干预，产业政策的理论依据主要包括以下三种：

（一）"市场失灵"理论

由于"市场失灵"的存在，仅仅依靠市场不能实现资源的最优配置，通过政府的干预，发挥政府某些经济职能来弥补市场机制的缺陷成为必要。垄断是市场失灵的主要形式，垄断的出现可能会影响市场竞争，产业政策的重要目标是维持市场的竞争秩序。美国在1890年制定的《谢尔曼法》是世界上第一部现代的反垄断法，该法被视为产业组织政策的缩影。20世纪六七十年代，张伯伦、梅森、贝恩等经济学家建立起著名的市场结构、市场行为和市场绩效的分析范式，更为政府干预市场提供了有力的理论支撑。

（二）"国际竞争"理论

李斯特在1841年出版的《政治经济学的国民体系》中提出了保护幼稚产业的思想，肯定了政府对经济活动的干预。李斯特认为在经济发展相对落后的国家，大多数产业不具备同先进国家竞争的实力，政府有必要采取保护措施，待经济实力增强后，再实施积极的开放政策。李斯特的思想满足了当时处在相对落后位置的德国和美国的要求，德国和美国在19世纪先后实施了对民族产业进行保护和扶持的政策。

（三）"赶超战略"理论

通过利用先进国家发展过程中总结的经验、教训和规律，后发国家可以制定和推行更加合理的产业政策，实现经济快速发展，缩短追赶先进国家的时间。日本政府的产业政策使日本成功实现了赶超，成就了日本的经济奇迹。日本从明治开国时就明确提出"殖产兴业，富国强兵"的口号，日本政府直接创办了一大批近代产业，加速了日本的工业化和现代化。第二次世界大战后，日本不断进行产业结构优化升级，日本政府选择支持的主导产业也不断更替，由最初20世纪50年代的纺织业发展为80年代的计算机和新材料产业。

当然，产业政策作为政府的行为，也存在失败的可能性，而且产业政策本身也有一定的局限性，因此，不能片面夸大产业政策的作用，应该谨慎地实施产业政策。

三、产业政策的一般特征

产业政策通常由政策对象、政策目标、政策手段、实施机构等要素组成，产业政策的特征主要建立在这些要素差异的基础上。

（一）**产业政策具有浓厚的本国特色**

与其他经济政策相比，产业政策更能反映本国的经济、政治、历史、地理、文化和传统等特点。首先，产业政策的目标和手段必须同本国的经济发展阶段相适应，否则就不能充分发挥作用；其次，产业政策的内容和效果受到具体国情和国际环境的制约。例如，产业结构政策必须符合本国的资源禀赋优势和经济发展阶段，产业的保护受到国际经济环境的影响，产业组织政策总要带上本国政治体制和文化传统的烙印等。

（二）产业政策具有强烈的民族性

各国产业政策都鲜明地维护本国的利益。后发展国家在实现赶超目标的过程中，对幼小民族工业普遍采用保护和扶持的政策。

（三）产业政策具有供给指向性

宏观经济政策以控制总需求为主，虽然在短期内具有较大的政策效应，但从长期看不足以引导有效供给的增加。产业政策主要着眼于供给能力的提高和供给结构的改善。产业政策通过对产业生产行为的影响，提高产业效率和资源配置水平，起到扩大生产可能性边界的作用。

（四）产业政策具有政治性

产业政策属于政治性的制度安排，它的制定和执行总是以行政主权为基础，由政府主导并致力于政府经济职能的发挥。产业政策总是以国家全局和长远利益为出发点，谋求经济目标、社会目标以及政治目标的相互协调。

（五）产业政策具有市场功能弥补性

产业政策要想取得成功，必须充分发挥企业的创造性，保持和提高企业的经济活力，这就要求产业政策建立在市场机制的基础上。产业政策的核心功能是对市场失灵的弥补，而不是对市场功能的排斥和取代。我国计划经济时代曾经排斥和否定过市场机制，因此坚持市场的基础地位尤为重要。政府应当自觉维护市场功能的正常发挥，集中力量解决市场不能解决的问题。

随着经济的发展，产业政策的内容变得越来越复杂和系统，产业政策的目标也越来越多元化，产业政策的决策方式更加科学和民主，产业政策的干预手段不断由直接向间接转变。

四、产业政策的种类和手段

根据政策的功能定位不同，产业政策可以分为产业组织政策、产业结构政策、产业布局政策和产业技术政策；根据政策的对象领域不同，产业政策可以分为农业政策、能源政策、对外贸易政策、金融政策、环保政策和中小企业政策等；根据政策的目标不同，产业政策可以分为战略产业扶植政策、衰退产业调整政策和新兴技术产业化政策等。

产业政策的手段一般分为直接干预、间接诱导、信息指导和法律规制四类。直接干预包括政府以配额、许可证、审批及政府直接投资等方式，直接干预产业的资源分配和运行态势，纠正产业活动中与产业政策相抵触的经济行为，保证产业政策目标的实现。间接诱导主要是通过提供行政指导、信息服务、税收减免、融资支持、财政补贴、关税保护、出口退税等方式诱导企业的经济活动，实现产业政策的目标。信息指导是指政府利用所掌握的信息进行政策引导，主要有：向企业传播国民经济发展趋势的信息，引导产业调整；提供信息交换场所，传递市场信息。法律规制以立法方式来严格规范企业行为、政策执行结构的工作程序、政策目标与措施等，以保障产业政策目标的实现。欧美各国大都采取法律规制手段实现反垄断和反不正当竞争等产业组织政策目标。实践中，法律规制还可以充当直接干预和间接诱导的共同依据。

第二节　产业结构政策

一、产业结构政策概述

（一）产业结构政策的含义

产业结构政策与产业组织政策一样，是产业政策体系的一个重要组成部分。关于产业结构政策的概念，学术界的看法至今还未达成共识，甚至还有一些人否认产业政策（包括产业结构政策）存在的必要性。所幸的是，各国政府对此的实践使得越来越多的人认识到了产业结构政策对一国经济发展的作用。

我们可以从理论界对包括产业结构政策在内的产业政策含义的描述来

认识产业结构政策的含义。不少学者认为，产业政策就是政府所采取的有关产业的一切政策的总和。例如，英国经济学家阿格拉认为，产业政策是"与产业有关的一切国家的法令和政策"。美国经济学家罗伯特·尾崎认为，产业政策是"涉及保护本国产品，发展战略工业，调整产业结构，以适应当前或未来国内外经济形势的变化"的政策。在日本，较为权威的《现代日本经济事典》中对产业政策的解释是："产业政策是国家或政府为了实现某种经济和社会目的，以全产业为直接对象，通过对全产业的保护、扶植、调整和完善，积极或消极参与某个产业或企业的生产、营业交易活动，以及直接或间接干预商品、服务、金融等的市场形成和市场机制的政策的总称。"

综上所述，我们可以定义，"产业结构政策，就是以产业结构理论为指导，由政府在一定时期内按本国经济或产业结构演进规律所制定的旨在促进产业结构合理化、高级化，进而推动经济增长的一种产业政策"。为了取得经济的发展或社会福利的提高，政府通过产业结构政策对某一产业或整个产业结构体系的资源进行优化配置。产业结构政策与产业组织政策的差异在于，产业组织政策主要是针对一个产业内部的资源配置进行的干预，而产业结构政策的目标则在于优化产业与产业之间的资源配置。

（二）产业结构政策的作用

从产业结构政策的实践来看，产业结构政策的主要作用在于以下两个方面：

一是工业后发国家在发展经济的过程中，为了加快经济发展的速度，努力追赶工业先行国家时，往往会利用产业结构政策在产业之间实施倾斜式的资源配置政策，重点发展某些产业，试图利用产业的关联效应带动其他产业的发展，以达到追赶工业先行国家、快速发展本国经济的目的。正如美国学者玛格丽特·迪瓦尔所言，"鼓励向一些行业或部门投资和不鼓励向其他行业或部门投资——仍然是产业政策讨论的中心"。在实践中，一些国家对主导产业的选择政策主要就是以此为目的的产业结构政策。

二是一些国家为了加强本国产品的国际竞争力，往往会依靠产业结构政策的支持与扶植，以提高本国相应产业的国际竞争力。被称为日本发展模式概念之父的美国学者查莫斯·约翰逊在其《产业政策争论》一书中就说过："产业政策是政府为了取得全球的竞争能力打算在国内发展或限制各种产业的有关活动的总的概括。作为一个政策体系，产业政策是经济政策三角形的第三条边，它是对货币政策和财政政策的补充。"在现实经济中，一些国家对本国尚未成熟的、在国际市场上还未取得优势竞争力的幼小产业，常常会采用带有保护性的扶植政策。

二、主导产业的选择政策

规划和安排产业发展的顺序、实施产业结构的高级化进程，是产业结构政策的主要内容之一，而主导产业的选择正是实现这一政策目标的重要一环。

（一）主导产业的含义和特征

所谓主导产业，是指对某一产业结构系统的未来发展具有决定性引导作用的产业。作为引领产业结构系统发展方向的主导产业，其具有以下明显的特征：

1. 主导产业具有较强的关联效应

主导产业对产业结构系统的引导功能是通过其带头作用实现的，而带动作用的实现依赖于关联效应。因此，主导产业对产业结构系统的引导功能的发挥，最终取决于其有无较强的关联效应。一个产业是否具有较强的关联效应被认为是该产业能否成为主导产业的最根本的特征。因为如果一个产业具有了关联效应或扩散效应，它就可能带动其他产业的发展，引导整个产业结构的发展方向；反之，就至多只能实现自身的发展。

2. 主导产业能够创造新的市场需求

产业结构的升级与发展总是伴随着结构总量的扩张。而一个产业结构系统的产业又直接受制于社会的需求。若不能不断地开发潜在的需求，结构总量的扩张就无法实现。因此，一个主导产业只有创造出新的市场需求，才能满足结构总量扩展的要求。

3. 主导产业具有较高的生产率

产业结构的升级是有序的，表现为对需求的更大满足和对资源的更有效利用。而要实现这一目标，产业技术必须不断得到提升。主导产业作为产业结构升级的"领头羊"，必然要求其能够迅速吸收先进的科学技术成果，提升自身的产业技术水平。

（二）主导产业的选择基准

1. 关联强度基准

关联强度基准最早由赫希曼提出。赫希曼在1958年出版的《经济发展战略》一书中研究了发展中国家的经济发展战略问题。赫希曼认为，发展中国家在选择产业发展顺序时，首先应当发展那些关联强度较大的产业。因为关联强度较大的产业首先获得发展后，通过前向关联和后向关联的波及效应，可以影响和带动其他产业的发展。赫希曼的这一观点虽然不是直接在研究主导产业的选择基准时所提出的，但对主导产业选择的理论及其政策实践都产生过较大的影响。赫希曼的关联强度基准显然满足上述主导产业的第一个特征。

在利用关联强度基准选择主导产业时，可以利用感应度系数和影响力系数对各产业进行选择。一般来说，感应度系数和影响力系数较大的产业可以通过产业之间的波及效应，对其他产业的发展产生较大的综合影响。

2. 收入弹性基准

收入弹性基准是日本学者筱原三代平在《产业结构与投资分配》一文中首先提出来的。筱原三代平认为，如果选择收入弹性较大的产业作为主导产业，随着经济的发展和国民收入的提高，在未来的产业结构中，该产业可以创造较大的市场需求。

3. 生产率上升率基准

与收入弹性基准一起，筱原三代平同时还提出了生产率上升率基准。这一基准的基本含义是应当选择技术进步速度较快的产业作为主导产业

（有时也称其为技术进步基准）。因为一个产业只有具有了较快的技术进步速度，才能不断降低生产成本，取得竞争优势，从而吸引生产要素流入，使产业本身获得更快的发展。

"筱原二基准"对主导产业选择理论的发展具有较大的影响。这是由于一方面，从理论上看，"筱原二基准"不但分别从市场需求和要素供给两个方面考虑了对产业结构的影响，而且还满足了上述主导产业的后两个特征；另一方面，从政策实践讲，在日本经济高速增长的20世纪60年代，日本选择了以汽车、钢铁、石油化工等重化工业作为主导产业的产业结构政策，而在此政策的制定过程中，主要就是以"筱原二基准"为依据的。

4. 其他选择基准

除了上述三个主导产业的选择基准外，根据本国或本地区产业结构所处的环境和发展阶段的特点，一些学者还提出了其他一些选择基准。

日本产业结构审议会于1971年提出了选择主导产业的过密环境基准和丰富劳动内容基准。日本产业结构审议会认为，根据日本经济高速发展的需要，应当在"筱原二基准"的基础上，再加上过密环境基准和丰富劳动内容基准，把能源与环境、劳动的趣味性和心理成本等问题提升到较为重要的地位。过密环境基准是指政府在选择主导产业时，必须将环境污染少、能源消耗低，又不至于造成过度集中的环境等置于重要的地位。丰富劳动内容基准是指在选择主导产业时，要充分考虑备选产业的劳动内容的丰富性、趣味性，并把能提供安全、舒适和稳定的劳动岗位作为选择基准。

我国学者周振华针对20世纪80年代中后期我国产业结构存在的问题，提出了应当将能够实现短缺替代、具有增长后劲以及解决"瓶颈"问题等作为选择主导产业的基准。所谓短缺替代基准，是指重点扶植那些无法替代的短缺性产业，以满足当时我国经济结构中最为迫切而又不可或缺的需求；增长后劲基准，即重点支持那些对整个产业体系的发展具有深刻和长远影响的产业，以保证整个经济的持续稳定增长；而"瓶颈"效应基准则是指重点发展"瓶颈"效应大的战略产业，以减少因"瓶颈"而造成的摩擦效应。

（三）主导产业选择的一个案例

上海"九五"计划时期对主导产业的选择是我国较早有意识地主动选择主导产业的一个成功例子。

自新中国成立以来，经过数十年的建设和发展，上海工业基本形成了门类齐全、综合配套能力较强、以加工业为主、在全国有着明显优势的工业体系。但到了20世纪80年代，上海工业面临着进口产品和其他省、市产品的严峻挑战，一些产品的市场优势开始弱化，市场占有率逐渐下降。由此，上海开始注重培育、调整适合本地区生产发展水平的主导产业。经过多方面的调查研究之后，上海市政府确定了以产业相关度比较大、增长速度比较快、技术含量比较高、市场竞争力比较强、综合效益比较好为选择基准，并最终选定了汽车制造业、钢铁制造业、石油化工及精细化工制造业、电站及大型机电制造业、电子信息设备制造业、家用电器制造业作为上海经济发展和产业结构调整的主导产业。经过20世纪90年代的发展，实践证明，这些主导产业对上海经济的高速发展和产业结构的升级起到了巨大的带动作用。

三、幼小产业的扶植政策

在产业结构政策的体系中，除了主导产业的选择政策外，对幼小产业的扶植政策也是极为重要的一项内容。所谓幼小产业，是指在工业后发展国家的产业结构体系中，相对于工业先行国家成熟的同类产业而言，处于"幼小稚嫩"阶段的产业。

（一）对幼小产业实施保护的理由及原理

在开化的产业结构系统中，一个新产业的建立和发展必然要承受来自系统外部同行竞争的压力。工业后发展国家为了加速本国的工业化进程、发展民族产业，势必要采取支持其发展的政策，而"保护制度是使落后国家在文化上取得与那个优势国家同等地位的唯一方法"。

李斯特是早期主张对本国幼小产业进行保护扶植的代表人物。他在1841年出版的《政治经济学的国民体系》一书中详细论证了在经济发展相对落后的国家实施贸易保护主义的必要性。传统的比较优势理论认为，当其他国家在某一产品的生产费用上具有比较优势时，本国就无须生产而可通过国际贸易交换取得该产品来满足国内需求。而李斯特则从发展本国经济的长远目标出发，竭力反对这样的观点。李斯特认为，"财富的生产力比之财富的本身，不知要重要多少倍"。如果只顾眼前的利益，以较低的费用进口该产品，似乎是比较划算的，但这样的结果使本国丧失了该产品的生产能力。

李斯特从产业结构演进的角度将各国经济的发展分为五个阶段，即原始未开化时期、畜牧时期、农业时期、农工时期和农工商时期。李斯特从历史发展的角度论证了英国当时工商业的发展是与英国政府的扶植政策密不可分的，而要让当时还处于农工时期的德国与已处于农工商时期的英国进行自由贸易是有失公正的，因为两国并不处于同一起跑线上。因此，李斯特强调，要想发展本国的生产力，必须借助国家的力量，主张在政府干预下实行贸易保护政策。

对幼小产业进行保护的原理可以用社会振兴的学说来解释（如下图所示）。

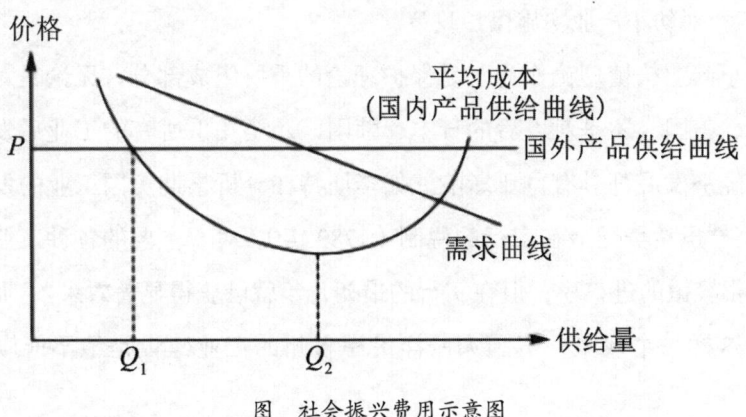

图　社会振兴费用示意图

我们知道，一般来说，一个产业的供给成本曲线往往呈现 U 字形。对于一些规模经济要求较高的产业，这一特征表现得尤为明显。对于工业后发国家来说，一些产业在起步时规模都很小，处于成本迅速递减的阶段。由于工业先行国家的同行已是成熟产业，在一定价格上的供给量相当大，假设其供给弹性近似无限，在此背景下，如果工业后发展国家的某一幼小产业在 Q_1 以左起步，由于生产成本高于进口产品的价格，在完全竞争的市场下，生产该产品的企业将无利可图，其结果是该产业不但不能得到发展，而且会不断萎缩。如果生产该产品的企业迅速将生产规模扩张到 Q_1 以右，则由于生产成本低于进口产品的价格，从而可以促进本国该产业的发展。而通常仅仅依靠市场的力量是很难做到这一点的。为了进行这样的协调，达到如此的合作，以使本国该产业的规模迅速扩张到 Q_1 以右，就需要投入一定的费用。这样的费用就被称为社会振兴费用。

在工业后发展国家，这样的社会振兴费用一般由政府承担，从而社会振兴费用学说也就成为政府对幼小产业实施保护扶植政策的一个重要理由。政府实施保护扶植政策主要有两种手段：一是提供生产补贴，使该产业的产出在达到 Q_1 点以前就可以把供给价格降到国外进口价格 P 以下，这在图中相当于将平均成本曲线下移；二是进行关税保护，使进口产品的价格总是高于国内生产的平均价格，这在图中相当于将国外产品供给曲线上移。

（二）对幼小产业实施保护政策

幼小产业扶植理论作为贸易保护理论的重要组成部分，无论是对当时的德国、美国，还是对以后的日本、韩国，乃至几乎所有的工业后发国家的国民经济发展都具有重要影响。如李斯特在分析早期美国工业的发展时就发现，"虽然美国最初实行的税制（1789年），对于主要的各种工业品只征收了很轻微的进口税，但在实行的最初几年就已获得显著效果"。而"假如没有这样一个政策，美国大西洋沿岸各州的工业建设是绝不能顺利完成的"。

从第二次世界大战后一些工业后发展国家常采用的扶植保护政策来看，

主要的政策手段包括：1. 关税和非关税壁垒的保护政策；2. 财政和税收的倾斜政策；3. 金融和信贷的优惠政策；4. 技术的支持政策；5. 直接规制等产业组织政策。

日本在20世纪50年代发展钢铁工业的过程中就曾依据社会振兴费用的学说使用过相应的扶植政策。当时，日本的钢铁工业相对于欧美国家的同行业而言，是一个幼小的产业，为了保护和扶植日本钢铁工业的发展，政府实施了一系列"合理化"政策，其中有一项就是利用较高的关税成功地保护了日本的钢铁工业。1951年，日本修改了有关钢铁产品的关税，将生铁的税率定为15%、钢锭的税率定为12.5%、钢材的税率定为15%。这样的税率大大高于当时欧美同类产品的税率。一直到1967年，这样的高进口税率才通过关贸总协定的"肯尼迪回合"——关税谈判予以降低。而此时，日本已成为世界钢铁大国，具有较强的国际竞争力。

在利用税收等手段对幼小产业进行扶植方面，我国政府对光伏产业的扶植政策可以看作是产业结构政策在这方面的一个例子。2013年7月4日，国务院颁布了《关于促进光伏产业健康发展的若干意见》。在该文件中，除了在电网建设、土地使用等方面给予优惠的政策支持外，还明确规定了对光伏发电的电价补贴、对光伏产业的税收优惠以及对光伏企业的信贷支持等方面的内容。政府试图通过对产业结构政策的保护和扶植，使我国的光伏产业能获得迅速成长。

四、衰退产业的调整政策

（一）衰退产业的特征与调整政策

衰退产业通常是指由于技术进步或需求变化等非主观因素致使市场需求减少，生产能力过剩且无增长潜力的产业。其中，无增长潜力是衰退产业的一个最本质的特征。它说明该产业所提供的产出在整个国民经济总产量中所占的比重大幅度下降，而且产业的增长弹性和收入弹性指数已经很低，已无大规模增长的潜力。衰退产业的另一些基本特征包括：1.生产能力过剩，企业开工不足，持续性的供大于求；2.体现整个产业生产效益滑坡，亏损面不断增加；3.资本、人才等生产要素开始退出、转移；4.企业由于"过度竞争"而被"套牢"。衰退产业调整政策就是对因产业结构升级转换而使某些产业陷于困境进行结构性调整的产业结构政策，也有学者称之为产业结构调整援助政策。

衰退产业调整政策的理论基础可以追溯到 20 世纪 30 年代张伯伦提出的"能力过剩"概念以及 20 世纪 60 年代贝恩提出的"过度竞争"概念。之后，日本学者也经常使用这两个概念，并为日本政府制定产业政策提供了理论依据。第二次世界大战后日本最早确定的衰退产业是煤炭业，随后是纺织、造船、有色金属等一批产业，并对这些衰退产业制定了各种调整援助政策和法律，取得了一定的效果。欧盟的主要成员国针对能力过剩和过度竞争问题，也先后制定了相应的调整政策，以解决失业和企业亏损等问题。

确定衰退产业，从而进行有效的政策调整，是产业结构政策的重要内容之一。由于研究或处理"能力过剩""过度竞争"必然涉及"结构性冲击"和"退出障碍"等问题，因此，必须在确定衰退产业的同时制定和实施产业调整政策以减少退出阻力并促进产业结构调整。

（二）衰退产业调整政策的目标

对于衰退产业要不要进行调整、怎样进行调整，不仅是一个理论问题，而且是一个政策问题。如果政府不对衰退产业进行调整，或者仅仅依靠市场机制的作用来进行调整，就会影响资源的有效配置，进而影响产业结构的优化和生产要素的合理组合。因此，对衰退产业进行调整是必要的。

衰退产业调整政策的目标，就是政府通过减缓"结构性冲击"和"退出障碍"的政策性措施，对那些单靠市场机制的作用已难以促进其生产要素自由流动的衰退产业进行有序的收缩性调整，以使资源和生产要素优化配置、重新组合。

(三) 衰退产业调整政策的实施手段

在实施衰退产业调整政策时，可以根据不同的情况采取不同的手段。这些手段包括法律手段、经济手段和行政手段。

1. 法律手段

这主要是通过立法形式降低生产要素的退出障碍。其主要手段包括：(1) 规定衰退产业设备的报废时间和报废数量，加速固定资产折旧，如日本《工业设备临时措施法》等；(2) 勒令某些产业内的企业缩短工作时间或干脆令其停止生产，如那些污染严重的工业；(3) 根据有关法律实施各种调整援助政策，如调整机器设备、加速资产折旧、清理产品库存、加速资产转换、调整人员结构；等等。

2. 经济手段

这主要是通过财政、金融、价格、关税等手段援助衰退产业生产要素的合理流动。其主要手段包括：(1) 设立产业调整援助基金，援助产业内某些企业退出，某些企业继续生存；(2) 通过财税政策以补偿援助衰退企业的能力过剩和退出障碍；等等。

3. 行政手段

其主要手段包括：(1) 引导生产要素在产业之间的梯度转移；(2) 引导产业内企业进行重组合并；(3) 引导企业内部的资产重组；(4) 直接干预区域性产业结构的调整；(5) 直接干预社会保障制度的建立与完善；等等。

上述三种手段是相互联系的，在实现政策目标时，往往交叉运用这三种手段。

在对衰退产业调整政策的实施方面，上海市在20世纪90年代对纺织工业调整政策的实施是一个较为成功的例子。1949年后，上海作为我国重要的纺织工业基地，其纺织工业为上海乃至全国的经济建设做出了巨大贡献。但由于种种原因，上海纺织工业在1981年达到巅峰后就一直停滞不前，进入20世纪90年代后，上海纺织工业的形势更是令人担忧：生产下降、利润滑坡、亏损面扩大、亏损额增加，一批企业濒临破产，大批职工下岗待业。为此,上海市结合当时对主导产业选择的契机,决心对本市的纺织工业进行收缩性的战略调整。在这次调整过程中,一个重要的方面是行业总量的压缩,包括生产能力的压缩、员工的分流等措施。在生产能力的压缩方面,1992—1999 年,行业中最大的棉纺生产能力压缩了近一半,棉纺锭从 250 多万锭压缩至 127 万锭;从员工分流来看,1992—1997 年,共分流员工 42 万人。至此,上海纺织工业顺利实现了收缩性调整,腾出了大量的资源发展当时确定了的六大主导产业。

第三节 产业组织政策

一、产业组织政策的分类与目标

(一) 产业组织政策的概念和分类

产业组织政策是指政府为了获得理想的市场绩效而制定的干预产业的市场结构和市场行为的政策。产业组织政策的实质是政府通过协调规模经济与竞争的矛盾,以建立正常的市场秩序,提高市场绩效。产业组织政策存在不同的类型。

1. 以政策导向为标准

产业组织政策通常分为两类:(1)鼓励竞争、限制垄断的促进竞争政策,目的是维护正常的市场秩序,主要有反垄断和反不正当竞争政策;(2)充分利用专业化和规模经济的产业组织合理化政策,目的是限制过度竞争,主要有直接规制政策、中小企业政策等。

2. 以政策对象为标准

产业组织政策也可分为两类:(1)市场结构控制政策,这是从市场结构方面禁止或限制垄断的政策,如控制市场集中度、降低市场进入壁垒等;(2)市场行为控制政策,这是从市场行为的角度防范或制止妨碍竞争的情况、不公平交易现象以及诈骗、行贿等不道德商业行为的发生。

(二)产业组织政策的目标

产业组织政策的目标可分为一般目标、特有目标和具体目标。

1. 一般目标

它是指产业组织政策和其他经济政策共有的目标。经济政策作为政府干预经济活动的重要手段所要实现的一般目标,凯恩克劳斯曾将其归纳为:(1)促进更大的经济平等;(2)充分就业;(3)避免通货膨胀;(4)保持对外收支平衡;(5)加速经济增长。

2. 特有目标

这是指产业组织政策作为一类特殊的经济政策有其特有的目标。其特有目标主要是维护正常的市场秩序,形成有效的竞争环境,充分利用专业化和规模经济的作用,提高市场绩效,促进产业内资源的优化配置。

3. 具体目标

产业组织政策的具体目标是其一般目标和特有目标在各个时期、各项具体政策内容上的具体化和细分化。贝恩在其《产业组织论》一书中提出,产业组织政策的具体目标主要应包括:(1)企业应达到并有效利用经济规模,市场的供给主要应由达到经济规模的企业承担,企业应有较高的开工率;(2)不应出现某些产业或企业长期获得超额利润或长期亏损的情况,即从较长时间看,产业的资本利润率应是比较均等的;(3)较快的技术进步主要是指技术和产业开发、革新等活动有效且比较充分;(4)不存在过多的销售费用;(5)产品的质量和服务水平较高,并有多样性,以适应提高大众福利和消费水平的要求;(6)能够有效利用自然资源。上述六项具体目标既是各类产业组织政策的具体目标,也是各类产业组织政策制定与实施的出发点和归宿。

(三)产业组织政策的手段

从产业组织的 SCP 理论可看出,影响市场绩效的主要因素是市场结构和市场行为。因此,政府主要采用调控市场结构和市场行为的政策手段,以实现产业组织政策的目标。实现产业组织政策目标的手段主要有三类：

1. 调控市场结构

这是采用相应的政策措施来改善不合理的市场结构，维持合理的市场结构。主要措施包括：

（1）改善市场结构的政策措施。如分割处于垄断地位的企业，以降低卖方集中度；适当降低进入壁垒；减少不合理的产品差别等。

（2）预防形成垄断性市场结构的措施。如建立企业合并的预审制度，对中小企业实行必要的扶植等。

（3）在某些产业，如资源开发产业，实施限制政策，以防止过度竞争损害资源配置效率和社会福利。

（4）对适合大批量生产体制、经济规模显著的产业，为防止过度竞争造成的资源浪费，在政策上应鼓励适当集中。

2. 调节市场行为

这是对企业的市场行为进行监控、调整，以维护市场的公平交易、合理竞争，限制与消除不正当竞争和垄断行为。这类措施主要包括：

（1）禁止和限制竞争者的共谋、卡特尔及不正当的价格歧视；

（2）通过政府和公益组织以及大众媒介，对卖方的价格、质量进行广泛交流和监督；

（3）对欺骗、行贿、中伤竞争者的各种不正当行为进行限制和必要的惩处。

3. 直接改善不合理的资源配置

这主要适用于那些资源配置上市场机制缺陷明显的产业。政府用直接干预来弥补市场机制的不足，实现这些产业资源配置的合理化。如政府直接补助开始盈利不高的新兴产业，用立法或行政垄断形式禁止滥用稀缺资源，对高污染等外部经济不明显的企业予以限制和处罚，政府财政直接投资于某项重大公共工程或某一产业等。当然，各项政策手段的实施都要有个"度"，如降低生产集中度，应以不妨碍规模经济为界；鼓励适当集中，应以防止垄断弊端的产生为限,否则会影响产业组织政策目标的实现。

二、反垄断和反不正当竞争政策

(一)反垄断及反不正当竞争政策的必要性

垄断就是独占和控制,会给社会经济造成极大的危害。首先,垄断阻碍价格机制在资源配置中的重要作用和生产要素的自由流动,使资源难以优化配置;其次,垄断增加成本、产生"X非效率",加重非垄断企业和消费者的负担;再次,垄断形成不合理的收入分配,减弱技术创新和扩大生产的动力,甚至限制技术进步,引起生产和技术停滞。不正当竞争是采用假冒伪劣、坑蒙拐骗、囤积居奇、欺行霸市等违法的、不正当的手段开展竞争,它破坏市场运行的正常秩序,使市场竞争机制不能真正发挥作用,优不胜劣不败,也会给社会经济造成极大的危害。

提高市场绩效,实现产业内部资源的优化配置,必须坚决反对垄断和不正当竞争,促进市场的有效竞争。"所谓有效竞争,是指产业组织处于既能够保持产业内部各企业之间的适度竞争,又能获得规模经济效益的状态,即可以兼容竞争活力和规模经济效益的竞争。"但是,市场机制自身难以避免垄断和不正当竞争,需要政府制定与执行反垄断和反不正当竞争政策,维护市场的正常秩序,实行有效竞争,提高产业资源的配置效率。

(二)反垄断和反不正当竞争政策的内容

反垄断和反不正当竞争政策是产业组织政策的重点,具体表现为制定和实施反垄断法或反托拉斯法及反不正当竞争的规定。反垄断法和反不正当竞争规定的主要内容可概括为以下几个方面:

1. 禁止私人垄断和卡特尔协议

私人垄断是指个人、公司或财团通过兼并、收买或低价倾销等手段,把其他竞争对手从市场上排挤出去,从而确定自己在市场中的垄断地位并以此支配市场。反垄断是坚决禁止这种情况。如美国的《谢尔曼法》规定,任何垄断或企图垄断者，或与他人联合、串谋，借以垄断洲际、国际的贸易或商业活动者，将被视为犯罪。日本的《禁止垄断法》规定，对于已形成垄断的企业，要实行分割措施。需要注意的是，反垄断法一般并不反对一个或一个以上的企业在市场上占有支配地位，只是禁止滥用支配地位，也就是说，凡是通过高效率、低消耗以及行使专利权或特许权，甚至由于历史原因形成的垄断并不属于被禁止的范围。卡特尔协议是指多个企业以垄断市场、获取高额利润为共同目的，在一定时期内就划分市场、规定产量、确定价格而达成的正式或非正式的协议。卡特尔协议又分为"纵向卡特尔协议"和"横向卡特尔协议"。对于第一种协议，在有些国家一般并不予以禁止。对于第二种协议，由于它限制了企业的生产能力，破坏了市场竞争，并有可能形成市场垄断，所以各国的反垄断法原则上都是禁止的。

2. 禁止市场过度集中

市场适度集中有利于发挥规模经济的作用，但过分集中又会产生企业垄断，从而限制竞争。企业兼并是实现市场集中的主要途径。就兼并来说，适当的企业兼并有利于企业扩大生产经营、取得规模效益，改善产品结构、提高设备的利用率、获得市场竞争的优势。但是，不当的企业兼并则会减少甚至消灭竞争。其原因是：竞争对手间的兼并像联合控制价格的协议一样，一些本来处于支配地位的企业能更有效地操纵市场；兼并会增加其他企业进入市场的障碍，减少潜在竞争者进入市场的机会；兼并通常与驱除对手定价或掠夺性定价行为同时出现。因此，各国的反垄断法对于能够形成市场过度集中的企业兼并是加以禁止的。

3. 禁止滥用市场势力

所谓滥用市场势力，是指在市场中居支配地位的大企业凭借自身的经济实力对其他企业施加影响，迫使它们按自己的意愿行事，从而妨碍公平竞争。滥用市场势力的做法大体有以下几种形式，有关的禁止法规主要见于美国的《克莱顿法》。一是价格歧视，即同一产品对不同的顾客或买主收取不同的价格，而不是根据生产和经营该产品的边际成本确定价格。但在有些国家允许一定条件下的价格歧视。二是独家交易,即只准经销一家的产品,而不得经销其他同行竞争者的产品。这种做法一方面限制了买方的贸易,另一方面又限制了竞争企业的客源,因此是不利于公平竞争的行为。三是搭配销售,即卖方在推销某种产品时,强行搭配另一种买方不需要或不情愿接受的产品。这类行为具有明显的反竞争性质。四是维持转售价格,即供给企业强迫转售者收取指定的价格。五是限定销售区域。六是公司董事交叉任职,即一人同时兼任两家或两家以上公司的董事,从而使有关公司间能够串通一气,达到减少或消灭竞争的目的。

虽然反垄断法的规定是严格的,但多少年来实际处理的违法案件并不多。由于反垄断法执行时涉及大量的调查和审理工作,不可能一一得到处理。因此,实际上反垄断法的效果并不在于事后的法律处理,而在于事先对有关企业或当事人的威慑和预防作用。另一方面,反垄断法本身就存在许多例外条款,最突出的是专利垄断问题。专利权是政府授予发明者的"垄断"权力。虽然在一定时期,专利不能被有关的其他企业使用,但这种方式对于鼓励人们的技术创新却是非常必要的。所以,尽管专利制度与鼓励竞争存在一定的不一致,但各国都把专利垄断视为反垄断法的例外加以豁免。

另外,根据行业特点和国家的需要,在有些特殊行业也允许存在垄断,如铁路、电力、石油开采等部门,但政府对这些部门不是放任不管,而是不用反垄断法去约束或调整,直接用管制政策来进行干预。

4. 禁止不正当竞争

除了上述反垄断法中的措施之外,反不正当竞争规定的内容还有以下几点:

(1)禁止欺诈性行为。欺诈性行为包括欺骗性广告,虚假的合格验证,盗用的商标名称、商号名称等。

(2)禁止给予酬金和回扣的不正当销售行为。

(3)禁止贸易限制。贸易限制是指两个或更多的人(或企业)之间订有损害自由竞争的协议、共谋或行为,如瓜分市场、维持垄断高价、削减生产设备、限制产量及分配销售额等协议。

（4）其他禁止行为。诸如非法使用竞争对手的商标、商号、专利，败坏竞争对手的商誉，行贿、收买竞争对手的职员或代理人，窃取对方情报等均属不正当竞争行为，均在禁止之列。

三、中小企业政策

（一）中小企业政策的必要性

中小企业政策是指政府根据中小企业的实际情况和本国有关产业发展的特点，对各产业中的中小企业采取的扶持政策。其原因主要有以下几点：

1. 中小企业的不可替代性

（1）中小企业具有大企业所不具有的优势，如制度创新和技术创新能力强、创立和管理成本低、对市场变化的适应速度快等，这使中小企业的地位不可替代。尤其在高新技术不断涌现的今天，中小企业的地位更加重要。

（2）从对中小企业的产品需求上看，中小企业不可替代性的特点也非常明显。中小企业的生产经营范围主要是为生活消费服务的轻工业以及为生产消费服务的制造业。就生活消费品而言，需求的多样性与时令性要求这类产品的生产批量不能过大，因此对企业规模的要求有限，特别是一些由有限地域决定的狭小的市场，只有中小企业才能适应。就生产性消费而言，社会化大生产的发展，一方面要求工业生产过程在专业化基础上进行分工，另一方面又要求工业生产过程在专业化分解的基础上进行协作。为了降低规模过大过全的经营成本，取得分工协作的效益，大企业愈来愈依赖于中小企业。

2. 保持产业组织内部的竞争活力

发展中小企业有利于保持产业组织内部的竞争活力。在产业内部保持一定数量的中小企业并使其健康发展，使大、中、小并存，有利于增强产业组织内部的竞争活力。但中小企业在同大企业的竞争中，一般总是处于不利地位。具体表现在以下几个方面：

（1）劳动力条件。中小企业的稳定性较差，如不采用较高的工资率对此做补偿，对优秀的人才将缺乏吸引力。

（2）融资条件。中小企业在直接融资时，易受信用及制度上的制约；在间接融资时，不仅贷款利率高于大型企业，而且还往往有十分苛刻的附加条件。

（3）获取信息条件。中小企业只能从外部获取信息，不能从企业内部获取信息。

正是由于中小企业在这些方面的不利地位，所以如果仅仅引进竞争原理而不克服中小企业发展的劣势，就不可能形成一个有效的竞争环境。

（二）中小企业政策的内容

中小企业政策的内容按对象不同，大体可以分为：以所有中小企业为对象的一般政策、以特定中小企业为对象的特定政策和转包制政策。

1. 一般政策

一般政策主要包括以下几点：

（1）劳动政策。帮助中小企业进行职业培训和能力开发，协助中小企业提高人员素质。

（2）金融政策。包括有关支持中小企业的专门金融机构贷款和信用保证制度。

（3）交易公开化政策。对大企业运用市场支配能力加以限制，帮助中小企业组织起来，提高应变能力。

（4）诊断、指导政策。为中小企业提供技术、市场、经营等信息，为中小企业提供诊断和咨询服务。

2. 特定政策

特定政策是指以特定产业为对象或以特定中小企业群为对象的政策。以特定产业为对象的政策实际上是结构政策在中小企业政策的延伸，包括不同产业的现代化政策、衰退产业的调整政策，主要是以对成长产业的扶植和对衰退产业的调整为目标；对特定的中小企业群为对象的政策实际上是规模经济政策在中小企业政策上的延伸，它包括下面所要讲的转包制政策。

3. 转包制政策

转包制是指由中小企业承包大企业的中间产品，即由零部件供需所形成的大企业与中小企业间的相互联系、相互促进的一种制度。为了防止大企业利用其有利地位，采取不正当手段与中小企业进行交易，故要通过政策与法令来限制其不合理的行为。这些限制包括以下内容。

（1）价格限制。大企业购买中小企业的零部件的价格不能过低，保证中小企业有一定利润率。

（2）支付货款限制。即限定大企业对中小企业支付货款的最长期限。

（3）订货计划限制。即要求大企业预先向其转包企业提出订货计划，防止大企业将风险和压力转嫁给中小企业。

（三）中小企业政策的措施

中小企业政策的措施主要包括以下几点：

1. 在金融方面，建立针对中小企业的专门金融机构和信用制度，由政策投入贷款提供资金，向中小企业发放低息贷款。

2. 在税收方面，减轻中小企业的法人纳税负担，对采用现代化设备的中小企业采取特别折旧制度，用实现特定政策目标的特别减税措施来支持中小企业。

3. 财政补助金，对从事中小企业贷款和咨询、指导等工作的地方公共团体和中小企业团体，给予财政补助金。

4. 规定限制，限制大企业滥用市场支配权力，建立中小企业互助团体，防止大企业干预中小企业。

5. 提供信息，对中小企业提供技术、市场、经营方面的信息和不同产业的现代化规划信息。

6. 产品优先采购，保证中小企业有平等地接受政府采购的机会。

第四节　产业布局政策

一、产业布局政策概述

产业布局政策一般指政府根据产业的经济技术特性、国情国力状况和各类地区的综合条件，对若干重要产业的空间分布进行科学引导和合理调整的意图及其相关措施。产业布局合理化过程本质上是建立合理的地区分工关系的过程。产业布局政策既是产业政策体系的重要内容，也是区域政策体系的重要组成部分。

产业布局政策的内容主要包括地区发展重点的选择和产业集中发展战略的制定。产业布局政策的实施手段主要是规划性的，也包含一些政府的直接干预。

在地区发展重点的选择上，产业布局手段主要有：制定国家产业布局战略，规定战略期内国家重点支持发展的地区，同时设计重点发展地区的经济发展模式和基本思路；以国家直接投资的方式，支持重点发展地区的交通、能源和通信等基础设施，以及直接投资介入当地有关的产业发展；利用各种经济杠杆形式对重点地区的发展进行刺激，以加强该地区经济自我积累的能力；通过差别性的地区经济政策，使重点发展地区的投资环境显示出一定的优越性，进而引导更多资金和劳动力等生产要素进入该地发展。

在产业集中发展战略方面，可采用的产业布局政策包括：通过政府规划的形式，确立有关具体产业的集中布局区域，推动产业的地区分工，发挥由产业集中导致的集聚经济效益；建立有关产业开发区，将产业结构政策重点发展的产业集中在开发区内，既使其取得规模集聚效益，也方便政府扶持政策的执行。

二、发达国家的产业布局政策

美国的产业布局政策主要是针对落后的流域地区和衰退的老工业制定的政府支持政策,很难看到美国区域产业选择的政策。美国对区域产业发展的影响是通过联邦财政对州政府的补助和补贴来实现的。

德国主要通过财政补贴促进产业布局合理化。德国既有自上而下的纵向财政转移支付制度,也有富裕州补助较贫穷州的横向财政转移支付制度,财政的转移支付在于使产业在区域间均衡发展。

日本的产业布局政策的目标主要是适应外向型经济的发展,充分利用沿海地带便利的交通,实现产业布局合理化,增强国力。第二次世界大战后到20世纪80年代,通过"太平洋的狭长地带区"的计划和必要的财政、金融措施,使其沿太平洋狭长地带发展为世界上最为重要的重化工业带;之后,日本制订了四个全国性开发计划,解决了工业布局过密、过疏的不协调问题。

三、中国的产业布局政策

我国幅员辽阔,各地自然资源和社会文化差异很大,1949年新中国成立时,我国呈现出极不平衡的产业布局状况。东部沿海地区集中了全国70%以上的工业和交通设施,近代工业主要分布在京津唐、沪宁杭和辽中南三大工业基地,广大内陆地区(除武汉、重庆等少数沿江城市外)的近代工业几乎全是空白。

新中国成立后,我国逐渐建立起计划经济体制,政府通过直接投资决定产业的空间分布。为改变我国产业分布严重不均衡的状况,新中国成立后确立了"均衡分布"的经济布局调整战略,强调内地和沿海均衡发展,国家的投资重点指向中、西部地区。"三五"和"四五"时期（1966—1975年），产业布局政策围绕国防和备战来确定，重点开展了"大三线"建设，西部和中部获得了较多的中央政府投资。"五五"时期（1976—1980年），产业布局的重点开始向东南沿海地带转移。

改革开放以来，产业布局的指导思想逐渐转变为以经济建设为中心，遵照经济规律原则，从强调"均衡布局"转向总体上实施"非均衡布局"战略。"六五"时期，"积极利用沿海地区现有的经济基础，充分发挥它们的特点，带动内地经济的发展"。"七五"时期更加明确了产业布局的基本战略，"加速东部沿海地带的发展，同时把能源、原材料建设的重点放到中部，并积极做好进一步开发西部地区的准备"。

随着东部地区的快速发展，我国地域发展不平衡的矛盾又一次变得突出，协调地区发展再次成为政府的重要任务。2000年1月，国务院成立西部地区开发领导小组，时任国务院总理的朱镕基任组长；经人民代表大会审议通过，国务院西部开发办于当年3月正式运作，这标志着我国西部大开发战略拉开了序幕。

东北老工业基地曾经为新中国的发展做出了巨大贡献，随着资源的枯竭，许多城市陷入发展困境。2003年3月《政府工作报告》提出了支持东北老工业基地加快调整和改造的思路，10月中共中央、国务院下发《关于实施东北地区等老工业基地振兴战略的若干意见》，12月国务院振兴东北地区等老工业基地领导小组成立，振兴东北的区域发展战略开始逐渐得以实施。

2004年3月，时任国务院总理的温家宝在政府报告中提出"促进中部地区崛起"的重要战略构想，并指出"加快中部地区发展是区域协调发展的重要方面"，之后一系列促进中部崛起的政策陆续登台。

第五节 产业技术政策

一、产业技术政策概述

（一）产业技术政策的概念

产业技术政策是指政府对产业技术发展实施指导、选择、促进与控制的政策的总和。产业技术政策以产业技术为直接政策对象，目的是保障产业技术的适度和有效发展。产业技术政策是产业政策体系的重要组成部分，产业政策的核心是产业结构的高级化，从长期来看，促进产业结构升级的核心条件是技术的进步。产业技术对特定产业而言，在产业的幼小期和衰退期具有决定前途和命运的影响力。

产业技术政策包括产业技术开发政策、产业技术商业化政策（技术转化政策）、产业技术引进和消化政策、产业技术标准政策、产业知识产权政策、产业技术转移政策、产业技术出口政策以及产业技术安全政策等。从表现形式看，除政策文件外，还包括法令、条例、措施、规划、计划、纲要、指南、目录、管理办法等形式。美国多以法案和政府报告的形式发布政策，日本多以纲要和计划形式发布政策，我国则多以若干意见、决定、规定、目录和管理办法等形式发布政策。

（二）产业技术政策的分类

产业技术政策可从不同角度进行分类。

根据政策制定的主体，产业技术政策可以分为国家产业技术政策、行业技术政策和地方产业技术政策。

根据政策作用的对象，产业技术政策可分为普适性产业技术政策和专项性产业技术政策。普适性产业技术政策指适用于所有产业或多数产业的技术政策，这类产业技术政策大多以构建产业技术发展环境为目标；专项性产业技术政策重点支持某一特定的产业或产品，这类产业或是具有战略意义的前瞻性产业，或是经济地位重要、外部效益突出，但相对落后，或虽然先进但担心被其他国家赶超的产业。

根据政策的实施方式，产业技术政策可分为强制性产业技术政策和指导性产业技术政策。强制性产业技术政策是企业必须遵照执行的政策，大多以法规或管理办法的形式发布；指导性产业技术政策是企业自愿参照采用的政策，往往以政府报告或咨询报告的形式发布。

根据政策的目的，产业技术政策可分为扶植性产业技术政策、规范性产业技术政策和引导性产业技术政策。扶植性政策也称倾斜性政策，即重点扶植某一特定产业；规范性政策对市场规则和企业行为予以规范；引导性政策是政府确定产业技术的发展目标、对政策作用对象的具体规划和指导。

根据政策的形式，产业技术政策可分为主体性政策和工具性政策。主体性政策直接阐述政策要求，如法规、政策和管理文件；工具性政策则通过目录、规划、计划、基金等体现和落实政策目标与内容，作为政策实施的载体和工具，它是政策体系中不可缺少的组成部分。

二、产业技术政策的重要性

技术、知识具有公共产品的属性，技术开发的成本与技术进步的收益之间存在非对称性，单纯依靠市场机制分配资源难以满足技术发展的需要。开发技术的收益分为私人收益和社会收益，技术开发的私人收益往往低于社会收益，影响企业或个人开发技术的积极性。此外，基础研究的私人收益率往往更低。重大的技术创新越来越依赖于基础科学的突破，企业或个人在资本规模、风险承担上存在劣势，需要国家的产业技术政策来保护、支持和促进科技开放与创新，如国家制定和推行的专利保护政策、风险投资促进政策和基础研究支持政策等。

现代经济的技术进步越来越依赖连续、高效、大规模和有组织的技术创新。为实现技术资源的有效开发和最优配置，防止技术创新的中断，确保产业技术的持续进步，国家就必须以适当的政策手段对技术开发的推广应用进行有效的指导、组织、扶持和协调。当今世界技术领域的国际竞争日趋激烈，广大发展中国家的产业技术与发达国家之间的差距正呈现出扩大趋势，因此，政府需要采取积极的措施，制定正确和有效的产业技术政策。

三、我国的产业技术政策

新中国成立以来，我国的产业技术政策大致可以分为改革开放前和改革开放后两个阶段。

改革开放前，我国的科学技术发展很快，研究开发能力有很大提高，但总体来看尚处于认识阶段。20世纪50年代，我国整体上确定了"重点发展，迎头赶上"的基本方针，注重引进苏联的技术；到了20世纪60年代，由于中苏关系恶化，我国走上独立发展技术的道路。

改革开放后，我国的科技事业由于党和国家的重新重视和支持获得了新的发展。我国重新注重引进国外的先进技术来提高本国的技术水平，同时发展有自主知识产权的技术；逐步努力使企业成为技术创新的主体；增加国家对技术创新的投资；推动产学研相结合；基础研究和高技术研究同时有选择地发展。

1985年，国家科委首次发布《中国技术政策》，包括能源、交通运输、通信、材料、机械、住宅建设、建材、农业、消费品、集成电路、电子计算机、城乡建设、环境保护等14项技术政策的要点。之后，一些部门和地方也陆续制定本部门和地方的技术政策。

20世纪90年代后，随着市场经济的发展和政府职能的转变，国家逐步重视以引导方式进行高技术产业发展的宏观管理与调控，发布了一系列发展指南和发展目录，如科技部与商务部联合制订发布的《鼓励外商投资高新技术产品目录》。

2002年，国家经贸委、财政部、科技部和国家税务总局联合发布《国家产业技术政策》。从产业范围看，包括高技术产业、农业、能源、环保、交通运输业、原材料、加工制造业、建筑业、国防工业等，几乎覆盖了我国的所有产业。从产业技术政策内容看，包括促进产业发展的投资政策、研究开发政策、企业创新政策、技术引进政策、技术标准政策、区域政策、知识产权政策、产业安全政策、中小企业政策和技术人才政策等，我国基本形成了比较系统完整的国家产业技术政策框架。

2004年起，国家发改委、科技部、商务部、国家知识产权局联合制订了《当前优先发展的高技术产业化重点领域指南》，并每两年修订和发布一次。2007年度的《指南》确定了优先发展信息、生物、航空航天、新材料、先进能源、现代农业、先进制造、先进环保、资源综合利用和海洋十大产业中的130个高技术产业化重点领域。

第七章 产业发展

产业发展是指产业的产生、成长和进化过程,既包括单个产业的发展,又包括整个国民经济的发展。具体是指某一产业中企业数量、产品或者服务产量等数量上的变化,也包括产业结构的调整、变化、更替和产业主导位置等质量上的变化等。因此,产业发展是一个由低级到高级,由简单到复杂,由不成熟到比较成熟,由小规模到大规模的演化过程。

第一节 产业发展概述

产业发展、产业增长、经济发展、经济增长等既有一定的区别又有密切的联系。

一、产业发展的内涵

(一) 产业发展的含义

产业发展是指产业的产生、成长和演进。产业发展既包括单个产业的进化,又包括产业总体的演进;既包括产业类型、产业结构、产业关联和产业布局的演进,又包括产业组织的变化、产业规模的扩大、技术的进步和效益的提高。

产业发展的过程,既是单个具体产业产生、成长、繁荣、衰亡的不断现代化的过程,也是产业总体的各个方面不断由不合理走向合理、由不成熟走向成熟、由不协调走向协调、由低级走向高级的过程,也即产业结构优化、主导产业分阶段化、产业布局合理化、产业组织合理化的过程,产业发展的状况,既是产业类型变化规律、产业结构演进规律,也是产业发展的规律。

可以说,产业发展即整个国民经济的进化过程,其核心就是一个结构变化的过程。因此,"产业发展"的概念类似"经济发展"。当然,后者的内涵要比前者宽泛得多。经济发展包括了产业发展,又以产业发展为前提和基础;产业发展又是经济发展的必要条件、关键因素和强大动力,产业发展的状况直接决定整个国民经济发展的状况。因此,产业发展的研究对促进国民经济的发展具有特别重大的意义。

(二)**经济增长与经济发展**

经济增长与经济发展这两个概念之间虽然有根本的区别,但它们之间也有很强的联系。经济增长是指一个国家或地区在一个时期内实际货物和劳务产出的增长。它既可以用国民生产总值计算,也可以用人均国民生产总值计算,前者用来表示一国总的生产能力的扩大,后者用来表示一国扣除人口增长因素后生产水平的提高。如果一个国家的商品和服务增加了,不管从什么意义上,都可以把这一增加看成"经济增长"。

经济发展的含义就要广泛得多,除了产出增长和人均产出的增长之外,它还伴随经济结构(产业结构、就业结构、消费结构等)、政治体制、文化法律,甚至观念、习俗的变革等。一般而言,经济增长是手段,经济发展是目的。经济增长是经济发展的基础,经济发展是经济增长的结果。没有经济增长是不可能有经济发展的。但是,经济增长不一定必然带来经济发展。例如,韩国自1960年以来发生的变化,与利比亚因石油勘探而产生的变化相比较,有根本的不同。两个国家都发生了人均收入的大幅度提高,但与韩国不同的是，利比亚人均收入的提高主要依靠外国技术组成的外国公司，生产的单一产品石油主要供美国和西欧消费。尽管利比亚政府和人民从石油贸易中获得了大笔收入，但他们本身与这些收入的生产几乎无关，从而出现了有经济增长而无经济发展的现象。

产业既是具有某种同一属性的企业的集合，又是国民经济以某一标准划分的部分，即产业是国民经济的有机组成部分。经济发展包含了产业发展，经济发展的核心是一个结构变迁、不断升级的过程，经济发展是以产业发展为前提和基础的，产业发展是指产业的产生、成长和进化的过程，既包括每一个产业的进化过程，也包括各产业总体的进化过程。显而易见，经济发展的含义要比产业发展的含义宽得多。

（三）产业增长与产业发展

产业发展也不同于产业增长。产业增长单指产业生产能力、经济潜力的增强，或者是指从产出角度来看的产业产出量的提高。产业发展则包含了更广泛、更深刻的内涵。产业发展包含产业增长，而产业增长只是产业发展集合中的一个子集。可见，产业发展与产业增长既有联系，又有区别。产业增长是产业发展的前提。产业发展首先是产业产出的增加，它不等于产业增长，但又包含产业增长，没有增长就必然没有发展。因此，如果混淆了二者的区别，则很容易认为产业增长必然会带来产业发展。要想求得产业的发展，首先必须求得产业的增长，并应使增长达到一定的速度与规模。没有增长这个前提和先导，产业发展的各方面都会失去基础。

二、产业发展的主要影响因素

决定和影响产业发展的因素十分复杂，既包括政治、经济、文化、历史等宏观性因素，也包括需求、供给、对外贸易、经济制度及经济发展战略等具体性因素。这些因素相互交织、相互联系，影响和决定产业发展的轨迹。

第七章　产业发展

(一) 需求因素

需求主要包括消费需求和投资需求。生产满足需要，需求促进生产，这就意味需求和需求结构的变动必将引起生产和生产结构的相应变动。而生产结构本质上就是产业结构，因此需求会显著决定和影响产业的发展。

1. 投资结构

投资是企业扩大再生产和产业扩张的重要条件之一。投资结构是指资金投向不同产业方向所形成的投资配置量的比例。投资方向的不同，会直接导致已有产业结构的改变。当投资流向创造新的需求时，将形成新的产业而改变原有的产业结构；当投资流向部分产业时，将推动这些产业以比未获投资的那部分产业更快的速度扩大，进而影响原有的产业结构；当对全部产业投资但投资比例各不相同时，则会引起各产业发展程度的差异，并导致产业结构的相应变化。正因为投资是影响产业发展的重要因素，政府往往采用一定的投资政策，通过调整投资结构来实现产业发展的目标。

2. 积累和消费结构

积累是指用于生产性的投资量。消费是指居民对最终产品的需求量。积累和消费结构，其实质是投资与消费的比例。由于一定时期内的一国国民收入是一个定量，如果不考虑引进外资等因素，投资量和消费量存在此消彼长的关系，即投资量增大，消费量必然减少，反之亦然。当投资比例较高时，相关的资本资料产业将得到较快发展，产业结构也会发生相应变动，当消费比例较高时，扩大的居民消费需求会刺激生产消费资料产业部门的较快发展，同时会涉及与生产消费资料相关的生产资料产业部门的需求变化，同样也会推动产业结构的变动。对积累和消费的比例，不能随意确定，如果人为地提高积累率，会导致消费不足，造成有效需求萎缩，最终影响生产发展；同样，如果人为提高消费资金比例，则会因为积累不足进而影响生产发展，造成供给相对减少，也不可能实现居民消费需求增长的目的。因此，对这一比例的确定应该以实现生产和消费的良性循环和可持续发展为前提，充分考虑人口、社会文化、经济实力水平、经济发展目标等诸多因素。

３. 个人消费结构

个人消费结构是指个人在衣、食、住、行、文化、娱乐、保健和旅游等方面的消费支出的比例关系。这一比例将直接影响消费资料产业部门的发展，并间接影响给这些产业提供生产资料的生产资料部门的发展，进而影响产业结构的变动。当然，这种变动是有规律可循的。德国社会统计学家恩格尔在大量调查统计的基础上，于1875年发表的名为《萨克森王国的生产与消费状况》的著名论文中，揭示了著名的"恩格尔定律"，即随着人均收入水平提高，人们在食物消费方面支出的比重会趋于减少；随着人均收入的提高，人们的消费结构会由以购买食品、衣服等非耐用消费品为主转向购买电视机、音响、洗衣机、电冰箱等耐用消费品，及娱乐、社交和旅游等服务类消费品，从而相应地刺激耐用消费品产业和旅游、娱乐等服务性行业的发展。这种消费结构的转变在改变消费资料产业的内部结构的同时，也改变了整个国家的三次产业结构。

４. 中间需求和最终需求的比例

中间需求和最终需求的比例是一种重要的需求结构。中间需求是指对中间产品的需求，即对尚需继续投入生产过程，并在生产过程中一次转移其全部价值的产品，如原材料、零部件等产品的需求；最终需求是指对最终产品的需求，即对不再需要进入生产过程，即可供人们消费或投资之用的产品的需求。中间产品的需求结构决定着生产中间产品的产业的内部结构，最终产品的需求结构决定生产最终产品的产业的内部结构。

决定中间需求与最终需求的比例的主要因素有专业化协作水平、生产资源利用率（利用率越高，相同产出的最终产品对中间产品的消费需求就越少，反之就越多）、最终产品的性能和制造技术的复杂程度（复杂程度高，对中间产品的需求量就越大）。显然，中间需求和最终需求的比例变动将会使社会生产的产业结构发生相应的变动。

(二) 供给因素

资源供给结构是指自然资源、人力资源、生产技术等资源的拥有状况和各种资源供应价格之间的构成关系。一国的资源供给结构对该国产业的发展与变化有极大的影响。

1. 自然资源

资源是相关产业发展的物质基础。一国的资源一般可分为待开发资源和已开发、正在利用的资源两类。前者在技术水平达到开发要求时，必将成为未来产业形成和发展的基础，后者的供给状况直接决定和影响产业结构。在发展产业时，我们往往注意发挥资源优势，优先发展同本国可以开发利用的丰富资源相关的产业，为进一步发展其他产业积累资金。因此，许多国家的产业结构都带有本国资源结构的印记。当然，自然资源对一国产业结构的影响程度，在不同经济发展阶段是不同的。一般来说，一国经济技术较落后，资源供给结构就能在较大程度上左右该国的产业结构。随着经济的发展和生产技术水平的提高，有关产业发展所缺资源可以通过进口来弥补，该国的资源结构状况对产业结构的演化所起的作用就会越来越小。尽管在不同国情下的资源对产业结构的影响程度大小有所差异，但这种差异的存在本身已足以说明，一国的自然资源状况确实能够在一定程度上影响和决定该国的产业结构。

2. 人力资源

人力资源是指具有生产劳动技能的劳动者的供给量。人力资源对一国产业结构的影响主要表现在以下几个方面：第一，作为生产力三要素中具有能动性的要素，劳动者的文化素质、知识结构、生产技能的状况，将在较大程度上影响产业发展，从而影响产业结构。低质量的劳动力，由于缺乏可转移性，必然会阻碍产业结构向更高阶段发展；反之，拥有现代技术和文化素养的高质量劳动力，必将加快推动产业结构向高度化演变。第二，人力资源的供给结构对一国产业结构的发展变化有重要的影响。一般来说，如果劳动力资源供给充裕、价格便宜，投资者从取得较高投资收益的角度来考虑，就会加大对劳动密集型产业的投资，从而促进该类产业的发展；而如果劳动力资源供给稀缺、价格上升，当劳动力的边际产出率小于资金的边际产出率时，投资者就会倾向将资金投向劳动力运用较少的资金密集型产业，从而推动资金密集型产业的较快发展。

3. 资金供给

资金供给状况是指可供投资的资金量及其使用价格的状况。若不考虑引进外资因素，一国可供投资的资金规模主要取决于国内储蓄状况，而国内储蓄量的大小又受人民收入水平的制约。一般来说，收入水平低，储蓄倾向就小，可供投资的资金就少，必然会制约产业，尤其是资金密集型产业的发展。这是因为资金供给紧张，会使资金使用的代价，即贷款的利率上升，这样就会阻碍重工业和技术密集型等资本有机构成较高的产业部门的发展；反过来，资金供给充裕，使用成本就会下降，有利于资金流向技术和资金密集型产业，进而推动产业结构的演化和发展。显然，一国产业结构的演变与资金供给状况高度相关，即便引进外资，也会因融资价格的高低而直接影响这些资金的产业投向。

4. 生产技术体系

科学技术是推动一国产业结构变化最重要的因素之一。从技术角度来看，一国的产业结构表现为一定的生产技术结构。生产技术结构的进步与变化会引起产业结构的相应变动。能源利用率的技术水平提高，会使一定规模的加工产业的能源需求量减少，相应地，能源产业部门的供给规模也会相对缩小。新工艺、新技术的出现，会促使新的产业部门产生，与此同时，使用原有陈旧技术、工艺的产业部门会逐渐衰退，尤其是与其他产业部门高度相关的高新技术的出现，会引起一国产业结构的重大变化。例如，大规模集成电路的出现、电子计算机技术的发展，使工业全盘自动化成为可能，也为信息产业的蓬勃发展开辟了道路，进而又推动了电子计算机产业的迅速扩张。

（三）对外贸易因素

随着生产社会化的不断发展，一国与世界其他国家的经济交往活动越来越频繁，这种经济交往活动给该国的产业结构带来越来越重要的影响。对一国产业结构产生影响的对外贸易因素，主要表现在以下几个方面：

1. 进出口贸易

社会分工打破国家界限，引发出口国与进口国在资源、产品、劳务等方面的交换，即国际贸易。进出口贸易有利于各国发挥自身比较优势，获得比较利益。进出口贸易对产业结构的主要影响包括资源、商品、劳务的出口会对国内相关产业的发展起推动作用；国内紧缺资源、劳务的进口可以弥补本国生产该类商品产业的不足，同时进口某些新产品还有助开拓本国市场，为本国发展同类产业创造条件等，当然，有些商品的进口也可能会对本国某些产业的发展起抑制甚至冲击作用。

2. 国际技术转移

国际技术转移是指通过各种方式使生产技术、技术诀窍等在各国之间流动和转让。成套设备、自动流水线及其先进技术的引进，不但会带来进口国相关产业技术水平的较大提高，而且能够促进进口国新兴幼稚产业的较快成长，即技术转移会对一国产业结构产生影响。第二次世界大战后的日本经济之所以能够迅速实现起飞，一个极其重要的成功经验便是博采众长，引进了欧美国家的先进技术，并加以消化、创新，从而加速了产业结构高度化演进的进程和工业化步伐。改革开放后的中国，也通过引进大量先进、实用的技术，改造了传统产业，促进了一批新兴产业的成长，在产业结构的合理化调整和高度化发展中发挥了重要的作用。

（四）制度、政策与发展战略

许多有关产业发展的模型主要是通过各种物质生产要素的变化分析生产率的变化和产业发展的状态，而将制度、政策与发展战略这类人为因素视为已知的、既定的，即作为"外生变量"而排除在模型考虑因素之外。在这些模型中，尤以产业发展的技术创新论风行一时。那么，是否可以就此认为,当物质生产要素不变,尤其是技术不变时,生产率就无法提高,产业发展就不能实现了呢?显然,这种推断是不严谨的。制度、政策与发展战略这类人为因素,作为主体行为的结果的客观运动,与其他生产要素在某些方面,尤其在实现产业发展和经济增长方面会有一定的相似之处。制度变迁和技术进步的行为主体都是追求收益最大化的。当然,不同的行为主体(如个人、团体或政府)推动制度变迁的动机、行为方式及其产生的结果可能有所不同,但它们都服从制度变迁的一般原则——制度变迁是为了在实现社会总收益增加的同时又不使个人收益减少。制度变迁的成本与收益之比对促进或推迟制度变迁起关键作用。只有在预期收益大于预期成本的情况下,行为主体才会去推动直至最终实现制度的变迁。日本产业政策和外向型经济发展成功的一个很重要的原因,便是由于其制度变迁的收益与成本之比较小,因而其制度变迁比其他国家更易进行,与此同时,日本充分利用了后发优势,迅速地推进了本国的产业升级。

(五)环境因素

环境是作用人类的所有自然因素和社会因素的综合。生态环境是人类或生物集团与环境相互作用,通过物质流和能量流共同构成的环境复合体的总称。生态环境能为产业发展提供基本的生产条件和对象,如土地、森林、草原、淡水、空气、矿藏等,同时它又是人类社会生产和生活中产生的废弃物的排放场所和自然进化场所。因此可以说,生态环境是产业发展赖以生存的基础。

在工业化之前的社会中,人们把生态环境看成取之不尽、用之不竭的,任何人都可以无偿使用并且不会损害他人利益的免费物品。进入工业化社会后,随着生产规模的急剧扩大和城市化进展及城市化进程的不断加深,人类对环境资源的需求量日益增加,生产和生活的各种废弃物排放量也越来越多,局部地区甚至超过了环境容量和净化能力所允许的极限,出现了形形色色的环境污染问题和环境资源短缺现象。直至于此,生态环境对产业发展的制约作用才逐步引起人类的重视,经济学家也开始将环境因素纳入经济发展的分析框架中。可持续发展的思想将深刻地影响世界各国产业的整体发展，环保产业则会成为产业发展中的一个新的经济增长点。

第二节 产业发展的理论基础

产业发展理论建立在马克思的经济增长理论及西方经济学的经济增长理论的基础上。

一、马克思的经济增长理论

卡尔·马克思（1818—1883）经过多年的科学研究，独立地开辟了后来被称为经济增长理论的新领域。马克思从19世纪50年代末开始研究社会资本再生产问题，到80年代初最终完成自己的社会资本再生产理论，经历了20多年的漫长过程。马克思在批判地继承古典经济学家有关理论遗产的过程中，逐步形成、发展和最终完成了社会资本再生产和流通理论的科学体系，即经济增长理论的科学体系。马克思创立社会资本再生产理论的过程就是创立经济增长理论的过程。马克思的经济增长理论主要包括以下基本内容：

（一）剩余价值理论

剩余价值是雇佣工人所创造的并被资本家无偿占有的超过劳动力价值的那部分价值。马克思在《资本论》（1865）中写道，剩余价值是雇佣工人所创造的并被资本家无偿占有的超过劳动力价值的那部分价值，它是雇佣工人剩余劳动的凝结，体现了资本家和雇佣工人之间剥削和被剥削的关系。

其基本观点是：

1. 资本家向工人支付工资，购买工人的劳动力以后，即强迫工人为其长时间地劳动，货币由此转化为资本。

2.资本家的全部资本分为两部分：一部分用于购买工人的劳动力，称为"可变资本"，其价值量在生产过程中是可变的，能通过工人的劳动来增加；另一部分用于购买机器设备、原材料、燃料等，称为"不变资本"，在生产过程中其价值量是不变的，只是将原来的价值转移到新产品中去。

3.工人的全部劳动时间分为两部分：一部分叫"必要劳动时间"，用来再生产工人的劳动力价值，另一部分叫"剩余劳动时间"，用来创造新的价值。

4.工人在剩余劳动时间所创造的新价值，就叫剩余价值。

5.剩余价值本来是工人劳动的产物，应归工人所有，但是却被资本家凭借对企业的所有权无偿独占，这就是资本家剥削工人发财致富的秘密。

6.资本家为了加强对工人的剥削，赚取更多的剩余价值，所采取的基本途径有两条：一是强迫工人延长劳动时间，或强迫工人提高劳动强度，绝对地增加剩余劳动时间，这种方法叫"绝对剩余价值"；二是通过技术进步，缩短必要劳动时间，即缩短工人再生产劳动力价值的时间，相对延长剩余劳动时间，这种方法叫"相对剩余价值"。

（二）社会资本再生产理论

马克思认为，社会资本再生产是一个不断循环运动而实现的社会总资本的再生产。马克思根据使用价值的最终用途，把社会总产品划分为生产资料和消费资料两大类，相应地把社会生产分为生产资料生产（第一部类Ⅰ）和消费资料生产（第二部类Ⅱ）两大部类。同时，又把每个部类的产品从价值上划分为不变资本C、可变资本V和剩余价值M三个组成部分。不变资本是资本家用于购买生产资料的那部分资本，在生产过程中，借助于工人的具体劳动，把原有价值转移到新产品中去，价值量没有发生变化。可变资本是指用于购买劳动力的那部分资本，要生产过程中由劳动力的使用创造大于自身价值的价值，使预付资本价值量发生了变化。

社会资本再生产运动的核心问题是实物替换和价值补偿的实现问题。而这两方面的关系，又是以实物替换为基础。只有实物上和价值上都得到替换和补偿，简单再生产才能实现。扩大再生产是在简单再生产的物质基础上进行的。第一部类要进行扩大再生产，剩余价值就不能全部用于资本家个人消费而去和第二部类相交换，必须有一部分转化为积累。这样剩余价值（即M）就分为两部分：一部分仍作为资本家的个人消费（以M/X代表）；另一部分用作积累（即M–M/X）。而积累又必须按照生产资料和劳动力的比例分为两部分：一部分作为追加不变资本（以ΔC代表）；另一部分作为追加可变资本（以ΔV代表）。由于M有一部分留作本部类的积累，不能再和第二部类去交换，所以Ⅰ（V+M）>ⅡC。同样，第二部类要进行扩大再生产，M也必须分为M/X、ΔC、ΔV三部分，留作本部类积累的可变资本部分也不能去和第一部类相交换，所以Ⅱ（C+M–M/X）>Ⅰ（V+M/X）。这两个公式正是表明了进行扩大再生产要有追加生产资料和追加消费资料这个物质基础。

无论是简单再生产，还是扩大再生产，社会总产品各个组成部分的实物替换和价值补偿，社会资本再生产的比例关系必须按一定比例，经过相互交换，才能全部实现。交换关系有三种情况，马克思称为三大要点：

1.ⅠC或Ⅰ（C+ΔC），是通过第一部类内部交换而得以实现；

2.Ⅱ（V+M）或Ⅱ（V+ΔV+M/X），是通过第二部类内部交换而得以实现；

3.Ⅰ（V+M）=ⅡC或Ⅰ（V+ΔV+M/X）=Ⅱ（C+ΔC），是通过两大部类之间的交换而得以实现。

总之，简单再生产与扩大再生产两大部类内部的交换关系和两大部类之间的交换关系，都是按一定的比例实现的。

（三）**经济增长理论**

第一，经济增长的实质就是生产力的发展。马克思认为，"一切生产都是个人在一定的社会形式中，并借这种社会形式而进行的对自然的占有"。生产力的发展决定人类社会发展的各个方面，并决定生产关系、上层建筑相应的变革。经济增长的实质就是生产力的发展。

第二，经济增长具有永续性和递增性。由于知识的进步、由于人力资本和物力资本的累积效应，经济的发展有一种自加速的趋势。同时，由于生产力的发展具有永续性和递增性，因此，经济的发展也必然具有永续性和递增性。

第三，制度对经济增长具有至关重要的作用。马克思认为，"没有抽象的生产，也没有离开制度（生产关系是制度的核心）的生产力及其发展。生产力总是在一定的生产关系（制度框架）中组织和运行。先进的生产关系会促进生产力的发展，落后的生产关系则会阻碍生产力的发展。马克思的这一理论为后来的制度经济学派产生了巨大的影响。

第四，生产力和生产关系组成的物质资料的生产方式是决定经济增长的根本因素。物质资料的生产方式主要包括经济生产能力、经济结构、体制变革等。

第五，建立合理的产业结构，按比例分配社会资源是经济发展的前提条件。国民经济都是由互相联系、互相制约的各产业部门组成的经济网络。各产业部门只有按客观需要的比例关系实现均衡增长，社会经济的总体才会稳定、持续发展。

二、西方经济增长理论

马克思主要是从定性的方式来分析经济增长，而西方经济学家更多的是从定量的方法来分析经济增长，他们有的侧重把一些可观察的或易处理的增长要素（如资本和劳动）与增长实绩（如国民生产总值或国民收入）联系起来，建立各种或繁或简的计量函数模型，用于解释经济增长；有的侧重从经济增长过程中经济结构的演进、转变或高度化的角度来解释经济增长；有的侧重从经济增长的阶段性特征来描述经济增长及其条件；有的侧重从经济增长的要素来解释经济增长的原因和过程。因此，西方经济增长理论中包含了"模型论""结构论""阶段论""因素论"等主要流派。

(一)经济增长模型论

就是把各种经济增长要素作为自变量,把经济增长(通常用国民生产总值、国民收入或人均收入来表示)作为因变量,确定函数关系,以此来建立各种经济增长模型,用于解释经济增长现象。

在现代西方经济学文献中,20 世纪 80 年代以前最著名的经济增长模型有 3 个,即哈罗德-多马经济增长模型、新古典经济增长模型、剑桥经济增长模型。

1. 哈罗德-多马经济增长模型

哈罗德-多马模型即哈罗德-多马经济增长模型,美国经济学家 R. 哈罗德和 E. 多马分别提出的发展经济学中著名的经济增长模型,基于凯恩斯理论之上,出现于 1929—1931 年大危机后不久。该模型包括以下一些假定:①全社会只生产一种产品,这种产品既可用于消费,又可用于生产;②只有两种生产要素:劳动和资本,二者比例固定不变;③规模报酬不变,亦即单位产品成本不随生产规模变化而变化;④不存在技术进步。

哈罗德-多马模型的表达式是:

表示法一

$G_w = s/k = S\sigma$

式中,

G_w 为经济增长率,并具有总供给等于总需求,即"均衡增长"之含义;

s 为收入中的储蓄比率或储蓄倾向(1=S);

k 为资本产出比或边际的资本产量之比;

σ 为资本生产率,表示每一单位资本生产的产品数量。

表示法二

$G = S \cdot V$

式中,G 是经济增长率;S 是资本积累率(储蓄率或投资率);V 是产出-资本比。

表示法三

$\Delta Y/Y = s \times \Delta Y/\Delta K$

式中，

Y 为产出，ΔY 为产出变化量，$\Delta Y/Y$ 为经济增长率；

s 为储蓄率；

ΔK 为资本存量 K 的变化量；

$\Delta Y/\Delta K$ 为每增加一个单位的资本可以增加的产出，即资本（投资）的使用效率。

该模型突出了发展援助在经济增长中的作用：通过提高投资（储蓄率）来促进经济增长；通过资本转移（发展援助）能够促进发展中国家的经济增长；发展援助通过技术转移降低资本系数（k），即提高资本生产率（1/k）来促进经济增长。

2. 新古典经济增长模型

新古典经济增长模型的主要代表人物包括美国的经济学家索洛和英国的经济学家斯旺。罗伯特·默顿·索洛 1924 年 8 月 23 日生于美国纽约的布鲁克林。索洛主要因他在 20 世纪 50 年代和 60 年代对资本理论和增长理论的开拓性研究而著名，他的《对增长理论的贡献》（1956）和《技术变化与总生产函数》（1957）是经济增长理论方面的经典之作，同一时期英国经济学家斯旺提出了具有新古典生产函数的经济增长模型，后世把他们的研究称为"索洛－斯旺模型"，即新古典经济增长模式。他们把劳动力增长、资本增长和技术进步作用综合在一起阐述经济增长。

其模型包含如下假设：①全社会只生产一种产品；②资本－劳动比率和资本产出比率可以按需求进行调整和变化；③规模收益不变，边际生产率递减；④存在完全竞争，因而劳动和资本的边际生产率分别决定工资和利润，资本和劳动在任何时候都能得到充分利用；⑤存在技术进步。

新古典经济增长模型表达式为

$\Delta Y/Y = \Delta K/Y \cdot \Delta K/K + WL/Y \cdot \Delta L/L + \Delta r'/r$

式中，

ΔY/Y 为收入的增长比率（经济增长率）；

ΔK/Y 为资本的产出弹性系数（或权数）；

ΔK/K 为资本的增长比率；

WL/Y 为劳动力的产出弹性系数（或权数）；

ΔL/L 为劳动的增长率；

Δr'/r 为技术进步的增长比率。

新古典经济增长模型运用了变动的相对要素价格的生产率：外生变量包括储蓄率、人口增长率、技术进步率，内生变量包括投资，从而可以改变生产过程中投入要素的组合比例，这是哈罗德－多马模型中所不能包括的因素。但是，假定自由市场能够完全实现均衡与实际情况不符。

3. 剑桥经济增长模型

又称为新剑桥经济增长模型，它是现代凯恩斯主义新剑桥学派的经济增长模型。新剑桥经济增长模型是由英国的琼·罗宾逊、卡尔多和意大利的帕森奈蒂提出来的。

琼·罗宾逊（1903—1983），英国著名女经济学家，世界级经济学家当中的唯一女性，有史以来最著名的女性经济学家，新剑桥学派最著名的代表人物和实际领袖。被西方经济学家认为是应该获得而未能获得诺贝尔经济学奖的少数几个经济学家之一。1921年入剑桥大学，1925年毕业，后任剑桥大学经济系教授，1965—1971年任剑桥大学经济学教授，1977年退休后转为名誉教授。1933年发表了《不完全竞争经济学》一书，因之闻名于西方经济学界，她的《不完全竞争经济学》同张伯伦的《垄断竞争理论》一起被认为奠定了西方现代价格理论的基础。20世纪30年代初，由她和卡恩等人组成"凯恩斯学术圈"，对促进凯恩斯经济思想的形成曾起过相当重要的作用。1936年，凯恩斯的《就业、利息和货币通论》问世后，当时已是著名经济学家的罗宾逊高度评价了这一著作，并写了许多阐述凯恩斯理论的著作和文章，成了一个重要的凯恩斯主义者，从50年代起，她投入了很大精力与经济理论界居统治地位的新古典综合派论战，有力地动摇了新古典综合派分配论的根基，同时，使她成了新剑桥学派最著名的代表人物和实际领袖，由于她提出了很多比较激进的政治和经济观点，在西方经济学界素以"凯恩斯学派"代表人物著称。她对马克思列宁主义经济理论也做过比较深入的研究，甚至提出了"向马克思学习"的口号。但她对马克思经济理论也做了不少歪曲或曲解。1973年她与约翰·伊特韦尔合写的《现代经济学导论》被认为是按照新剑桥学派理论观点阐述经济问题的一本入门书。主要著作有《不完全竞争经济学》《论马克思经济学》《资本积累》《经济增长理论文集》《现代经济学导论》等。

尼古拉斯·卡尔多（1908—1986），英国当代经济学家，新剑桥学派的主要代表人物之一，以提出与经济增长论相融合的收入分配论和建议以消费税代替个人所得税著称。

新剑桥经济增长模型包括以下假设：①资本－产量比率 k 保持不变，即常数；②均衡条件为 I=S；③社会成员分为工资收入者（工人）和利润收入者（资本家），两者的储蓄率都是固定的，而且利润收入者的储蓄率大于工资收入者的储蓄率。

剑桥经济增长模型的表达式为

$Gw=S/k=P（Sp-Sw）+Sw/k$

式中，

Gw 为经济增长率；

P 为利润率；

Sp 为利润收入者（资本家）的储蓄率；

Sw 为工资收入者（工人）的储蓄率。

新剑桥经济增长模型主要有以下特点。

第一，该模型是哈罗德－多马模型的延伸，和后者一样，其基本观点是经济增长率决定储蓄率或投资率，而资本－产出比例是固定不变的。第二，该模型把经济增长与收入分配结合起来，说明经济增长过程中收入分配的变化趋势以及收入分配关系对经济增长的影响。第三，该模型认为，在社会分化为两个阶级"资本家和工人"的条件下，经济增长加剧了收入分配比例失调，收入分配比例失调反过来又影响经济增长。要解决这一问题，重要的不是简单地谋求经济快速增长而是消除收入分配比例失调的状况。第四，该模型否定了新古典经济增长模型的思路，即持续稳定增长取决投入要素比例的变化和技术进步，而认为要实现持续稳定增长必须靠国家政策对分配比例失调进行干预。

新剑桥增长模型旨在说明资本主义社会结构的症结在于国民收入分配的失衡，因而解决资本主义社会问题的途径不在于加速经济增长，而是实现收入分配的均等化，这种改良主义的观点和主张，使其被认为是"凯恩斯左派"。新剑桥学派的基本特征是以历史的、收入分配的结构分析为凯恩斯宏观经济分析的理论基础。其分配理论是经济增长理论紧密地结合在一起的动态分析方式，力图以劳动价值论为理论基础，抛弃了新古典学派在分配理论上的辩护性，不回避分配问题上所蕴藏的阶级结构。它无非是用数学语言说出马克思早已道出的一个历史现象，即利润收入者所得恰好是工资收入者所失。

（二）经济增长结构论

经济增长结构论是从经济结构演进、转换的角度来研究经济增长过程的经济增长理论，其重要代表人物及其理论有刘易斯的"二元结构论"纳克斯的"贫困恶性循环论"，罗丹的"大推进理论"，钱纳里的"发展型式"理论等。

1. 刘易斯的"二元结构论"

美国经济学家威廉·阿瑟·刘易斯，1915年1月23日出生在原英属西印度群岛圣卢西亚岛的一个黑人移民的家庭，在经济发展方面做出了开创性研究，深入地研究了发展中国家在发展经济中应特别考虑的问题，获得诺贝尔经济学奖。

刘易斯的"二元结构论"被认为是劳动力剩余的发展中国家经济发展

的"普遍真理",他把发展中国家的社会生产分成两部分:一部分是以现代方法生产的劳动生产率较高的部门(A部门);另一部分是以传统方式生产的劳动生产率较低的部门(B部门)。A部门生产率较高,而在B部门中,劳动的边际生产率低,甚至为零或负数。在该部门中,工资不是由工人的边际生产力决定,而取决劳动者平均分享的劳动产品的产量。B部门的收入又决定了A部门的下限。由于人口众多和劳动资料较少,劳动力相对资本丰富,以致把一部分劳动力转移出产业,产业的产量也不会下降。也就是说,对A部门按现行工资所提供的就业机会来说,劳动力供给是无限的。因此,在劳动力无限供给的条件下,A部门将逐渐扩大,B部门将逐渐缩小。也就是说,随着劳动力的转移,二元经济结构将消除。这就是著名的刘易斯模型。

刘易斯集中研究了二元经济结构问题,提出了工业化带动论。他认为发展中国家两大部门的主要差异表现在五个方面:其一,资本运用完全不同。现代部门使用再生产性资本,而传统部门不使用再生产性资本。其二,生产方式完全不同。现代部门采用机器大工业的生产方式,而传统部门采用手工劳动。其三,生产规模完全不同。现代部门生产规模较大,而传统部门生产规模较小。其四,生产率完全不同。现代部门因为生产规模较大,又使用再生产性资本,遵循规模报酬递增规律,而传统部门因为生产规模较小,又不使用再生产性资本,受土地规模报酬递减规律的约束。其五,收入水平完全不同。现代部门生产率较高,因此收入水平较高,其中产出的一部分可以用于积累和扩大再生产,而传统部门生产率较低,因此收入水平较低,产出仅够维持生存。在刘易斯看来,二元经济发展的核心问题,是传统部门的剩余劳动力向现代工业部门和其他部门转移。现代部门扩张,通过提供就业机会、分享物质设施、传播现代思想和制度、相互贸易等途径,既使传统部门剩余劳动力转移,又使传统部门获益并且得以改造更新而转化为现代部门,也使现代部门促成再生产性资本的进一步增长、生产规模的进一步扩大、生产率和收入水平的进一步提高。以现代部门扩张为主,现代部门和传统部门互联互动并且循环往复,不仅推动和促进了二元经济转变为一元经济,而且推动和促进了不发达经济转变为发达经济。

二元经济结构理论在发展经济学中占有重要的地位,但是这种理论也存在一些缺陷,如它假定工业部门存在着充分就业,B部门劳动力可以向A部门无限转移,但现实中多数发展中国家工业部门也存在大量的公开失业,等等。

2. 纳克斯的"贫困恶性循环论"

美国的经济学家拉格纳·纳克斯(1907—1959),哥伦比亚大学经济学教授。纳克斯强调外部经济的重要性,认为所进行的投资越多,每项投资也就变得更加可行。

拉格纳·纳克斯提出了一个"贫困恶性循环论"。他认为,"穷国之所以穷,就是因为它们穷"。这种同义反复的理论就是所谓"贫困的恶性循环,当然暗含一系列循环作用的力量,它们趋向以这样一种方式相互作用并反复作用致使一个贫困的国家处于一种贫困状态。这种循环力量的特定事例并不难于想象。比如,一个贫困的人可能没有足够的食物;由于营养不足,他的健康状态可能会比较虚弱;由于体力较差,他的工作能力可能比较低,这意味他是贫穷的,而反过来这又意味他将没有足够的食物;以此类推。适用作为一个整体的国家的这样一种情形可以用如下一个古老的命题来加以概括:"一个国家是贫困的,因为他是贫困的。"

这让发展中国家陷入了一种"贫困恶性循环"中。那么怎么样才能摆脱这种恶性循环?这就引出了罗丹的"大推进理论"。

3. 罗丹的"大推进理论"

奥地利经济学家罗丹(1902—1985),后移居到英国,再后来转到美国)认为,发展中国家要想摆脱贫困,实现从不发达到发达的转变,就需要投资发展工业,而投资必须有一个最低的数量,如果低于这个数量,一点儿一点儿地投资,就不会取得成功。因此,发展中国家必须做到在一定的数量之上、大规模的投资,通过这种大规模的投资所实现的大推进,经济才会得到发展。

为什么必须要有个大推进呢？罗丹认为，只有大推进才能够克服生产函数、投资需求、储蓄供给三者存在的"不可分性"。所谓生产函数中存在的"不可分性"，简单地说就是工业基础设施、社会公共设施部门，如交通、通信、电力等部门必须要先于直接生产部门投资，而且这些部门必须配套地进行（不可分），同时，发展这些部门所需要的投资量大、收回投资慢，这些特点都要求有巨额投资，否则经济是不可能发展的；所谓投资需求的"不可分性"指的就是各产业部门应该同时进行投资、平衡发展，不能一个一个部门单独发展；所谓储蓄供给的"不可分性"是指储蓄和收入不能按同一比例增长，只有当收入达一定程度时才能够出现储蓄。发展中国家收入水平低，有限的收入只能维持基本生活需要，因此利息率的高低对储蓄的影响不大。由于发展中国家储蓄存在缺口，所以无法满足大规模的投资要求。罗丹认为，上述三种"不可分性"给发展中国家经济发展带来了障碍，因此必须采用大推进战略，投资数量要大，时间上要同时进行，实行所谓"一揽子"的投资政策。

那么，怎样实行大推进战略呢？罗丹提出了两个办法：一是要获得资金。为此要增加税收，增加利润提成，实行赤字财政政策，要通过接受国外银行贷款、国外私人直接投资的办法吸取国外资金。二是要制定全面的政府计划，因为巨额的同步投资仅靠市场是不行的，必须借助政府的计划实现各产业部门的均衡发展。

4. 钱纳里的"发展型式"理论

霍利斯·钱纳里，哈佛大学教授，著名经济学家、世界银行经济顾问，1918年生于弗吉尼亚洲，1950年获哈佛大学经济学博士学位，1968年获荷兰经济学院荣誉博士。他曾任斯坦福大学教授、美国国际开发署副署长、世界银行副行长等公职，1965年起任哈佛大学教授。他还是世界经济计量学会会员、美国文理研究院研究员。钱纳里长期从事经济发展、产业经济学和国际经济学的研究，其主要著作有《产业联系经济学》（合著，1959年）、《工业化进程》（1969年）、《发展计划研究》（1971年）、《发展型式

（1950—1970）》（合著，1975年）、《结构变化与发展政策》（1979年）等。

钱纳里对经济科学的贡献是多方面的。最为经济学界熟知的是他提出的"发展型式"理论。在对结构转变和影响结构转变的多种因素的深入而全面的分析基础上，钱纳里揭示了经济发展的"发展型式"和各国经济发展的不同特点。在20世纪80年代，钱纳里等人提出的"发展型式"理论，将研究领域延伸低收入的发展中国家，认为投资和储蓄只是经济发展的必要条件，而不是充分条件。对发展，重要的是经济转变，因而强调对结构变动的各种制约因素的分析，如收入水平、资源禀赋、人口规模、政府的政策和发展目标、国际资本、国际先进技术、国际贸易环境等，从而揭示了经济发展的"标准型式"和各自的不同特点。

"发展型式"理论在经济学理论中独树一帜，影响很大。其主要论点或核心思想包括：第一，经济结构转变同经济增长之间具有密切的相关关系，这不仅表现为不同的收入水平、经济结构，而且表现为经济结构的转变，特别是非均衡条件下（要素市场分割和调整滞后等）的结构转变，能够加速经济增长；第二，工业化是经济结构转变的重要阶段；第三，工业化（经济结构）的转变取决两类主要因素的演化，即总需求的水平和要素供给的结构。通过多国模型的综合分析，可以揭示工业化，或者说结构转变的标准型式。这里的主要观点有三个：第一，工业特别是制造业在国民生产总值中所占份额增加的主要原因是中间需求而不是国内最终需求的变动，因而必须对工业化主要源于恩格尔效应的公认观点加以重大的修正；第二，贸易型式的变化，比起国内最终需求的变化来说，对总产业中制造业份额增加的影响也更大；第三，在工业化的不同阶段，影响工业化的各因素的相对重要性有所不同。

（三）经济增长阶段论

经济增长阶段论主要是指华尔特·惠特曼·罗斯托的经济增长理论。

罗斯托，美国经济史学家、发展经济学先驱之一，1916年生于纽约，1939年获耶鲁大学哲学博士学位。从1940年开始先后在哥伦比亚大学、牛津大学、剑桥大学、麻省理工学院等大学任教授，讲授经济史、经济学与历史。先后担任过欧洲共同体执行秘书助理、总统国家安全事务特别助理帮办、国务院政策计划委员会顾问和主席、总统国家安全事务特别助理等。

罗斯托在学术上最重要的研究成果是提出经济增长阶段的理论。他试图用经济理论解释经济历史的进程，把社会发展分为必须依次经过的6个阶段：

第一，传统社会阶段。这一阶段的基本特征是没有现代科学技术，生产水平低，农业居于首位。

第二，为起飞准备条件阶段。这一阶段的主要特征是农业向工业转移，在这个阶段除了近代科学和它的运用及市场的扩大成为经济增长的推动力外，经济方面要求保证储蓄率和投资率的提高，政治方面要求建立中央集权，社会方面要求建立法制保障私有产权。

第三，起飞阶段。这是建立以产业革命为动力的现代化社会阶段，是经济增长系列中最为关键的阶段，实际上相当于资本主义发展史上的产业革命时期。罗斯托认为要实现一个国家的经济腾飞必须满足三个条件：一是积累率应在10%以上；二是要建立主导产业部门；三是必须建立保证经济起飞的政治制度和推动社会经济增长的经济制度。

第四，成熟阶段。从起飞到成熟阶段大约需要50至60年的时间。其标志是经济持续增长，科技迅速发展，农业人口减少，经济结构发生重大变化，新产业部门大量发展。

第五，高额群众消费阶段。标志是主导产业部门转移到耐用消费品生产方面上来。美国在20世纪20年代、日本在20世纪50年代进入这一阶段。

第六，追求生活质量阶段。其标志是主导产业转移到服务业方面上来。人们不再满足对高档耐用品的追求，而开始追求更高质量的享受水平，如投资教育、卫生保健、城郊现代化建设、文化娱乐、旅游等。目前美国正处于这一阶段。

罗斯托用这种理论代替马克思对人类社会历史发展阶段的划分。他确信他的理论解释了西方各国已经历过的工业化过程，提示了一个国家在经济成长过程中所要遇到的一系列战略抉择问题。在罗斯托看来，发达国家和发展中国家不可避免地会在相同的阶段中出现一些共同的趋势和特征。"工业发达国家向不发达国家所显示的，只是后者未来的景象"。

（四）经济增长因素论

经济增长因素论是通过分析影响经济增长的要素来研究经济增长的理论，主要代表人物是美国的丹尼森和库兹涅茨。

1.丹尼森的经济增长因素论

丹尼森，美国经济学家，出生于美国内布拉斯加州。1938年获布朗大学文学硕士学位，1951年获布朗大学哲学博士学位。1941年任美国商业部经济局副处长，1962年任布鲁金斯研究所经济研究室高级研究员，1978年以后任美国商业部经济分析局国民经济核算部副部长。

经济增长因素的分类。丹尼森把经济增长因素分为两大类：生产要素投入量和生产要素生产率。并进一步地把经济增长的因素归结为以下八个方面：第一是所使用的劳动者的数量及其构成，第二是工作小时，第三是所使用的劳动者的教育程度，第四是资本存量的规模，第五是知识的状态，第六是分配到无效使用中的劳动的比重，第七是市场规模，第八是短期需求压力的格局和强度。

经济增长各个因素值的估算。根据丹尼森的计算，按各个因素对经济增长的贡献率的大小排序（以1948—1969年美国经济增长为例），依存为：第一，知识进展，即技术创新和管理、组织的改进占经济增长贡献率的32.7%；第二，完成的工作量，即工作小时、劳动力构成、就业率等占经济增长贡献率的29%；第三，资本存量的增长占经济增长贡献率的15.8%；第四，教育占14%；第五，资源配置的改进占经济增长贡献率的8.5%。根据丹尼森的分析，在影响国民收入增长的五项因素中，知识进展是最大和最基本的原因。

丹尼森经济增长因素论的评价。丹尼森以美国为样本所进行的经济增长因素分析开创了以因素分析寻求经济增长对策的先河，对现代经济增长理论做出了重要的贡献。丹尼森把知识作为现代经济增长的重要因素，符合世界经济增长的新趋势。在当代世界经济增长中,科学、技术、教育和知识因素在经济中的作用越来越重要。同时,丹尼森的经济增长因素分析对后进的发展中国家设计经济增长与发展模式有很多有益的启示。

2. 库兹涅茨的经济增长因素论

西蒙·史密斯·库兹涅茨(1901—1985),俄裔美国著名经济学家,1971年诺贝尔经济学奖获得者。他在经济周期研究中所提出的为期20年的经济周期,被西方经济学界称为"库兹涅茨周期",他在国民收入核算研究中提出了国民收入及其组成部分的定义和计算方法,被经济学家们誉为"美国的GNP之父"西蒙·史密斯·库兹涅茨的研究成果被学术界引用的次数,在西方经济学界中无人能与之相比。

库兹涅茨认为经济增长的主要因素是知识存量的增长、劳动生产率的提高、经济结构方面的变化。

知识存量的增长。库兹涅茨认为现代经济增长的重要因素之一是知识存量的增长。但知识本身不是直接生产力,由知识转化为现实生产力要通过科学发现、发明、革新、改良等转化过程。

生产率的提高。现代经济增长的第二个重要因素是生产率的提高,通过对劳动投入和资本投入对经济增长贡献的长期分析,库兹涅茨认为,以人均产值高增长率为特征的现代经济增长的主要贡献因素是劳动生产率的提高,亦即单位投入产出的高增长率。

经济结构的变化。现代经济增长的第三个重要因素是经济结构的变化。库兹涅茨对57个国家的农业、工业和服务业三个主要部门在总产值中所占份额进行的分析表明,不同产业部门的产值份额随人均国民生产总值的增加呈现规律性的变化。其中,农业的份额与人均平均产值成反比关系,农业在整个产值中所占的比重逐渐降低;第二、三产业在总产值中的比重逐渐增加,与人口平均产值成正比关系。因此,库兹涅茨认为,发达国家在现代经济增长时期的总体增长率和经济结构变换率都比它们在现代化以前要高得多。相反,不发达国家经济结构变动缓慢,结构因素对经济增长的影响比较小，表现在：不发达国家传统经济结构束缚着60%以上的劳动力，并集中在农业部门，传统的生产技术和生产组织方式阻碍着经济增长，制造业结构不能满足现代经济增长对它提出的要求；需求结构变换缓慢；消费水平低，不能形成对经济增长强有力的刺激；不发达国家的政治结构也不适应现代经济增长的要求。

库兹涅茨经济增长因素论的评价。丹尼森和库兹涅茨的经济增长因素分析相互补充，构成了比较完整的经济增长因素分析的理论与方法。丹尼森的经济增长因素分析主要以美国为例和进行短期的分析；库兹涅茨以世界上几十个国家为对象进行长期分析，其结论更具有普遍性。同时，丹尼森和库兹涅茨的经济增长因素分析，把经济增长的诸多因素具体化、数量化了，这不仅极大地发展了古典经济增长理论，也给人们在经济实践中正确认识总体增长中各个因素的不同作用，并以此为依据来调整经济增长速度、预测经济增长趋势等方面提供了方法和工具。

第三节 产业发展的生命周期

产业与企业及产品一样有一个生命周期，但产业发展的生命周期又与企业、产品的生命周期有所不同。

一、产业生命周期概述

（一）产业生命周期的含义

作为生物学概念，生命周期是指具有生命现象的有机体从出生、成长到成熟衰老直至死亡的整个过程。这一概念引入到经济学、管理学理论中首先应用到产品上，以后又扩展到企业和产业。一种产品在市场上的销售情况和获利能力会随着时间的推移而发生变化，这种变化和生物的生命历程一样，也经历了投入、成长、成熟和衰亡的过程，产业生命周期就是反映某特定市场对某特定产品的需求随时间变化的规律，产业作为生产同类产品企业的组合，从产生到成长再到衰落的发展过程就是产业生命周期的发展过程。

只要存在社会分工，只要是社会化大生产，就会存在由多种不同的产业构成的产业总体。如果产业总体也有生命周期，也会走向消亡，则意味着国民经济也会消亡，人类社会也就不存在了。因为从总体上来讲，产业将永远存在，产业总体也就不存在由产生直至消亡的生命周期。产业总体的发展过程是不断由不完善、不成熟的低水平向更完善、更成熟的高水平演进的过程，只要人类社会存在，这个过程就是无止境的，这是产业总体发展的一条最基本的规律。

但是，大多数单个具体的产业都会存在由产生直至衰亡的生命周期。这是因为，单个具体产业是生产同类产品的企业的集合，某种具体的产品大多数都存在生命周期，当某种产品走向消亡的时候生产这种产品的企业要么衰亡，要么通过转产变成其他产业的企业，与此同时，由生产消亡产品的企业集合而成的产业也会走向衰亡。因此可以说，产品的生命周期也就是产业的生命周期。

根据市场学的研究，产品的生命周期是指产品从最初投入市场到最终退出市场的全过程，产品的生命周期不是某个产品从生产、使用到消耗或者报废的使用寿命或自然寿命，而是某类产品在市场上的生命周期。因此，产品生命周期更准确地说应是产品的市场生命周期。某种产品在市场上的销售额和利润量的变化反映产品市场生命周期的具体演变过程，一般会依次经过开发期、进入期、成长期、成熟期、衰退期五个发展阶段。

从长期来看，大多数产品都会有市场生命周期，但也有少部分产品的生命周期并不明显，如大米、面粉、食盐等产品就看不出变化。不同产品的市场生命周期的时间长短和周期性特征也不完全相同。有的产品，如流行服装、时髦商品的市场生命周期短，而有的产品，如日用品的市场生命周期时间长。有的产品如照相机、电话机的投入期、成长期很长、而有的产品如电子计算机的投入期、成长期都非常短。产品市场生命周期产生的原因，主要是科学技术的进步和消费结构的变化。科学技术进步能够开发出许多功能更全、性能更好、质量更高、价格更便宜的新产品，消费结构则会使某些市场需求减少以至消失，使某些市场需求增加，使新的需求产生，这些都会引起产品的更新换代，导致老产品不断被淘汰、新产品不断取而代之的趋势，从而形成产品的市场生命周期。

（二）产业生命周期与产品生命周期的差异

既然某一产业是以其具有代表性的产品为基础的，就可以借用产品生命周期五个阶段的划分方法，把一个产业的生命周期也划分为四个阶段，即进入期、成长期、成熟期和衰退期。但是，由于一个产业的产出往往由多种相似的产品所组成，很难用某一产品的生命周期来代表整个产业的生命周期，这就造成了两者之间的差异。这些差异主要表现在以下几个方面：

第一，产业生命周期曲线的形状相比于产品的生命周期更为平缓和漫长。一个产业往往集中了众多相似的产品，因此，从某种意义上来说，该产业的生命周期是所有这些众多相似产品各生命周期的叠加，所以反映产业生命周期的曲线比单个产品生命周期的曲线显得更加平缓，长度更长，如图所示。

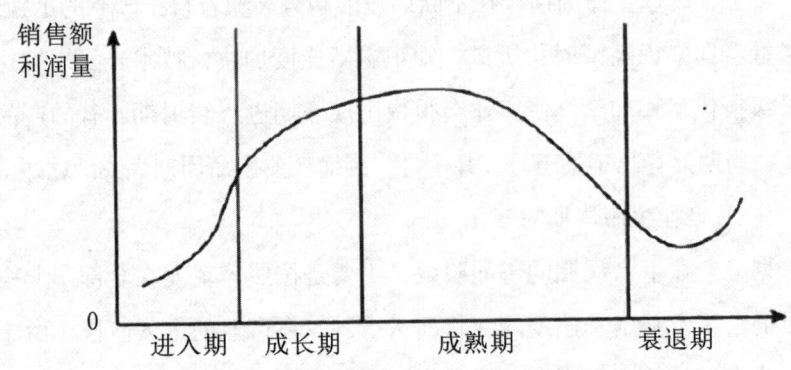

图　产品生命周期的四个阶段

第二,不是所有的产业都有生命周期。不仅产业总体没有生命周期,大多数大类产业,如工业、农业、服务业及其二级层次的种植业,轻工业、旅游业等也不存在生命周期。更进一步的,单个具体产业也不一定都存在生命周期,即不一定每种产业都会走向衰亡。例如,涉及居民生活必需品的产业,如理发业、清洁水供应业等一般都会持续存在,不会有生命周期。

第三,产业的生命周期具有明显的"衰而不亡"的特征。一个产业进入衰退期,意味该产业在整个产业系统中的比重将不断下降。但世界各国产业结构演进的历史都表明,随着新兴产业的不断形成和发展,进入衰退期的许多传统产业,虽然在国民经济中所占的比重将不断下降,但对这些产业产品的需求不会完全消失,因而这些产业的比重也不会下降到零,具有明显的"衰而不亡"的特征。真正完全"消失"或"死亡"的产业并不多见。

第四,产业生命周期曲线往往会产生突变,通过"起死回生",进入下一个发展周期。有些产业虽已进入了衰退期,但由于科学技术进步和消费结构的改变,有些进入衰退期的产业可能用高新技术进行改造和武装,降低成本,提高质量,改进性能,增加花色品种,重新焕发"青春",增强生命力,再次显示产业成长期甚至成熟期的特征。因此,有的经济学家认为,只有"夕阳技术",没有"夕阳产业"。

第五,产业生命周期存在不断缩短的趋势。随着科技改革的迅猛发展,人类社会向知识经济时代迈进,知识更新速度加快,技术开发周期短,产品升级换代步伐加速,使产业会很快由成熟期进入衰退期,有的产品的市场生命周期只有几年甚至只有几个月,因而产业生命周期大大地缩短。

(三)产业生命周期的变化

划分产业生命周期的不同阶段,主要是按照该企业在全部产业中所占比重的大小及其增长速度的变化而进行的。在产业的进入阶段,由于不同产业代表产品的市场需求状况的不同或其他原因,有的产业发展较快,有的却发展得十分缓慢。因此,该阶段的产业生命周期曲线对不同的产业而言会呈现不同的形状。但总的来说,处于这一时期的产业在整个产业中所占的比重还很小。当某产业的产出在整个产业系统中的比重迅速增加,并且该产业在促使产业结构变动中的作用也日益扩大时,就可以认为该产业已度过了进入期,开始进入成长阶段。处于成长期阶段的产业的一个主要特征是,该产业的发展速度大大地超过了整个产业系统的平均发展速度,并且其技术进步迅猛而且日趋成熟,市场需求量也迅速扩张,在生命周期曲线上表现为斜率较大、上升较快。经过成长期的迅速增长阶段后,由于其产出的市场容量已渐趋饱和与稳定,该产业对产业结构变动所起的作用也基本上得到了发挥,其发展速度必将放慢。这就标志该产业从成长期步入了成熟期,这时的生命周期曲线表现为斜率很小、变化平缓。该产业在这一时期里,在整个产业中所占的比重与其他阶段相比较是最大的。当技术进步后,市场上出现了在经济上可替代此产品的新产业时,该产业占整个产业的比重就会下降,发展速度开始变为负数,亦即该产业已进入衰退期,所对应的生命周期曲线具有不断下降的趋势,其斜率一般也为负数。

第四节　产业发展规律

产业发展主要包括产业结构的调整、变化、更替和产业主导位置等质上的变化,因此,产业发展具有一定的规律性。

一、产业发展趋势

进入 21 世纪后,产业发展也呈现了以下的发展趋势:
(一) 产业结构的"三、二、一"取代"一、二、三"
前面已经说过,一个国家的全部经济活动划分为三大产业:第一产业是广义上的农业;第二产业是广义上的工业;第三产业是广义上的服务业。

从产业发展的历程来看，一般在工业化的初期，由于科学技术水平和社会生产力水平比较低，整个国民经济的发展以农业为主，三次产业结构产值的比重必然呈现"一、二、三"的总体格局。但是，随着科学技术的进步和生产力水平的提高以及人民生活水平的提高，第二产业取代了第一产业上升为主导产业，三次产业的产值比重变为"二、一、三"或"二、三、一"的格局。随着第三产业上升为主导产业，那么产业结构的格局将会变成"三、二、一"的格局。

（二）新产业中心逐步取代老产业中心

随着科学技术的进步和国际分工的发展，在经济发展不平衡规律的作用下，世界经济有一个向中心转移的趋势，即世界产业活动从老的产业中心向新型的发达国家和少数发展中国家、新型市场经济体转移，整个世界经济中心从欧洲向亚洲、从大西洋向太平洋转移。

（三）绿色产业逐步取代灰色产业

随着社会发展，对产业经济的环保要求越来越高。那种片面追求高效益、资源过度消耗、生态破坏严重、环境污染严重的灰色生产力的发展道路，必然被保持生态平衡、避免环境污染、实现经济适应增长的绿色生产力的发展道路所取代。

产业绿色生产力发展道路就是产业经济绿色化，是指在产业的演化过程中，按照符合自然生态环境系统的有机循环原理建立产业发展模式，使不同类别的产业部门建立起经济资源合理利用和再利用的有机循环模式，尽可能地消除生产和消费环节对环境的破坏，达到产业与自然环境、社会环境的和谐可持续发展。自20世纪90年代以来，绿色产业革命开始兴起，人们对生存与生活质量的要求，使绿色需求成为人们提高生活福利水平的重要内容。

世界范围内的生态革命，促成了生态与产业成为一种新型的互动关系。这种关系一方面表现为产业的绿色化含量不断提高；另一方面形成了广泛的生态产业化现象，以生态产品的生产、使用、回收再利用为基本内容的新型生态产业不断发展，传统的三次产业正在向绿色化方向发展。

(四) 工业逐步取代农业

所谓农业国主要是指现代化大工业还没有发展起来，农业在工农业总产值和社会生产总值中占绝对优势，以手工劳动为主的国家。所谓工业国主要是指现代化大工业有了高度发展，工业在工农业总产值和社会生产总值中占绝对优势，已经用先进技术装备了国民经济各部门，以机械化、电子化劳动为主。

世界上发达国家和发展中国家的历史反复证明，发展中国家要变成发达国家必须要经历一个由农业国向工业国转变的过程。一般来说，发展中国家工农业结构发展趋势大体上可以表述为农业国、农业工业国、工业农业国、工业国四个阶段。

(五) 节约原材料的产业逐步取代消耗原材料的产业

在发达国家中，原材料工业向节约原材料及制造工业转化已成为产业结构调整的一大趋势，即原材料工业比重相对下降，而制造工业的比重相对上升。由于原材料的相对不足，所以各国在产业发展过程中都选择发展节约原材料的工业，一般工业生产正在逐步摆脱原材料密集型的产品加工程序，或者尽量降低原材料成本在整个产品成本中的比重，如塑料的原材料成本不到钢的一半，所有汽车的车身的生产现在都是用塑料来取代钢铁，这就是所谓的原材料经济学。

(六) 高新技术产业成为世界上产业竞争的主体

高新技术产业以高新技术为基础的产业，是从事一种或多种高新技术及其产品的研究、开发、生产和技术服务的企业集合，这种产业所拥有的关键技术往往开发难度很大，但一旦开发成功，却具有高于一般的经济效益和社会效益。高新技术产业是知识密集、技术密集的产业。产品的主导技术必须属于所确定的高技术领域，而且必须包括高技术领域中处于技术前沿的工艺或技术突破。

二、高新技术产业发展与传统产业改造

高新技术产业的发展与传统产业的改造既是产业经济学的重要内容之一，也是产业发展的规律。

（一）高新技术产业与传统产业的概念

高新技术产业是指用当代尖端技术（主要指信息技术、生物工程和新材料等领域）生产高技术产品的产业群。是研究开发投入高，研究开发人员比重大的产业。高新技术产业是指新的科技成果在实际应用和推广的基础上所形成的产业部门。

判定高新技术产业的主要指标有两个：一是研发与开发强度，即研究与开发费用在销售收入中所占比重；二是研发人员（包括科学家、工程师、技术工人）占总员工数的比重。此外，产品的主导技术必须属于所确定的高新技术领域，而且必须包括高新技术领域中处于技术前沿的工艺或技术突破。美国商务部和日本通产省将高新技术产业定义为满足以下条件之一的智力密集型产业部门：1.研究开发经费超过其价值增加额10%以上的产业部门；2.高科技人员超过其职工总数10%以上的产业部门。

目前世界上的高新技术产业主要有在信息技术的推广和应用基础上形成的信息工业、在电子技术的推广和应用基础上形成的电子工业、在新材料技术的推广和应用基础上形成的新材料工业、在新能源技术的推广和应用基础上形成的新能源工业、在生物工程技术基础上形成的生物工程工业、在宇航和海洋技术基础上形成的宇航工业和海洋工业等等。

传统产业主要是指在高新技术产业形成前就存在的产业部门。目前我工业部门绝大多数属于传统产业，其中，主要有钢铁工业、一般的机械制造工业、汽车工业、纺织工业、化学工业、煤炭工业和石油工业，等等。

（二）高新技术产业和传统产业的主要特征

高新技术产业主要有以下几个特征：

第一，开始建立时的产值比重不大，但生产增长率高。

第二，多是知识技术密集型产业，科研经费多，科研人员多且水平高。

第三，产品的附加价值高。

第四，对工业和整个国民经济具有较强的推进和带动作用。

传统产业主要有以下几个特征：

第一，经过长期的发展有相当的规模，产值比重较大，但生产增长率不如新兴工业高。

第二，绝大多数是劳动密集型和资本密集型产业。

第三，产品的附加值不如高新技术产业高，但仍然是国民经济的主体和支柱产业。

（三）目前世界的高新技术产业

目前世界上在高薪技术领域已形成了具有代表性的十大高新技术产业：

1. 光电子信息产业。以集成电路的发展为基础，信息产业在完成微电子化过渡之后，将形成更新信息手段的光电子信息产业。

2. 计算机及软件产业。主要是计算机智能化、操作系统、应用软件、智能软件等的开发与完善。

3. 生物工程产业。主要是以微生物工程、酶工程、细胞工程、遗传工程及蛋白质工程为一体的生物工程产业。

4. 生物医学产业。在诊断、医疗和人工合成新材料的基础上，人类将有效地掌握生物及人工器官的移植和再造技术，把医疗技术推向能对人体各部位进行有效替换和重建的高新技术水平上。

5. 智能机械产业。

6. 导体产业。主要是指超导材料的迅速产业化。

7. 太阳能产业。

8. 环保产业。

9. 空间产业。在地球领域外开拓新疆土和在外星球采掘新资源是人类空间产业发展的方向。

10. 海洋产业。海水利用、深海采矿、南极开发、海底城市建设等将是海洋产业发展的基本方向。

(四) 我国目前发展的主要高新技术产业

《"十一五"国家战略性新兴产业发展规划》，规划的我国"十一五"时期我国发展的高新技术产业主要包括电子信息工业、生物产业、航空航天产业、新材料产业、高技术服务业、新能源产业、海洋产业、用高新技术改造提升传统产业8个方面。

《"十二五"国家战略性新兴产业发展规划》，规划了2011—2015年高新技术产业发展计划主要包括节能环保产业、新一代信息技术产业、生物产业、高端装备制造产业、新能源产业、新材料产业、新能源汽车产业7个方面。

《"十三五"国家战略性新兴产业发展规划》，规划了2016—2020年高新技术产业发展重点包括新一代信息技术产业、现代生物技术产业、绿色低碳产业、高端装备与材料产业、数字创意产业5个方面。

(五) 我国高新技术产业发展计划

自改革开放以来，我国制定了一系列的高新技术产业发展计划。

1. "863计划"

1986年3月，我国著名科学家王大珩、王淦昌、杨嘉墀(chí)、陈芳允4位老科学家联合向中共中央写了一封信，题为《关于跟踪世界战略性高科技发展的建议》，信中恳切地指出，面对世界新技术革命的挑战，中国应该不甘落后，要从现在抓起，用力所能及的资金和人力跟踪新技术的发展进程，而不能等到十年、十五年经济实力相当好时再说，否则就会贻误时机，以后永远翻不了身。这封信得到了邓小平同志的高度重视，邓小平同志做出批示。在随后的半年中，中共中央、国务院批准了《高技术研究发展计划纲要》，由于计划的提出与邓小平同志的批示都是在1986年3月进行的，因此此计划被称为"863计划"。从此，中国的高技术研究发展进入了一个新阶段。经过广大科技人员的奋力攻关，"863计划"取得了重大的进展，为我国高新技术发展、经济建设和国家安全做出了重要的贡献。

2."火炬计划"

这是一项发展我国高新技术产业的指导性计划，于1988年8月经中国政府批准，由科学技术部（原国家科委）组织实施。"火炬计划"的宗旨是实施科教兴国战略，贯彻执行改革开放的总方针，发挥我国科技力量的优势和潜力，以市场为导向，促进高新技术成果商品化、高新技术商品产业化和高新技术产业国际化。"火炬计划"项目的重点发展领域是电子与信息、生物技术、新材料、光机电一体化、新能源、高效节能与环保。

3.国家科技攻关计划

此项计划是从1983年开始实施的促进我国主要产业的技术发展和结构调整、造就大批科技人才、增强我国科研能力和技术基础，提升我国科技工作的整体水平。该计划分五年进行，从"六五"（1985—1990年）到"十一五"（2005—2010年）共25年。"十一五"国家科技攻关计划重点支持能源、资源、环境、农业、医药卫生等领域，在实施机制上重点建立产学研的实施机制。"六五"科技攻关计划包括农业、消费品工业、能源开发及节能、地质和原材料、机械电子设备、交通运输、新兴技术、社会发展8个方面。"七五"科技攻关计划主要内容有行业发展中的重大技术和装备、重点新产品开发、新兴技术领域（包括微电子、信息技术、新材料、生物技术等）、社会发展4个方面。"八五"科技攻关计划共安排了农业、交通运输、能源、原材料、机械电子、现代通信技术、工业过程控制技术、环境污染治理技术、遥感应用技术、资源开发和利用、重大疾病防治、人口控制等领域。九五"国家科技攻关计划主要围绕农业、工业高新技术和社会发展等领域。"十五"国家科技攻关计划主攻方向是通过重大关键技术的突破、引进技术的创新、高新技术的应用及产业化，为产业结构调整、社会可持续发展及提高人民生活质量提供技术支撑。"十一五"（2005—2010年）国家科技攻关计划重点支持能源、资源、环境、农业、医药卫生等领域。

第五节　产业发展战略

产业发展战略既是产业发展的总体谋划和大政方针，也是政府促进产业发展的关键性措施，产业发展战略的研究还是产业发展研究的重要组成部分。

一、产业发展战略概述

(一) 产业发展战略的含义

产业发展战略是指根据对制约产业发展的各种主客观因素和条件的估量，从全局出发制定的一个较长时间内产业发展所要达到的目标，及实现目标的途径和方法。产业发展战略具有全局性、决定性、长期性和阶段性的基本特征。

(二) 产业发展战略的内容

产业发展战略的基本内容包括战略目标、战略方针、战略措施、战略重点、战略步骤等。

战略目标是一个较长时期内产业结构、产业布局、产业组织、产业发展的速度和规模所要达到的总目标和阶段目标；战略方针是产业发展的基本指导原则，如出口导向、进口替代、重工业优先、各产业均衡发展等；战略措施是实现战略目标所采取的各种对策、方法，包括产业调整、产业选择、产业转移、产业限制、产业扶植、具体产业政策等；战略重点是重点发展的产业；战略步骤是分阶段逐步实现战略目标的程序安排。

产业发展战略实际上是要解决两大问题：一是产业发展要达到什么目标；二是怎样实现产业发展的目标。因此，产业发展战略的五个基本内容，又可以归纳为两个方面：战略目标是解决第一个问题；战略方针、战略措施、战略重点和战略步骤都是解决第二个问题,可以统称为战略实现手段。战略目标是产业发展战略的核心,决定战略方针、措施、重点和步骤;战略实现手段又是实现战略目标的保证。战略方针正确与否,战略措施有效与否,战略重点恰当与否,战略步骤合理与否,直接制约战略目标的实现及实现时间的快慢。

二、产业发展战略的主要模式

产业发展战略模式主要体现在以下几个方面:

(一) 轻工业优先发展战略

轻工业优先发展战略是指以实现工业化为战略目标、发展轻工业为战略重点的产业发展战略。绝大多数发达国家及新兴工业化国家和地区在工业化过程的初级阶段普遍实行了该种产业发展战略,并且实施的效果相当成功。因此,该战略特别适合处于工业化初期的发展中国家。在工业化初期,经济发展水平低,人们的基本生活需要不能得到满足,迫切需要增加生活消费品的生产。在该阶段,由于缺乏资本、技术落后,发展重工业是有相当困难的。但轻工业作为主要生产生活消费品的产业,一般来说多属于投资少、生产周期短、资本周转快、利润率高的劳动密集型产业,因此以优先发展轻工业作为战略重点,能够扬长避短、扩大就业、加快经济发展、改善人民的生活、积累资本、推动技术进步,为重工业的发展创造市场需求和有利条件。

虽然轻工业优先发展战略能够一举多得,但是如果过长时间地实行这种战略,将难以实现发达的工业化,如果不适时进行战略重点转移、加快发展重工业,就会限制轻工业的发展,无法实现产业结构的优化升级。假若本国发展轻工业所需的机器设备和原材料主要依靠进口,则难以摆脱对外依赖性,不能形成独立完整的工业体系和国民经济体系。因此,只有在工业化初期,或者在前一段时期由于片面发展重工业导致轻工业严重落后的情况下，一国或地区才适合在一定时期内实施轻工业优先发展战略。

（二）重工业优先发展战略

重工业优先发展战略是指以实现发达工业化为战略目标、发展重工业为战略重点的产业发展战略。这是绝大多数发达国家在向发达工业化过渡时期和实行传统计划经济的国家实施过的产业发展战略，并在大多数发达国家取得了相当大的成功。重工业是生产生产资料的工业，是社会扩大再生产和产业技术改造和进步的物质基础，在工业化中、后期的国民经济发展中起主导作用，对推动各个产业部门的发展、建立独立完整的工业体系和国民经济体系、增强国家的综合实力、发展科学技术研究事业和巩固国防等都具有重大的意义。重工业属于资本密集型产业，技术要求也比轻工业高得多。发达国家在轻工业有了巨大发展后积累了大量的资本，技术也有了较大的发展，对生产资料的需要也大幅度快速增长，为重工业发展创造了极为有利的条件。

绝大多数发达国家正利用了这些有利条件，实行由轻工业优先发展战略向重工业优先发展战略的转移，成功实现了发达工业化。

但是，重工业优先发展战略在传统的计划经济国家的实施不是十分成功。这些国家在实施重工业优先发展战略的时候，轻工业一般还没有得到相应的发展，资本缺乏，技术落后，经济发展水平低，不具备发展重工业的必要条件。然而由于政治、外交，军事上的要求和急于求成，盲目冒进的心态等种种因素的影响，这些国家往往片面强调发展重工业，在工业化初期就开始实施重工业优先发展战略，虽然重工业确实有了相当大的发展，也基本上建立了比较完整的工业体系，但却忽视甚至牺牲了农业和轻工业的发展，最终形成了"重工业太重，轻工业太轻、农业落后"的畸形产业结构，经济效益十分低下，发达工业化的目标也难以实现。由此可见，重工业优先发展战略虽然是实现发达工业化的必由之路，但是必须建立在轻工业有了相当发展、重工业与轻工业和农业协调发展的前提下，才能够奏效。

(三) 产业平衡发展战略

产业平衡发展战略是指在整个国民经济的各产业部门、各地区同时进行大规模的投资，从而实现产业总体和国民经济全面、协调、快速发展的产业发展战略。这种战略强调大规模的投资和各产业部门、各地区的协调发展，因此，其优点也是显而易见的。实行产业平衡发展战略能够更好地发挥各产业之间相互关联、带动、补充的作用，实现经济的多元化，分散经济风险，避免瓶颈产业、短线产业的制约，减少对少数产业的过分依赖，保持产业总体的高速协调发展和经济的稳定增长。产业的平衡发展又能够进一步促进产业空间布局的合理化，缩小地区差别，实现各地区经济的协调发展。

这种战略虽然理想，但也存在很大的局限性。只有在资源相当丰富、资本十分充足的条件下，才能有效地实施该战略。发展中国家资本短缺、外汇不足、人才缺乏，如果实施平衡发展战略，所有产业都齐头并进，分散用力，一般来讲是很难成功的，最后往往一事无成。因此，产业平衡发展战略并不适合发展中国家。

(四) 产业不平衡发展战略

产业不平衡发展战略是指在部分产业和地区重点投资、优先发展，再带动产业总体和整个国民经济发展的产业发展战略。轻工业优先发展战略和重工业优先发展战略都属于这种类型。平衡是相对的，不平衡是绝对的，任何事物的发展都会有先有后，波浪式前进。因此，产业不平衡发展战略实际上是一种更为可行的产业发展战略，绝大多数国家在绝大多数时候都选择实施这种发展战略。

正确有效地实施产业不平衡发展战略，必须恰当选择重点优先发展的产业和地区，一般是先导产业、主导产业、新兴产业、瓶颈产业、短线产业等关联、引导作用大的产业和对产业发展更具有优势、对全局发展影响更大的地区，必须随着情况的变化，及时转移战略重点，不能片面强调某些产业的发展，而忽视其他产业的发展，否则会形成畸形的产业结构、严重的比例失调、不合理的产业布局，从而不利于产业的协调发展。

（五）初级产业出口战略

初级产品出口战略是指以农矿产品的生产和出口为主体的外向型产业发展战略。这种战略的特点是利用本国丰富的自然资源和有利的条件，发展农产品、矿产原料等初级产品生产和出口，积累资金和外汇，为工业化创造条件，以带动整个国民经济的发展。这种战略往往是一些由于长期殖民统治造成经济畸形化的发展中国家在一定时期内唯一可以选择的战略。这些国家只有通过发展初级产品的生产和出口，才能换取自己引进国外先进技术所需要的外汇。另外，一些由于自然资源和条件的限制及许多长期形成的经济、技术、社会等因素的制约，很难在短期内改变落后的经济结构的发展中国家，也不得不采取这种战略。还有一些希望利用自己的传统经济优势，发展拥有一定比较优势的农矿产品的生产和出口，以增加外汇收入，为本国经济发展积累资金的国家，在一定时期内也会实施初级产品出口的产业发展战略。

发展初级产品出口战略，虽然对部分国家增加外汇收入和发展民族经济能起一定的推动作用，但是仍然存在诸多缺陷。由于初级产品出口严重依赖国际市场，供求和价格被国际市场左右并且受制于发达国家，因此存在产品的不等价交换。在国际市场起伏波动较大、竞争日趋激烈的外部环境下，科学技术进步会促使许多替代品出现，对农矿产品的消耗减少。这些都会使农矿产品的贸易条件恶化，初级产品价格呈现下降的趋势，导致出口收益有限且不稳定，甚至有的初级产品出口越多，经济损失越大，形成恶性循环。为改变这种不利状况，发展中国家曾经采取过一些应对对策，如建立原料矿产出口国组织以协调生产和供给，维持和提高产品价格等，试图改变不平等的国际经济旧秩序，保护本国利益。但是，除了石油输出国组织取得了一定的成效之外，其他国家均收效甚微。实践证明，若发展中国家长期实行初级产品出口战略，则无法摆脱对发达国家的依赖，在国际分中会永远处于不利地位，不可能真正实现工业化和现代化。

(六) 进口替代战略

进口替代战略既是一种内向型的发展战略，也是发展中国家工业化初期的必由之路，其核心是通过保护政策，发展满足本国市场所需要的制造业，以本国生产的工业制成品代替原来需要进口的工业制成品。这种战略的特点是以实行工业化为主要战略目标，以发展本国制造业为主要战略方针，以实行贸易保护政策、抵制国外制成品的进口和竞争、保护国内市场和民族工业为主要战略措施。替代进口的产业的发展，一般存在两个阶段或两个发展程度不同的层次：一是消费品制造业，二是资本品制造业。后者的发展难度更大、要求更高，只有在本国经济技术已经有了相当发展的情况下，才有条件发展资本品的进口替代产业。发展中同家由于制造业落后，许多工业制成品依赖进口，加上初级产品与制成品之间的不平等贸易，造成了对外贸易逆差，严重影响经济的发展。部分发展中国家因此采取进口替代战略，希望建立和发展本国的制造业，用自己的制成品取代进口的制成品，使国际收支得到平衡，从而发展本族工业，逐步实现工业化。

进口替代战略是一种既有利又有弊的战略。这种战略通过降低制成品进口率，以减少对发达国家和世界市场的依赖性，有助于改造原来以农为主的产业结构，扩大就业，提高技术水平，增强经济自给能力，对发展中国家建立一定的工业基础和促进经济的增长能起到良好的作用。但是，这种战略也存在明显的弊端。首先，贸易保护政策如作茧自缚，会使本国企业脱离国际竞争，不利于降低生产成本、提高产品质量和劳动生产率、增强国际竞争能力。其次，发展本国工业仍需从国外引进先进技术和设备，会造成对发达国家新的依赖和外汇短缺。最后，重视制造业，忽视其他产业的发展，会使国民经济各部门的比例关系严重失调，导致产业结构不合理。

(七) 出口导向战略

出口导向战略是一种外向型经济发展战略，它以比较利益为原则，充分发挥本国自然条件和劳动力廉价的优势，利用发达国家的资金和技术，以国际市场为导向，大力发展出口工业，以工业制成品代替农矿初级产品出口，争取在更大范围和更深程度上参与国际分工和国际竞争，推动产业结构的升级和优化，加速工业化的实现。

部分发展中国家实施出口导向战略开始于20世纪60年代。当时，初级产品出口和进口替代战略的缺陷日益显现，这些国家需要寻求新的发展途径。与此同时，本国已经有了一定的工业基础和一批熟练工人和技术管理人员，政府管理经济的水平有了一定程度的提高，国际经济联系进一步加强。发达国家经济繁荣、生活水平提高，一方面扩大了对工业消费品的需求；另一方面又由于工资成本提高、资本大量过剩，产业开始实行国际转移。正是在这种背景和条件之下，部分国家和地区开始实施出口导向战略，利用劳动力资源丰富廉价的优势，大量引进外国资本和技术，努力发展面向出口的劳动密集型产业，生产成本低、有竞争能力的轻纺业产品，打入国际市场，赚取外汇，从而推动整个国民经济发展。少数发展中国家和地区实施出口导向战略获得了成功，发展成为新兴工业化国家和地区。20世纪70年代中期到80年代，欧美发达国家经济增长速度缓慢，贸易保护主义抬头，再加上出口导向战略的成效比较明显，相当多的发展中国家也开始先后采取这种战略，使得新兴工业化国家和地区又开始"第二次工业化"，即发展重点从劳动密集型产业进一步过渡到资本和技术密集型产业，向更高级的出口加工产业转向，实施新型的出口导向战略。

出口导向战略能够充分利用国际分工和国际产业转移的机遇，发挥资源的比较优势，扩大就业，增加出口和外汇收入，提高科学技术和经济管理水平，实现经济较快增长，加速工业化的进程。但是，这种战略也面临一些难以解决的问题。例如，发达国家贸易保护主义的打击，外债还本付息的负担越来越沉重，产品出口严重依赖风云变幻的世界市场，经济发展在很大程度上取决国际市场对出口制成品的需求，缺乏稳定性等。因此，单纯的出口导向战略，实际上不适合发展中大国。

（八）进口替代与出口导向相结合战略

进口替代与出口导向相结合战略是指进口替代产业与出口导向产业结

合并重、协调发展的内外向结合型产业发展战略。进口替代战略和出口导向战略各有利弊，如果把进口替代与出口导向恰当结合，则可以扬长避短、优势互补。在发展进口替代产业，更好地满足国内需求的基础上，实行对外开放，鼓励出口，发展出口导向产业，带动国民经济更快增长，这样既能够加强本国独立自主的产业基础，防止对外的过分依赖，保持本国经济的协调稳定，又能够充分利用国际分工、市场、贸易、资源、投资、技术等的作用，发挥比较优势，获取比较利益，提高经济效益。

这种战略发达国家可以实施，发展中国家同样也可以采取，尤其是发展中的大国。发展中大国幅员辽阔，人口众多，国内市场容量很大，自然资源比较丰富，产业门类比较齐全，更有利于同时发展进口替代产业与出口导向产业。值得注意的是，真正把进口替代与出口导向恰当地结合起来并不是一件容易的事，需要在实践中不断探索。在使用这种产业发展战略时，应特别注意有效地扩大内需，提高本国产业的国际竞争能力，适度利用外资，防范国际国内金融风险。

第六节 产业的可持续发展

一、产业可持续发展的内涵

产业的可持续发展是指产业的总体状况与人口、资源、环境相互协调，并且能够长期持续不断地发展。

可持续发展是在人类社会面临人口爆炸、能源危机、资源短缺、环境污染、生态失衡的严峻挑战，"先污染、后治理，有增长、无发展"的传统经济发展模式已经不能再继续，在20世纪80年代由联合国提倡的一种社会经济发展的新模式。1980年3月5日，联合国大会向全世界发出呼吁："必须研究自然的、社会的、生态的、经济的以及利用自然资源过程中的基本关系，确保全球的发展。"可持续发展就是经济、社会发展与人口、资源、环境互相协调的兼顾当代人和子孙后代利益的，能够不断持续下去的发展。

二、产业可持续发展的原则

产业的可持续发展必须坚持以下原则：

第一，产业发展必须与资源和环境的承载能力相协调。要大力发展保护环境的技术和产业、节能降耗的技术和产业，促进新材料、新能源产业的发展，治理和防止环境污染，减少废物排放，加强废物利用，实现清洁生产，改善生态环境，增强产业和经济发展的资源基础，提高环境和资源的承载能力。

第二，产业发展必须保持合理的结构比例。要根据产业发展的状况和消费结构的变化，及时进行产业结构调整，促进产业结构的合理化、高级化，防止产业比例失调、结构失衡，避免积压和短缺，实现产业资源的优化配置，从而更好地满足需求，提高生活质量。

第三，产业发展必须依靠科学技术。要积极发展科学技术，努力发展高新技术产业，用高新技术产业改造提升传统产业，增强产业的技术基础，不断推进产业结构的高级化，提高资源的使用效果，实现产业的高效发展。

第四，产业发展必须有合理的产业布局。要更好地发挥各地区的比较优势，充分利用各地区包括人力资源在内的各种资源，实现地区间产业和经济的协调发展。

产业发展如果充分利用了人力资源，满足了人的生活需要，也就实现了产业发展与人口的协调；产业发展如果保护和改善了环境，也就实现了产业发展与环境的协调；产业发展如果节约、高效利用资源，并且开发了更丰富、更清洁的资源，也就实现了产业发展与资源的协调。实现产业与人口、环境、资源的协调，保持产业的协调、稳定、高效发展，产业总体也就能可持续发展。

第八章 现代产业竞争与国家竞争力分析

产业竞争是国家之间经济竞争的主要载体,各国政府、实业界和学术界对产业竞争力进行了持续的关注。20世纪90年代以来,对这一问题的研究逐步深化,并涌现了大量的研究成果。然而,由于研究时间较短,产业竞争力理论尚未形成较完善成熟的体系,一些基本的理论问题还有待于进一步的探讨。

第一节 产业竞争的理论分析

产业竞争力是一个国家核心竞争力的最主要载体,其中,产业竞争力的决定因素是其核心内容,也是进行相关理论研究的前提和基础。但理论界对产业竞争力的决定因素一直没有定论,也使得其评价标准及其指标体系差异较大。因此,未来的研究应确定影响产业竞争力的主要因素,并进一步解释其如何影响产业竞争力。

一、产业竞争力的相关概念

目前,竞争力概念在很多领域中被广泛应用,既有经济的,也有政治的;既有国家层面的,也有组织和个体层面的。在经济学中,产业竞争力主要是指在市场环境下,作为市场主要组成部分的产业为了追求自身的利益最大化,而采取一系列措施,以超过其他市场主体的行为与过程。最早的国际竞争理论来源于亚当·斯密的绝对优势理论、大卫·李嘉图的比较优势理论、赫克歇尔-俄林的资源禀赋理论等。上述三种国际竞争理论由于出现在不同的时代,时代背景以及他们自身实践经验的不同,因而其研究的视角就不同,所得出的研究理论也不同。实际上,上述几种研究对竞争力概念的界定是不同的,竞争力有宏观、中观和微观三个层次的概念,其中,宏观层次的竞争力是针对大层次大方向上的竞争力而言的,主要包括国际竞争力、国家竞争力;中观层次的竞争力相对于宏观竞争力的研究范围而言相对较小,主要针对的是区域竞争力、产业竞争力、城市竞争力;微观层次的竞争力是三个层次中层级最低的,包括企业和产品竞争力。本章将系统详细地对国际竞争力和国家竞争力、产业竞争力、企业竞争力进行一定的阐述。

(一)国际竞争力

上文已经说过,国际竞争力是宏观上的分类,因而是一个比较宽泛的概念,它对微观概念的产业竞争力是一个包含与被包含的关系。具体说来,主要包含产品竞争力、企业竞争力、产业竞争力和国家国际竞争力,而任何事物内部都有重点和非重点之分,而对于国际竞争力的内部组成而言,毋庸置疑,产业竞争力就是核心,同时是国际竞争力的重要内容。

现代经济的发展促进了全球经济一体化的进程,地球逐渐由难以想象的广阔变成了地球村,国际经济联系也就更加紧密,竞争也就日趋激烈,在这个广阔的背景下,研究国际竞争力也就成了一个热门的课题,而相应的研究成果也就层出不穷。对国际竞争力在时间上比较早的研究机构是世界经济论坛和瑞士国际管理开发学院,这两个机构的研究结果对后来的研究具有很大的影响力,它们的研究开辟了研究国际竞争力的新的道路,对国际竞争力的评价原则、方法和指标体系等进行了重新审视和探讨,并在后来的研究领域中受到了广泛的关注。其中,世界经济论坛出版的《世界竞争力报告》，这本著作对国际竞争力做了全新的阐述和探讨，在国际社会上产生了巨大影响。即便如此，由于"众说纷法"，关于国际竞争力的理论有太多的纷争，因而到目前为止，国际竞争力还没有一个统一的定义。

(二) 产业竞争力

迈克尔·波特在《国家竞争优势》中认为，产业竞争力就是在一定贸易条件下产业的一系列功能和作用，而这些功能具体表现在，开拓市场、占据（赢得）市场、获得利润。当然，这里所说的利润是针对同等性质的竞争对手而言的，即产业竞争力与产业的最终利润潜力或产业利润率是相一致的。关于竞争力理论的众多学派中，其中有一个是市场结构学派，他们认为，竞争力是产业在市场中不断扩大市场份额，并且取得良好市场绩效的能力。产业竞争力是该产业内的企业在市场中的生存和发展能力，除了自身因素外，还受到市场中的竞争对手和其他环境因素的影响。关于竞争力理论的另一个学派是社会经济系统学派，他们认为竞争力整体而言是一个系统复杂的工程，综合体现了区域内经济和社会系统，也就是说，它体现了一个区域或者一个国家的整体实力。

一般认为，"产业作为企业的集合体，是国民经济体系中某一产业作为一个整体而参与市场竞争，并与其他同类产业相比而能获取较高经济绩效的能力"。产业竞争力的实质也就是产业的生产力。这里的生产力并不仅仅是指生产能力，而是指能够生产出来既符合市场需要的产品或服务，又能够在与其他国家同类产品竞争中不断取胜，即综合实力。

对产业竞争力的理解应该把握如下三点：

第一，产业竞争力是相对于其他的竞争力而言的。和其他竞争不同的是，它没有产业竞争主体之间的相互较量和竞争。竞争力是一个对优势的概括，也就是说，只有存在优势，才能谈得上竞争力。谈到竞争力必然就会有参与竞争的主体的优势，这个优势可以以各种形式展现出来。比如是投入要素方面的优势，或者是在参与竞争的过程所表现出来的行为优势，也有可能是表现在生产过程中的效率优势。当然，这个优势有时候不表现在产业经营过程本身，而是表现在影响产业经营的其他方面，比如，环境和地域的优势。

第二，产业竞争力和企业竞争力有很大的不同，企业竞争力的竞争主体是单个的企业，而产业竞争力则涉及整个产业链，它是以一个国家或地区内部"生产同类产品或可以相互替代的产品的企业作为整体。换句话讲，产业的竞争是由一个个企业组成的，注重的是整个企业群体，而非单个的企业。产业竞争正是在企业竞争的基础上产生的。同时，产业的竞争并不等同于企业的竞争，其范围更加广泛。产业内部企业的相互关系、相关产业和辅助产业的状况以及国内相应经济环境等都将对产业竞争力产生影响和作用。

第三，由前两个方面总结得出，产业竞争力体现在大范围内的竞争，主要是它所提供的产品或服务在国际市场上所占有的份额。从这个层面上可以得出，小到企业大到产业，无论是哪个方面，都必须经过市场的最终考验。在市场上所占份额的比重很大程度上反映了产业竞争力的强弱。另一个层面上的意思是，衡量企业或产业的竞争力，最终归结到产品和劳务。

(三) 企业竞争力

主要世界经济论坛（WEF）从微观层次定义了竞争力，在这里，他们认为竞争力是一种更具吸引力的能力，通常这个能力会以价格或质量的优势表现出来，这种更具吸引力的能力不仅要在国内具有实效性，同时在国外也能发挥作用。前文中对产业的概念已经有所表述，也就是说，产业本身是一个关于同类企业集合的概念，因而，产业竞争力归根到底是企业竞争力之间的较量。企业是产业的根本组成部分，因而，如果没有了企业竞争力，产业竞争力就是一纸空谈。这样说来，产业竞争力和企业竞争力有着密不可分的联系，一方面，企业竞争力是产业竞争力的重要组成部分，一旦企业竞争力增强了，区域内产业整体竞争力就会增强，相反，一旦企业竞争力减弱了，那么产业竞争力就会紧随其后，跟着减弱；另一方面，产业竞争力在整体上会影响企业竞争力，为企业竞争力提供一个大环境。

国内学者樊纲认为，企业竞争力最终可以归结为"成本"竞争，也就是说，如何能以最少的投入换来最大的收获，这是产业竞争的根本。

对于一个国家和地区而言，它们之间经济的差别有时候可以由产业所反映出来，而它们之间产业的发展现状和未来的发展走向，又是其产业竞争力的具体表现。而产业的优化组合又和资源的优化配置紧密相连，因而，能否实现资源优化配置，这从侧面反映了产业竞争力的强弱。因此，产业的吸引力、资源的配置问题以及产业竞争力之间是紧密相连的，"一损俱损，一荣俱荣"。产业越具吸引力，资源优化配置能力越强，就表明产业竞争力越强，侧面说明该地区或该国家的竞争力也就越强。

二、产业竞争力的理论

产业业绩很大程度上体现了产业竞争力，因而，可以通过比较的方法来对产业业绩进行研究，从而来判断产业竞争力的大小。对产业竞争力进行全球范围的系统研究，是基于对产业国际竞争力的跨国比较研究。产业竞争力研究的理论体系可以分为产业竞争力研究和国家竞争力研究以及国际竞争力研究。这三个部分的研究视角都不相同，研究理论也有很大的不同。其中，国家、国际竞争力的研究范围比较广泛。

对产业竞争力研究影响较大的理论包括：比较优势理论、产品生命周期理论、国际生产折中理论。

（一）比较优势理论

最早提出比较优势理论的是英国著名经济学家，古典政治经济学代表人物之一的大卫·李嘉图，他在《政治经济学及税赋原理》一书中指出，产业竞争力的比较优势理论是用来解释国际贸易现象的理论。而早在《政治经济学及赋税原理》产生之前，英国另一位经济学家就为还未出现的比较优势理论奠定了基础。他就是亚当·斯密。国际竞争优势的逻辑起点应当是亚当·斯密的绝对优势理论。亚当·斯密在其著作《国富论》中提到，

"分工可以提高劳动生产率,增加国民财富"。交换是出于利己心并为达到利己目的而进行的活动,是人类的一种天然倾向。其后,赫克歇尔(1919)和俄林(1933)等人在他们的基础上进一步拓宽了比较优势理论,从资源要素的比例出发,形成了资源禀赋理论。然而,任何理论的出现都会受时代的局限以及理论家自身各个方面条件的影响。因而会或多或少存在这样或那样的不足。而比较优势理论也不例外。比较优势理论难以说明究竟是具有竞争力的产业在生产成本上具有优势,还是在生产成本上具有优势的企业才具有竞争力。除此之外,该理论对应的理论模型认为生产技术属于外在的变量,而且企业的规模与生产规模大小无关,它认为劳动要素是影响生产成本的关键要素,因而只从劳动要素入手,对生产成本进行分析,并将其作为问题分析的核心。

综合而言,比较优势理论的缺陷主要表现在以下方面:

第一,该理论只局限在对劳动要素的研究上,认为劳动要素是影响成本的关键,进而是影响产业竞争的关键要素。而且,该理论对产业决定因素的判断只涵盖了自然资源,对更为重要影响的其他多种社会经济因素没有考虑在内。

第二,没有看清楚事物的变化发展,因而也就以静态方式解释对优势产业的选择,这与现实中一个国家在不同时期的不同发展阶段总是处于永不停息的变化发展过程中的客观现实相违背。

第三,对于资源禀赋差异很大的国家之间不同的产业之间贸易问题,这个理论比较有现实的意义。但对于大部分除了资源以外有很多不相类似的国家产业之间贸易问题的解释,该理论则显得苍白无力。

总而言之,关于比较优势理论的研究和探讨告诉人们,资源类型、资源差异和资源转移是进行国际竞争力研究时需要考虑的三大因素。

(二)产品生命周期理论

继比较优势理论之后,熊彼特的技术创新理论(1934)、弗农的产品生命周期理论(1966)等,提供了对比较优势的传递和比较优势的来源创新方面的研究成果。

1966年5月，美国哈佛大学教授雷蒙德·弗农在《经济学季刊》上发表了《产品周期中的国际投资和国际贸易》一文，提出了产品生命周期理论。弗农提出需要建立一种动态的理论来系统地解释企业在出口、国外子公司生产和许可证之间的选择，并且发现在国际贸易中也存在着明显的产品生命周期，并将其划分为三个阶段，即产品的创新阶段、成熟阶段和标准化阶段。

在产品"创新"阶段，由于这一时期的产品还处于新生阶段，大部分企业还没有这样的同类产品，因而企业具有垄断优势，因而企业就有极大的渴望来选择在国内生产，同时通过出口贸易的形式来满足国外市场的需求。

在产品"成熟"阶段，无论是企业技术还是产品质量相对于初期都有一个很大的进步。企业找准了发展的方向，生产步入正轨。此外，该阶段还有一个显著的特征，那就是无论是国外企业还是国内企业，都开始生产仿制品，因而竞争开始转向生产成本方面。

当产品进入"标准化"阶段以后，产品或技术垄断逐渐失去了优势。竞争开始由产品或技术逐渐转移到价格，而生产也开始由国内向国外扩展。当然这个选择有一定的标准，那就是国外生产的国家必须要有劳动力的成本优势，这个一般就是发展中国家，而产品原生产国则从国外进口。

1979年，美国经济学家雷蒙德·弗农在《产品周期中的国际投资和国际贸易》一书中，关于产品生命周期理论有了新的见解。把产品生命周期的三个阶段重新命名为创新寡占阶段、成熟寡占阶段和弱化寡占阶段，用来突出国际贸易过程中的寡占特征。

根据产品生命周期理论，可以得出，在研究产业竞争，特别是产业国际竞争力时，不能单方面只考虑一个因素，要将相关因素全部结合起来综合考虑。要注意将区位因素、供求因素以及市场和企业之间的沟通等方面结合起来。运用分析和综合的思维方式来研究它们对产业竞争力的影响作用。

(三) 国际生产折中理论

1977年,英国经济学家约翰·邓宁发表了《贸易、经济活动的区位与多国企业:折中理论探索》一文,其中对国际生产折中理论做了明确详细的阐述。这个理论的出现,对于国际直接投资和跨国公司来讲,具有重大的指导作用。下面对国际折中理论进行具体的论述。国际生产折中理论认为,从事跨国经营活动的企业必须具备三个优势:所有权优势、内部化优势和区位优势,同时,这三个优势必须同时存在,缺一不可。如果企业不能满足以上三个优势,或者是不能同时满足这三个优势,那么只能以出口贸易的方式来满足国外市场的需求。下面对这三个优势进行一一阐述。

1.所有权优势

所有权优势是指一个国家的企业(这里的企业可以是单个也可以是多个)拥有国外企业所没有的资产及其所有权。由这个定义可以看出,所有权优势主要针对的是跨国公司在经营资产方面的优势。对于跨国公司而言,所有权优势不容小觑,它直接决定了跨国公司的经营能力,继而决定了跨国公司的竞争能力。

2.内部化优势

内部化优势是跨国公司将交易从国外转向国内,更加方便资源的合理优化配置,从而形成内部市场所产生的特有优势。试想,如果跨国公司依然依赖于外国的资源优势,那么很容易处于被动地位,可能出现资源配置的外部市场结构不完善、信息不完善或不对称现象,从而不利于企业的长期可持续发展,也就难以在激烈的竞争中屹立不倒。内部化优势的大小决定着跨国公司选择参与国际竞争的形式,工具就是利用其所拥有的资产。

3.区位优势

从字面意思不难理解,区位优势就是在区位上占有一定的优势,这个区位不是简单的地理位置,而是投资区位,也就是跨国公司在投资区位选择上具有的优势。跨国公司一旦拥有了所有权优势和内部化优势,那么最关键的竞争就是看谁能够占有区位优势，即是在国内投资生产还是在国外投资生产。对于不同的情境会选择不同的投资方式，如果在国外投资，则能使跨国公司获得比在国内投资更高的利润，但万事都不是绝对的，要做到具体问题具体分析。

因此，可以将国际生产折中理论概括为：

跨国经营——所有权优势＋内部化优势＋区位优势，毋庸置疑，对于跨国公司而言，国际生产折中理论有着重要的指导作用，它在客观上要求企业的领导层用整体的观念去考察所有与此相关的要素，比如所有权、内部化优势以及区位优势等各种相关因素，以此形成更完整更全面更准确的决策思想。值得注意的是，在对国际竞争力进行研究时，需要将国内的核心企业放在首位，这些企业的行为对国际竞争力的影响相当重要。

（四）其他理论

除了上述理论之外，关于国际竞争力的研究中，新增长贸易理论和战略贸易理论也是两个相对比较重要的理论。新增长贸易理论主要的针对对象是发达国家的夕阳产业，这些产业的共同特点是，起步早、发展快，在经历了一定的发展时期后，由于技术外溢和低成本的吸引，生产工序由本国转向国外。这个转移的过程解释了产业优势转移变动的可能性与原因，从侧面揭示了两个代表之间的经济增长与产业和贸易政策选择之间的联系，而两个代表就是发达国家和发展中国家。这两种代表在对待新产品的开发、外资的引进等方面各有不同，发达国家在于选择前者，而发展中国家则侧重于选择后者。

战略贸易理论引入了不完全竞争模型（产品差异化），将比较优势和规模经济统一起来，认为积少成多，只有扩大生产规模，才能产生规模效应，获得利润的最大化。现实中存在的问题是，规模经济和产品差异时刻存在，这就要求资源结构类似的国家与国家之间要通过生产经营差异化产品，或者通过扩大生产规模和出口市场，以最小的成本争取最大的利益，才能取得最终的竞争优势。

三、产业竞争力理论的形成与主要分析方法

（一）产业竞争力理论的形成

由于企业的根本作用在于创造经济增加值，因而一国产业竞争力的大小主要体现在该产业中企业综合创造的增加值的大小上。古典经济学家广泛地研究了企业经营过程中所需要的资本、技术、劳动和自然资源四大要素，现代经济学家们则是从企业战略形式和产品开发、过程或结构的角度分析企业竞争力，但企业的最终目标仍是财富的创造。这种财富创造的堆积，构成了产业的财富数量。大体来说，对产业竞争力的定义主要是从以下三方面进行的。

1. 宏观层面上的概念

产业竞争理论在宏观上的概念，在美国的《关于国际竞争能力的总统委员会报告》中有较为详细的论述。概括而论，就是在自由、公正的市场条件下，一国的产业能在国际市场上提供更加优良的产品、更加优质的服务，与此同时，对国民收入也做出了突出的贡献。除此之外，比较有影响力的论述还有经济合作与发展组织OECD对产业竞争理论从宏观上的阐述，OECD在《科技、技术与竞争能力》报告中做出了具体的阐述，认为国际竞争能力既和国内企业的竞争能力有着很大的关系，同时又和国内从事外贸企业的竞争能力息息相关，一国国际竞争力如何，要同时考察这两个方面所起的作用。同时，又不是这两个方面单纯的简单累积相加。

2. 微观层面上的概念

世界经济论坛提出，国际竞争力既是企业当前实力的较量，也是企业未来发展趋势走向的较量。它涉及多个方面、多个因素、多个环节。

也有一些更为狭隘定义的竞争力。例如，我国学者樊纲提出：竞争力归根到底是成本的竞争，也就是谁能在成本竞争中独领风骚，以最少的投入获得最大的产出；也就是如何能以较低的成本提供同等质量的产品，或

者反过来,以同样的成本提供质量更高的产品。

3. 中观层面上的概念

迈克尔·波特认为,研究竞争力必须将其放在特定的领域。他首先对产业进行了定义,然后才定义产业的国际竞争力。他改变了传统产业的定义方法,这在该领域是一个大胆的创新。在他的理论中,认为"产业竞争力体现在生产率上,只有那些最具生产率的产业才最具竞争力"。以上关于国际竞争力的各种定义虽然存在某些差异,但基本含义是一致的。由此可以分析出:竞争力是一个企业,一个产业展现自己实力的最佳武器。而且这个武器与众不同的是,它能将自身能力变成实际收益,同时会成为对竞争对象的吸引力。

(二)产业竞争力的分析方法

产业竞争力分析模型是根据产业竞争力的影响因素和其他相关关系所建立的分析框架。

1. 赫克歇尔和俄林的要素禀赋理论

大卫·李嘉图的比较优势理论只涉及生产技术差别即劳动生产率差异是导致产业竞争力的决定因素,而且这种差异是由于不同国家之间的不同环境有利于某些产业而无须做进一步的研究。瑞典经济学家赫克歇尔和其学生俄林认为,对于不同的国家而言,在技术上没有多大差别,但在资源上却有很大的差异。这就是资源禀赋的差异。国家的产业竞争力的强弱关键取决于它们是否拥有比较丰富的那些要素,从而获得某些产业的比较优势。

要素禀赋理论成功地解释了从事国家间贸易的产业和商品结构,并在这一理论基础上产生了很多试图提高产业国际竞争力的政府决策。

2. 波特的"钻石模型"

该模型从要素分解视角和要素层次分解的维度,"通过对复杂数据和资料的提炼,总结出决定产业竞争力的六大因素,即要素条件,需求条件,相关产业与支持性产业,企业战略,结构和同业竞争、政府和机会[①]"。其中,前四项是决定产业国际竞争力的决定性因素,后两个是辅助因素,它们之间彼此互动，共同决定着产业竞争力。波特认为，这几个要素具有双向作用，形成钻石体系。波特的"钻石模型"，如图8-1所示。

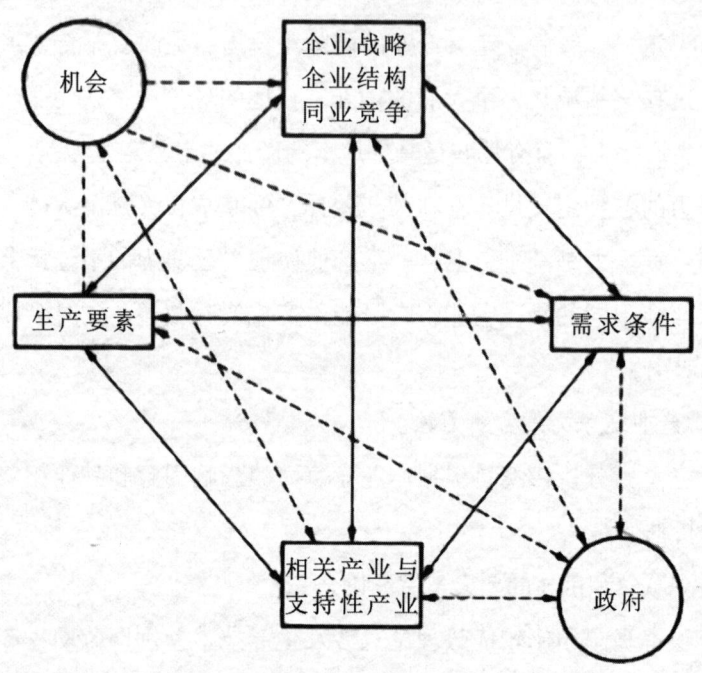

图8-1 波特的"钻石模型"

（1）生产要素

生产要素是指产业的生产活动所需要的基本物质条件和投入要素，包括天然资源、人力资源、知识资源、资本资源、基础设施等。从生产要素的构成中不难看出，这些要素是关系产业竞争力的重要组成部分。尤其是在经济全球化的今天，产业活动的全球化趋势日益加强。这就必然要求这些生产要素的优化组合、合理利用。

在《竞争战略》中，波特将生产要素归纳为两个类别：一类是最初原始的生产要素，如自然资源、气候、地理位置、非成熟劳动力等；另一类是后期的比较成熟的生产要素，如现代化通信设施、计算机信息处理技术、高科技人才、尖端学科的研究机构、富有创新精神的企业家等，这两类生产要素也被叫作初级生产要素和高级生产要素。产业发展离不开这两类生产要素，而高级要素的作用尤为重要。因此，无论是产业还是企业，在高级要素上不断寻求创新是它们屹立于不败之地的必然要求。

（2）需求条件

不难理解，需求条件主要针对一国的市场对某项产业所提供产品或服务的需求而言的。国内需求是提高产业国际竞争力的原动力。国内市场最大的贡献在于，它为企业注入了源源不断的新鲜血液，为企业持续发展、投资与创新注入了动力，以此来成就企业独领风骚的竞争力。因此，富有特色的国内需求对产品的属性、促进发明和创新、提高质量，以及增强整个产业的竞争力都具有十分重要的意义。

对于本国的需求条件是否有利于国际竞争，可以从以下三个方面分析：

①需求特征。首先，如果本国的市场需求具有全球性，即占有全球细分市场较大份额时，市场导向会使企业更注意适应国际需求，本国企业更易于拥有竞争优势；其次，有需求就有市场，如果本国的需求具有超前性，则相应的会发展成本国独有的一套生产工艺，这对企业而言是今后开拓国际市场的一个有利的竞争优势；最后，如果本国的国内市场十分挑剔，会使当地企业在生产经营的流程中要求更加严格苛刻，在产品质量、品质和服务等方面会尽量满足消费者的高标准要求，同时也会使企业自身向着更高的竞争力要求迈进。

②需求规模和需求拉动方式。需求对于生产具有很大的影响作用，可以这样说，有什么样的需求就有什么样的生产，或者是人们经常讲的，有什么样的市场就拥有什么样的生产，而这里的"市场"最终还是归结于市场需求。对于企业而言，市场需求可以起到风向标的作用。如果一国对某一产品的需求规模比较大，那么，这便有利于提高该产业的国际竞争力；如果消费者对产品的偏好差异大，则容易激发企业的创新活力。

③需求国际化。一国的国内市场需求方式总会因为这样或那样的因素流于国外，相反，外国的市场需求方式也会流向本国。而这个很大程度上是取决于一个国家的开放程度。对外开放程度越高，其产品就越容易适应

国际竞争。

(3) 相关产业与支持性产业

因为产业本身不同于企业,它是一个集群概念。因而,一国的竞争优势往往表现为优势产业群。相关产业的优势对一个具有国际竞争力的产业会起到互相促进、扩大优势的作用。下面就以意大利制鞋业为例。"意大利制鞋业的国际竞争力受到其供货竞争优势的有力支持",如图8-2所示。

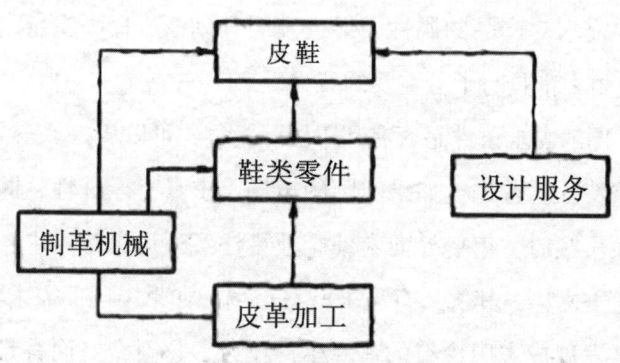

图8-2 意大利鞋业的供货商支持系统

一个产业集群中,除了主要的核心产业外,相关产业和辅助产业往往会对整个产业链起到不可忽视的作用,其原因主要有:第一,可以发挥群体优势。国际竞争往往是其所属的各国生产体系、营销体系之间的竞争,是其相关产业和辅助产业综合作用的结果。具有国际竞争力的供货商主要通过提供上游产品和中间产品,从而来带动下游产品的市场需求,提高产业竞争力。第二,可以对互补产品产生需求拉动。互补产品是具有连带消费效应的产品。某一具有国际竞争力的产业的发展,将会刺激其互补产业的发展。

(4) 企业战略、市场结构与竞争者

由于不同国家或者不同地区的实际情况不同,因而即使是同类企业也会呈现出不同的特征。这些不同具体又表现在目标、策略、组织、管理和竞争状态,如图8-3所示。而这些差异归根到底又源于企业能否有效运用与自身实际情况相符合的竞争战略。此外,国内市场竞争加快了企业成为国际竞争中竞争者的步伐。

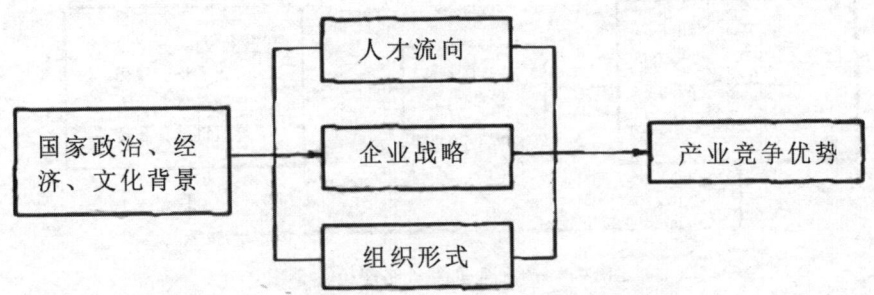

图8-3 国家环境对企业战略、组织结构和竞争状态的影响

（5）政府行为

一般而言，国家不会对市场放任自流，一般都会有一些政策上的限制或鼓励，一般将其统称为政府行为。具体的政策是通过操控资本市场，补贴企业，制定生产标准、竞争条例等方式来实现的。在整个钻石体系中，政府扮演着举足轻重的作用，发挥着不可缺少的力量。政府能做的是提供企业所需要的资源，创造产业发展的环境。关于政府行为发生重大作用的一个很好的实例就是明治维新前后的日本经济。在产业发展进程中，政府要尽力保证国内市场处于积极的竞争状态，规制相关行业的竞争环境。

（6）机会

对于一国的产业竞争优势而言，一些偶然的事件和机会也发挥着必不可缺的作用，甚至有时候会起到关键的作用。当然，企业和产业能否利用偶然事件所提供的机遇获得竞争优势，还和其他的要素密切相关。

此外，波特在该模型的基础上又将一国产业参与国际竞争，推动经济增长的阶段分为四个，即要素驱动阶段、投资驱动阶段、创新驱动阶段和财富驱动阶段，他将前三个阶段界定为产业国际竞争力的扩张时期，第四个阶段为产业国际竞争力下降时期。

将以上五个因素结合起来，再考虑上"对竞争力研究的资源视角和能力视角"，可以得出关于竞争力研究理论关系的示意图，如图8-4所示。

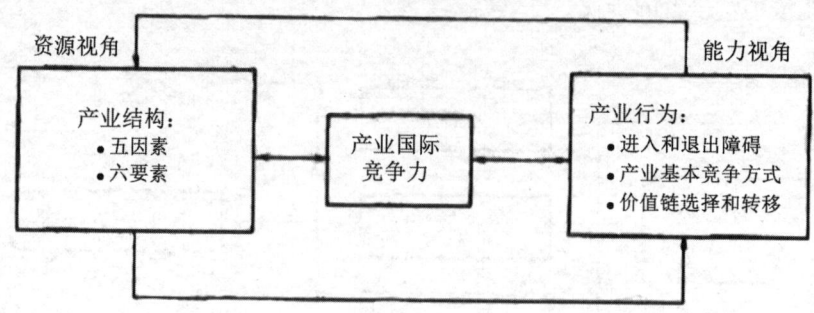

图8-4 产业竞争力研究理论关系图

3. 邓宁的"国际化钻石模型"

20世纪90年代以后,世界整体的经济局势发生了很大的变化,具体表现为经济全球化、国际资本活动和跨国公司的行为的日益频繁。这些活动对各国的经济发展显然产生了很大的影响。在这个大背景下,英国学者邓宁对波特的"钻石模型"进行了修正。他认为,变化的经济形势会对波特"钻石模型"中的各个互动的关键要素产生很大的影响,甚至出现原本是很重要的因素转而成为次要要素的状况。因而,他对"钻石模型"进行了一定的修改。重视跨国公司的重要影响,并将跨国公司的活动纳入到波特的"钻石模型"中,形成了"Porter-Dunning"理论模型。

4. 鲁格曼和克鲁兹的"双钻石模型"

鲁格曼和克鲁兹在分析加拿大的国家竞争优势时,发现在面对规模较小、开放的贸易经济国家时,波特的"钻石模型"具有一定局限性。加拿大–美国自由贸易协定时,加拿大和美国之间的贸易界限越来越小,其中,政府政策和产业战略原本的作用变得比较微弱。对于加拿大而言,这种影响更加明显。于是,为了克服这种因素带来的不利影响,鲁格曼和克鲁兹就将加拿大钻石模型和美国钻石模型联系起来,来指导加拿大本土的产业经营者如何继续生存下去并取得最大的竞争优势。因而就形成了"双钻石模型",如图8-5所示。

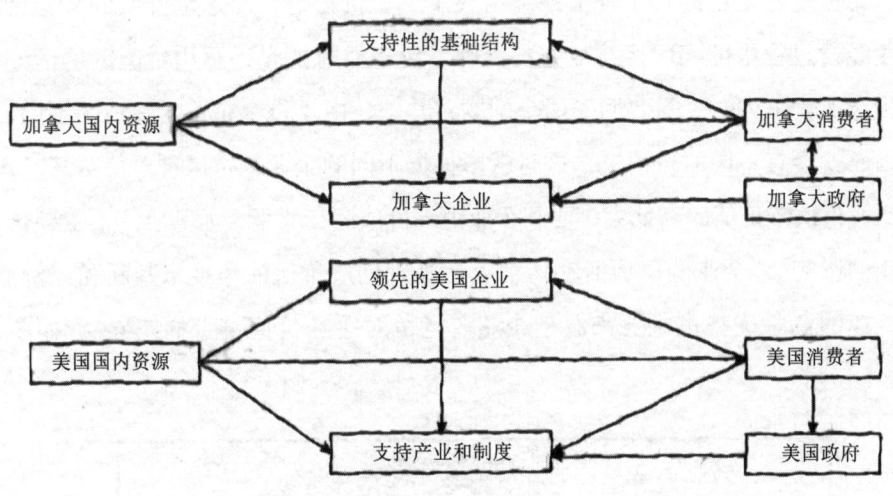

图8-5 鲁格曼和克鲁兹的"双钻石模型"

四、产业竞争力理论的演化

产业竞争力是指一国的产业在世界市场上均衡地生产出比竞争对手更多财富的能力。与产业国际竞争力相关的理论研究分别从业绩、结构、影响力等角度提出了自己的研究体系,大致形成了以下三种研究视角:

(一)绩效理论

1970年美国哈佛大学谢勒提出了"市场结构—市场行为—市场绩效"三段论范式,简称SCP分析模型。在该理论中,市场结构对于市场行为有着决定作用,而这又决定了市场绩效。对于SCP分析模式,可以用以下事例加以表述。例如,一个产业若是有较高的集中度和较高的进入壁垒(产业结构特征),那么处于该产业中的厂商就能通过提价、创新、差别化等策略(产业行为特征)获得较高的利润(产业绩效)。由此自然地产生了两个研究产业竞争力的切入点,即产业结构和产业行为。

(二)产业价值链理论

价值链理论也是出自迈克尔·波特的其《竞争优势》一书中。该理论认为,企业生产的每个环节最终组成了一个价值链,而这个价值链又是企业经营过程中的实际经济效益的反映。值得注意的是,运用价值链理论分析产业竞争力时,需要明确两个问题:其一,由于每个企业实际情况不同,因而就会有不同的价值链,这时就要根据不同的企业进行区别对待;其二,产业价值链价值的高低大小要和企业内部价值链相联系,尤其要注重主导企业的影响。"企业的每项活动均可以从是否创造价值的角度来判断和评价,企业的竞争优势也主要来源于企业与竞争对手在价值链上的差异",如图8-6所示。

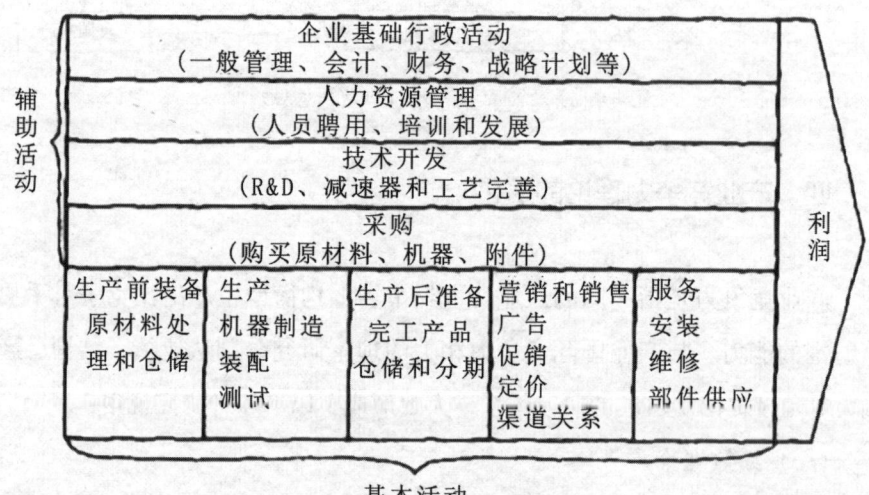

图8-6　企业的价值链

（三）产业吸引力理论

迈克尔·波特在《竞争战略》一书中提出了许多有新意有价值的见解,产业吸引力的理论就是其中之一。波特提出的五种竞争力量分别是,潜在进入者的威胁力、替代品的威胁力、买方讨价还价能力、供方讨价还价能力以及产业内现有竞争者的对抗力,如图8-7所示。

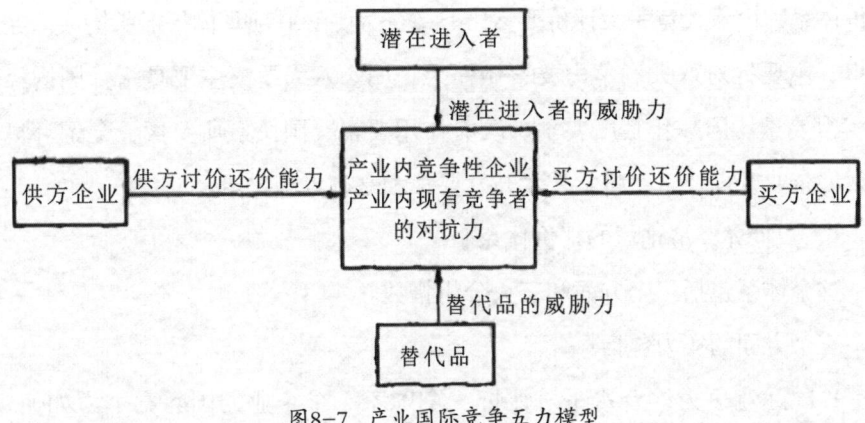

图8-7 产业国际竞争五力模型

从横向来看,五因素模型很明显地构成了一条产业链,包括供方企业—产业内竞争性企业—买方企业;从纵向上来看,五因素模型说明了产业创新的重要性。综合横纵两个方面,五因素模型既包括了对产业与产业之间的分析,同时也包括产业内竞争强度分析,而进行这些分析的最终目的就是为了获利。

第二节 产业竞争力评价与产业安全分析

一、产业竞争力的评价体系

目前国际上应用比较广泛的竞争力评价体系有四个,包括瑞士洛桑国际管理发展学院(IMD)评价体系、世界经济论坛(WEF)的评价体系、荷兰格林根大学的评价体系和联合国工业发展组织(UNIDO)的评价体系。在这些评价体系中,前两个评价体系侧重于评价国家竞争力,而后两者则侧重对于产业竞争力的评价。

(一)瑞士洛桑国际管理发展学院的评价体系

早在1996年,瑞士洛桑国际管理发展学院(IMD)设计了国际竞争力评价体系，由八大竞争力评价要素、45个方面、290项具体指标所构成。在这里，主要针对八大竞争力要素做一个说明。八大要素主要是指：国内经济实力要素、国际化程度要素、政府作用要素、国民素质要素、金融环境要素、企业管理要素、科学技术开发要素和基础设施要素。

（二）世界经济论坛的评价体系

这个体系包括三个方面和三大分析指数。

三个方面的实力包括：

1. 国际竞争力综合水平。评价一个国家一个企业的国际竞争力如何，主要是根据与这个国家竞争力相关的要素来评价的，具体包括这个国家的国内生产总值、通货膨胀率、实际出口增长率等。

2. 国际竞争力的水平。与国际竞争力有直接关系的主要是经济方面的东西，具体包括市场总水平、经济运行稳定性和国际交换等。

3. 潜在国际竞争实力。即要重视对国际竞争实力有削弱作用的潜在因素，具体包括含经济衰退时期带来的消极影响，除此之外，未来世界最具国际竞争力的国家也是一项重要的指标。三大分析指数分别是：国际竞争力指数、经济竞争力指数和市场化增长竞争力指数。

（三）荷兰格林根大学的评价体系

与前两个评价体系不同的是，荷兰格林根大学的评价体系主要是针对产业产出与生产率的国际比较而言，在此基础上，对产业竞争力做出相应的评价。其中，该评价体系对价格水平、生产率水平、质量水平和品牌竞争力四个方面尤为重视，认为它们决定了产业竞争力的大小强弱。

（四）联合国工业发展组织关于各国工业竞争力的评价体系

2002年，联合国工业发展组织在维也纳发布了《2002—2003年工业发展报告》。报告对世界工业发展的历程进行了一个比较全面完善的总结，对全球工业发展的多样性和差异性进行了一个比较可观的评估，并且在此基础上，建立了一套分析各国工业竞争力的指标体系。之所以说这个评估体系比较客观全面，是因为这个报告调查研究了世界上的87个国家的统计资料，以此为基础，计算各国工业的竞争力指数。

这套指标体系选择了四个指标测量国家或地区生产和出口制成品的竞争能力，即人均制造业增加值、人均制成品出口、制造业增加值内中高技术产品的比重、制成品出口中高技术产品的比重。

将以上四套评价体系相结合，可以得到产业国际竞争力分析指标体系结构，如图8-8所示。

二、产业竞争力的评价指标

（一）固定市场份额指标

"固定市场份额模型（CMS）值指的是，在一定时期内，本国某产品的出口增长率与为保持该产品原有的市场占有份额应有的出口增长率之差。在这里，如果CMS值是正的，那么说明在这个时期，这个国家的这个产业的出口竞争力相对于别的国家而言比较有优势；相反，如果CMS值为负，则说明有所下降。这一指标的难点是不容易测算保持原有市场份额而应达到的出口增长率。

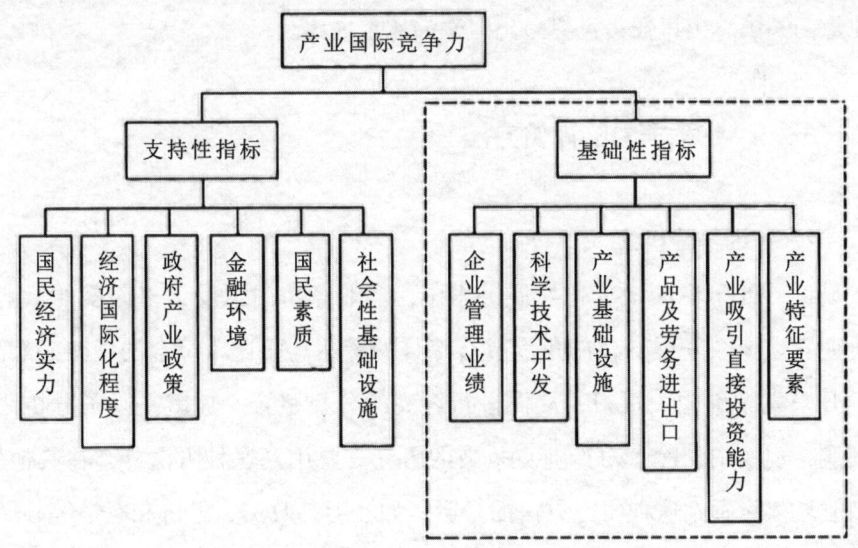

图8-8 产业国际竞争力分析指标体系结构

（二）贸易竞争指标

"贸易竞争指数表明一个国家的一类产品（往往代表了一个产业）是净出口国，以及净进口或净出口的相对规模"，它又称为水平分工度指标，能表明各类产品的国际分工状况。

（三）显示性比例优势指标

对于一国的产业竞争力而言，从总体上看，某一产业的在国际上的竞争力如何，主要是通过对外贸易额表现出来的，因此，考察一个产业的竞争力可以客观地从该产业所进行的贸易额上来表现，而这个贸易绩效又在整个产业竞争力中占据一定的比例，从这一角度出发，可以用显示性比较优势（RCA）模型来解释说明这个比例问题。

（四）出口优势变差指标

出口额差变指标是将各产品的出口增长率与包含有其他东西的总的外贸出口增长率进行比较，通过这个比较可以得出，在某一个特定的阶段，哪种出口产品更加具有出口优势，或者是哪种产品具有相对较弱的出口竞争力。

（五）出口绩效相对系数

出口绩效相对系数表示某国某商品的出口额占该商品世界总出口额的比重与某国总出口额占世界总出口额的比重之比。

三、产业竞争力的评价方法

（一）因子分析法

世界处于不断地变化发展过程中，产业竞争由于受诸多因素的影响，研究它也要从发展变化的角度进行综合的考察。而这个综合的考察必然离不开采集大量相关资料，从而进行客观的分析整合。这就是因子分析法。其实，现实中，除了对产业竞争力的研究需要用到这种方法外，在其他好多领域都能看到这种研究方法的身影，如社会、政治、经济和医学等领域。对这些领域的研究同样需要对牵涉其中的多个变量进行分析综合，从收集到的大量数据中寻找蛛丝马迹，从而总结客观规律，继而把握规律，为我所用。任何事物都是相互联系的，整个世界是一个相互联系的统一整体，在这些纷繁复杂的众多变量中，同样也存在着千丝万缕的联系。因此有可能只通过分析研究少数的几个变量，就可能出现"山重水复疑无路，柳暗花明又一村"的境界，而因子分析就是用少数几个因子来描述许多指标或因素之间的联系的方法。以较少的几个因子来反映大量的有价值的信息。

（二）聚类分析法

俗语说"物以类聚，人以群分"，对于产业竞争力的评价也可以采用这种方法。比较专业的表述就是聚类分析法。具体的操作步骤是将相同的产业类别放在一起，再细一点就是将相同特征的相同生产环节放在一起，进行分析对比得出最终所期望得出的结论。由这个操作步骤可以了解到，聚类分析不是杂乱无章的，它必须遵循一定的规则，从而根据数据的特征进行分类确定。在相同的类别里，这些对象在某个特征或某种情形下难免会出现极为相似的情况，但在细节上一定不可能出现完全的复制现象。聚类分析的方法主要有两种：一种是快速聚类分析方法，另一种是层次聚类分析方法。通常，前者适用于观察对象比较庞大的研究情况，这个庞大会表现在数量上的多和文件上的复杂。而对于后者，则一般比较适用于相对比较简单又比较少的观察对象。

四、产业安全

（一）产业安全的含义

产业安全是指"在国际经济交往和竞争中，本国资本对关系国计民生的国内重要经济部门（产业）的控制，本国各个层次的经济利益主体在经济活动中的经济利益分配的充分性，以及政府产业政策在国民经济各行业中贯彻的彻底性"。从根本上看，一个国家维护产业安全的能力最终取决于国家对本国国民经济重要产业的控制力及该产业本身抵御外部威胁的能力。

(二) 产业安全的分类

从产业经济有了独立的体系开始,产业经济学便不再混迹于其他经济学中,开始成为一门独立的学科屹立于整个经济学领域。产业经济学的理论研究由此也更加细化,具体来说,主要包括产业组织理论、产业结构理论、产业布局理论和产业政策。与产业经济学理论的划分一脉相承,可以将产业安全分为"产业组织安全、产业结构安全、产业布局安全和产业政策安全"。

1. 产业组织安全

产业组织就是针对企业结构、市场结构、企业行为,除此之外,还包括企业与市场的相互关系。根据产业组织的定义,不难总结出产业组织安全的内涵。实际上,产业组织安全是针对产业组织的保护而言的,就是某一个国家或地区对产业组织做出的保护,具体的措施就是通过一些制度安排来合理引导市场结构和企业行为,从而使产业内的企业与企业之间处于有效竞争,这里的有效竞争指的不是企业之间零碎的竞争或盲目的竞争,而是指在数量和规模上形成一定的优势,使得竞争活动能够享受竞争活力效率和规模经济效率双重利益。通过产业组织安全最终使市场行为有序开展、有效进行,从而达到繁荣市场、增强产业竞争力的作用。

2. 产业结构安全

产业结构着重于调整产业与产业之间,产业内部各组成部分之间的关系,以到达资源优化配置、提升产业竞争力的作用。由产业结构可以轻而易举过渡到产业结构安全的问题上来。产业结构安全就是指保持一国或一个区域内各个产业部门之间的良好关系,这个良好关系具体而言就是相互适应、相互促进、相互扶持,从而达到产业持续发展的目的。一个安全的产业结构,是指一国的产业能够在适当借助国际贸易和国际投资的基础上,依赖于自身的要素积累和升级,从而达到最终的目的,实现一国或一个区域产业结构的高级化、合理化。

3. 产业布局安全

产业布局安全是指在一国或一地区空间范围内进行,以市场为基础完善产业布局机制，健全产业布局政策；发挥地区优势，选择和发展主导产业，并以产业集群的要求来规划产业布局，加强地区分工与协调，提高产业区际关联度；营造良好的投资环境和政府良好的政策指向使外商直接投资，缩小区域经济发展不平衡；在产业布局的区位化上避免区域产业结构趋同，做到地区经济倾斜与产业结构倾斜相结合。

4.产业政策安全

在这里，相应的对产业政策安全做一定的论述。归根结底，产业政策安全是对本国产业做出的政策性指引或保护，目的是合理健康引导本国产业的发展，从而增强本国产业的国际竞争力，继而使产业达到可持续发展的目的。产业政策安全中对产业决策有着一定的要求，那就是产业决策要有独立性、及时性和正确性。以此来保证本国产业健康、稳定、持续发展。

第三节　产业竞争与国家竞争力

产业竞争力和国家竞争力是当前竞争力研究的热点问题，也是产业经济学研究领域的重要问题。产业竞争力是一国的产业在各种环境中成功地进行设计生产和销售产品和服务的能力，也指一国特定产业在市场上销售其产品反映出的生产力。国家竞争力是针对世界大环境这个大的背景下而言的，有比较才会有优劣，因此，毋庸置疑，一个国家的竞争力必然涉及同其他国家竞争力的比较，而比较的内容就是其创造增加值和国民财富持续增长的能力。

一、产业竞争力与国家竞争力的关系

产业竞争力与国家竞争力在许多方面都有着千丝万缕的联系。具体而言，产业竞争力可以说成是国家层次上的竞争力，但它不等同于国家竞争力，因而它不是国家竞争力的全部，而只是国家竞争力其中的一个必要的

组成部分。产业竞争力和国家竞争力既有区别，又有联系。尽管它们都研究一国产业、企业和产品在国际市场上的竞争能力，但它们的区别还是非常明显的，具体表现在以下几方面：

（一）研究的层次不同

由于产业竞争力和国家竞争力不是同一个层次上的概念，因而它们研究的层次和范围也就有着很大的差异和区别。具体而言，产业竞争力主要是针对产业而言的，而国家竞争力则主要是针对国家层次上的竞争力而言的，范围比较广，它除了包含产业竞争力以外，还包括其他方面的竞争力，比如说国防、政府管理、社会福利等。因此可以得出，产业竞争力是国家层次竞争力的重要组成部分。

（二）研究领域的宽窄不同

产业竞争力研究的是产业产品以及由产业产品组成的相关支撑产业在国际市场上的竞争能力，包括企业在国际市场上的竞争能力；而国家竞争力除了研究这些问题外，还要研究其他领域的竞争力，如科技竞争力等。通过转换角度，可以发现，产业竞争力的研究对象主要是产品，而国家竞争力范围则要宽泛很多，除了包含对产品的研究外，还包含好多非产品的研究。

（三）研究的市场范围重点不同

产业竞争力和国家竞争力研究的市场领域基本相同。但前者侧重研究本国产品在国际市场上的竞争力，特别是在向本国开放的外国市场上，本国的外销产品、企业和产业的竞争力；国家竞争力研究的市场范围虽包括国外市场，但重点是国内市场，是一国的产品、企业和产业表现出的整体竞争力。

二、产业国际竞争力成长的四阶段学说

（一）要素驱动阶段

在这个阶段，产业国际竞争力主要还是依赖于某些最基本的、最基础

第八章 现代产业竞争与国家竞争力分析

的生产要素。这些最基本的生产要素就是人们日常中经常提到的自然资源、有利的地域优势以及丰富廉价的劳动力等。依赖这些要素，很容易聚焦成一定的产业国际竞争力。有些国家只靠自己独特的丰富的生产要素就形成了一定的产业竞争力。但伴随着这些天然的优势，往往会出现很多的缺陷和问题。比如说，这些产业往往经营方式比较粗放，缺乏一定的技术含量，或者技术层次比较低，从业者虽然在数量上有优势，但往往不具备专业素质，因而劳动力价格比较廉价。这类产业通常在技术上、设备上引进国外的，甚至在管理经验上参照外国的，企业还没有足够的能力创造技术。有些国家的某些企业处于靠生产要素支撑的要素驱动阶段。它们虽然依靠丰富的自然资源在一段时间内可以形成一定的竞争力，但经济的发展缺乏生产力持续增长的基础。

（二）投资驱动阶段

雄厚的投资是投资驱动阶段的重要基础。通常在这个阶段，一国及其企业的投资意愿、积极程度以及投资能力是确立产业国际竞争力优势的基础。在这个阶段，由于不是靠基本的生产要素做支撑，因而该阶段具有国际竞争力的产业相对于生产要素驱动阶段的产业在数量上更多。同时在企业的经营方式上有一定的要求，可以说，企业在进入该阶段有较高的壁垒。这个阶段要求企业摒弃原有的"靠山吃山，靠海吃海"的生产经营方式，对其引进的技术在使用过程中要有一定的能力，将这些技术能够更加灵活自如地运用，进行更加适当合理的改造。对于外国的技术，要有独特的眼光"取其精华，去其糟粕"，引进对自己的成长有利的技术，并且在具体的应用过程中要进行探究钻研。善于吸收和引进外国的技术，这是一国达到投资驱动阶段的关键所在。

（三）创新驱动阶段

创新驱动阶段相对于前两个阶段而言，是一个比较高级的阶段。顾名思义，在这个阶段，国家和产业将重点和核心都放在了"创新"二字上。而且在竞争范围上有很大的变化，从简单的国内竞争开始扩大到与外国相关产业的竞争，也就是通常所说的全球竞争。与前两个阶段相比，这个阶段具有鲜明的特点，那就是它不是单纯地依靠基本的生产要素和雄厚的投资，而是依靠要求更高更严格的质量和服务取胜。相对于投资驱动阶段而言，政府干预的力量逐渐减弱。市场的运转主要靠价值规律，政府只是在大局上进行一定的宏观调控。这个宏观调控主要包括鼓励创造更多的高级要素，改善国内的需求质量，刺激新的产业领域的形成，保持国内竞争等方面。19世纪上半叶，英国由于其工业革命的历史优势，率先进入了创新驱动阶段，时隔一个世纪，在20世纪上半叶，美国、德国、瑞典相继进入这一阶段。

（四）财富驱动阶段

前三个阶段是这个阶段的基础，都为这个阶段的实现准备了必要的条件。实际上，此阶段是国际竞争力衰落的时期。如同溶液具有饱和度一样，在溶液中加入一定的溶质，溶液的浓度会由稀变浓，继续加进溶质，就会出现溶质不会溶化，会以晶体的形式出现。上文提到的要素、投资、创新驱动三个阶段正如同不断被加入的而且能融化掉的溶质，而财富驱动阶段就是在溶液饱和后加进的溶质。在这个饱和阶段，企业寻求新的发展是十分困难的，此时的企业也面临着更多的风险。因而，企业的主要任务就是寻求如何在低风险的情况下寻找新的突破，而此时就会产生并购。美国经济学家波特认为，一国的竞争优势是动态变化的，国内企业的激烈竞争促进其竞争力的提高，使其有能力走向国外。因此，虽然波特的理论并非针对跨国公司而言，但这种新的发展阶段的划分补充和完善了直接投资理论。事实上，由创新驱动阶段过渡到财富驱动的界限并不是十分的明显，创新越多，创造的财富也就越多。而当财富集聚到一定程度时，创新的步伐也在日益加快。在这方面，最为典型的事例是美国。在20世纪90年代美国经济持续发展，一路飙升，持续增长了九年，创造了其历史上又一个繁荣盛世。

三、产业国际竞争战略

不同的国家在不同的产业方面都有其独特的竞争优势，而竞争优势的凸显往往离不开一定的战略技巧。下面针对产业国际竞争战略来进行具体的阐述。

(一) 成本领先战略

成本领先战略是许多国家在产业竞争上所采取的竞争手段。它要求在成本上要居于领先地位。产业实施成本领先战略，就是指通过实施一系列政策和策略在世界或区域竞争中赢得成本领先地位。这个战略对成本方面相对有比较严格的要求，在企业任何一个部门，只要涉及成本，必然有所规定和限制。比如在管理、营销、研发、制造等方面的成本支出。马克思主义哲学严格遵循具体问题具体分析的原则，因此，在面对不同的产业时，也要做到具体问题具体分析，产业实施成本领先战略有其自身的适应条件。

1. 稳定的市场需求

成本领先战略的实施必然要求企业生产的规模化。试想，如果一个企业是一盘散沙，各个部门各自为政，那么，对于成本问题很难达到协调和统一，资源很难达到优化配置。一旦企业在生产环节上达不到合作化的统一，那么自然就会影响到销售。同样，如果市场需求发生了变动，那么势必也会影响生产，进而使整个产业的成本提高，不能实现利益最大化。因此，成本领先战略往往不是单独的一个战略，而是与诸多因素相联系。生产的规模和销售活动等都能影响到这个战略的最终实施以及实施效果。具体说来，市场需求的稳定性往往是由许多因素共同决定的，如消费者的认知水平、收入状况、传统观念和文化环境等，因而，在选择成本领先战略时，一定要全方位考察，重视市场需求。

2. 成熟的产品技术

在成本领先战略中，每一个具体的因素都与其他因素息息相关，密切相连。稳定的市场需求一部分的决定因素是产品本身。随着产品生命周期的循序渐进，成本领先战略对绩效的影响作用也是由弱变强。在产品进入成长期以后，由于对业务的熟练和对新技术的摸索掌握，使得产品技术逐渐成熟，产品创新的空间相对变小，产业更适合采用成本领先战略。

3 效果型的产业价值链

无论是产业还是企业，效率决定着一切。产业的生产效率是产业链中的关键一环。无论是市场需求还是产品本身包含的技术优势，这些都能影响效率。效率不是单纯的体现在速度上，更多的是体现在能否在短时间内通过各项经营活动的合理协调，降低系统成本，从而提高分销效率上。

4. 较强的企业资源实力

并不是每一个产业都适用于成本领先战略，实施成本领先战略也有一定的客观要求，它要求产业必须具备一定的资源优势，从而在客观上能够为生产、销售注入源源不断的活力，保证对生产、销售资源的持续投入，以获得足够的规模优势。

（二）差别化战略

如果所有的同类产业在各个环节都大同小异，生产出的产品都千篇一律，那么这样的产业很快就会被市场淘汰。因此，这就要求产业要想取得持续性的发展，就必须有突出的优势和不同，做到"鹤立鸡群"才能屹立不倒。这就要求无论是单独的企业还是一个产业，都必须实行差别化战略。具体而言，差别化战略是指将企业提供的产品或服务差异化，树立起一些全产业范围中具有独特性的东西，以便买者将之同其他经营同类产品的企业相区别，并以此在争夺市场的竞争中占据有利地位，并形成在产业中的地位。也就是说，差异化使相同的产业之间、同类产业中的不同企业之间有了差别，使得企业与企业之间的产品具有了独有的特点，不可替代性。与此同时，伴随而来的现象是该产品市场垄断因素的增强。与古代家族用来发家致富的"秘方"一样,在现实经济运行中,企业也会尽力生产独有特色的产品,以防止和别的企业生产的产品雷同,从而失去在市场上竞争的优势。只要有了一定程度的差异性,就有相应的垄断力量,即企业具有在边际成本之上制定价格的能力,而价格与边际成本差别越大,企业的垄断力量也就越强,所获得的利润也就越大,这也是企业实施差别化的根本原因。

(三)目标集中战略

目标集中战略就是产业往往将目标集中在特定的对自己比较有利的几个领域。具体包括某个特定的买主集团、生产线的某个区段或某个地区性市场等。通常,这种目标有其特定的服务对象,也就是说,目标的设定和实现都是围绕其服务对象展开的。该战略所依据的前提是,企业能比正在更广泛地进行竞争的竞争对手更有效地为其狭隘的战略目标服务。以上三种产业竞争的战略的区别和对比见图8-9。

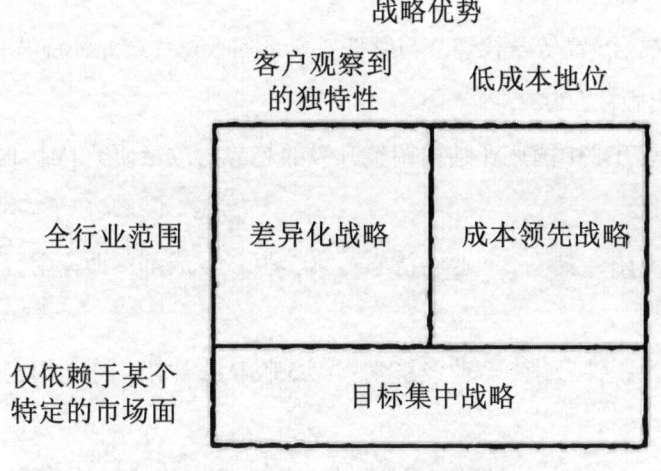

图8-9 三种产业竞争的战略区别

这三种战略的实施往往需要有不同的资源和技能作为条件。每个战略的实施必然存在一定的风险,这三种战略也不例外。因此可以将三种战略之间的区别用上面的矩阵图来进行总结。

参考文献

[1] 周福全，韩亚男．高质量发展下的产业结构与产业协同研究[M]．北京：企业管理出版社，2022．

[2] 杨柏．中国国际产能合作机制与路径研究[M]．北京：中国财政经济出版社，2022．

[3] 卢福财．高等学校经济与管理专业系列教材：产业经济学[M]．北京：高等教育出版社，2022．

[4] 郭克莎．中国产业结构调整升级的趋势与政策研究[M]．北京：科学出版社，2022．

[5] 龚三乐，夏飞．产业经济学：第2版[M]．成都：西南财经大学出版社，2022．

[6] 李悦，钟云华．产业经济学：第5版[M]．沈阳：东北财经大学出版社，2022．

[7] 周克．产业结构转型与经济增长[M]．北京：经济科学出版社，2022．

[8] 马广岳．关于产业经济高质量发展的思考[J]．智库时代，2020，（第44期）：5．

[9] 秦晓静．流通产业经济增长方式转变思考[J]．商业经济研究，2020，（第19期）：18-21．

[10] 韩春俭．信息技术与产业经济发展问题与策略[J]．环球市场，2020，

（第 17 期）：16，34.

[11] 谢静. 探讨产业经济对经济可持续发展的作用 [J]. 中国市场，2022，（第 34 期）：56-59.

[12] 纪志林. "互联网 +" 时代产业经济发展策略 [J]. 现代企业，2020，（第 6 期）：80-81.

[13] 李彬，赵佩玉. 我国产业经济趋势展望 [J]. 全国流通经济，2020，（第 35 期）：116-120.

[14] 刘小军. 产业结构软化生产性服务业与先进制造业耦合研究 [M]. 杭州：浙江工商大学出版社，2022.

[15] 彭湘君. 推进智能型服务业资源有效配置的经济学研究 [M]. 北京：中国社会科学出版社，2022.

[16] 胡安俊. 产业布局原理：基础理论优化目标与未来方向 [M]. 北京：中国社会科学出版社，2021.

[17] 叶开，贾朝心，黄笙发，等. 产业数字经济 [M]. 北京：中国商务出版社，2021.

[18] 陈明作. 中国能源产业风险研究：基于低碳经济背景 [M]. 北京：社会科学文献出版社，2021.

[19] 奥布力·塔力普. 产业经济学教学模式改革探析 [J]. 教育信息化论坛，2021，（第 7 期）：79-80.

[20] 徐晓援. "互联网 +" 背景下产业经济发展探究 [J]. 中文信息，2021，（第 5 期）：95.

[21] 赵微. 现代产业经济学及其发展新探 [M]. 吉林：吉林出版集团股份有限公司，2021.

[22] 马丽. 要素与产业聚集及园区经济发展研究 [M]. 西安：西北大学出版社，2021.

[23] 周福全，韩亚男. 经济高质量发展下的产业结构问题研究 [M]. 北京：企业管理出版社，2021.

[24] 白雪洁，杜传忠. 产业经济学 [M]. 北京：经济科学出版社，2021.

[25] 苏东水，苏宗伟，伍华佳，等. 产业经济学：第 5 版 [M]. 北京：高等教育出版社，2021.

[26] 冉光和. 金融产业经济学研究 [M]. 北京：中国社会科学出版社，2021.

[27] 韩永辉. 基于经济高质量发展的产业结构升级研究 [M]. 北京：人民出版社，2021.

[28] 戚晓曜. 区域产业发展的理论与实践 [M]. 北京：中国经济出版社，2021.